Shueisha
Series
Common

ヤバい統計

政府、政治家、世論はなぜ数字に騙されるのか

ジョージナ・スタージ
尼丁千津子 訳

集英社シリーズ・コモン

BAD DATA

How Governments,
Politicians and the Rest of Us Get Misled by Numbers
by Georgina Sturge

本書をすべての有権者に捧げる

目次

凡例

・原著の脚註は各見開きに、後註は巻末にまとめた。
・訳者による補足の註は、【　】で挿入した。
・各国の通貨は、国際通貨基金（ＩＭＦ）のデータをもとに、可能な限り、当時の為替レートで円に換算して（　）で記した。

重要なものがすべて数えられるわけではなく、
数えられるものがすべて重要なわけでもない
——アルベルト・アインシュタイン

はじめに

それは、今後三〇年にわたる、英国農業の抜本的かつ意欲的な改革になるはずだった。二〇〇四年二月。マーガレット・ベケット環境・食糧・農村地域大臣は、下院（庶民院）で演説を行い、改革がどのようなものになるのかを説明した。これまで農家はＥＵ（欧州連合）の共通農業政策のもとで、農産物の生産量に応じた補助金を受け取ってきたが、今後は、もっとわかりやすく、「農業・酪農《らくのう》業に使える土地」の面積に応じて支払いを受けるようになる。この新たな補助金支給制度は公平で環境にもやさしく、しかも面倒な事務手続きも最小限に抑えられる。九カ月のうちに新制度による補助金支給に着手するという「果敢な」スケジュールで始める英国は、ＥＵ諸国として初めてこの制度を導入することになるのだ、と。[1]

しかし、そのちょうど一年後、ベケット大臣は全国農業者組合の組合員を前に、「『深く失望している』という表現では言い表せないぐらい落胆している」と悄然《しょうぜん》とした口調で語り、「まったく腹が立ってしかたがない」とまでつけ加えた。[2]

本来ならその時点で新制度への移行は完全に軌道にのっているはずだったのに、まだ始まってさえいなかった。さらにその一年後、当初の予定では移行がほぼ完了している時期であったのに、支払いが済んでいたのは新制度の予算のうちわずか一五％にすぎなかった。[3] 補助金支給の遅れは農家に大打撃をもたらし、一部では自殺という悲劇まで起きていた。一方、この制度導入による予期せぬ費用は、二〇一二年の時点で六億八〇〇〇万ポンド（約八五七億円）にまで膨れ上がり、さらには、農家への補助金を予定どおり支給できなかったことでEUから科せられた罰金は、約一億六〇〇〇万ポンド（約二〇五億円）に上ったのだった。[4]

こうした事態に陥《おちい》ってしまったのは、新制度への移行がどのくらいの規模になるのか、環境・食糧・農村地域省がまったく把握できていなかったからだ。そのおもな原因は、対象となる土地所有者の多さを、同省が想定できていなかった点にある。新制度では、「農業・酪農業に使える土地」のすべてが補助金の対象となったことから、年間申請件数が八〇〇〇件から一二万件に急増した。果樹園や放牧地を所有してさえいれば、栽培や飼育を実際に行っているかどうかとは無関係に、誰でも補助金を申請できたのだ。申請件数は、どこからともなく、まるで存在しない場所からどんどん申請されるかのように増加していった。というのも、「農業・酪農業に使える土地」というデータがそもそも存在せず、もとより、そうした土地のほとんどはそれまで登記されていなかったからだ。結果的に、二〇〇五年の新規登記件数は、通常の約九〇〇〇件に対して一〇万件にも上った。[5] 同省は、何が起こるか、完全に的外れな予想をしていたのである。

このようなことが起こったのは、一度だけの話ではない。政府がこの手の見当違いを繰り返すのは、「バッドデータ」【訳注：統計学的に理想的なデータに紛れ込んで分析を邪魔する粗悪なデータ】を利用しているからだ。しかも、ほとんどの場合、自分たちがそうした「ヤバい」データを使っていることに気づいてさえいない。誤った情報を故意に流す「フェイクニュース」の存在は広く知られていて、統計データを意図的に歪曲《わいきょく》したり捏造《ねつぞう》したりできることも、誰もがよくわかっている。だが、先ほどの事例では、政府は偽物の統計データにだまされたわけではなく、信頼性の高い公式データを使った結果、それらが不正確で当てにならないことが判明したのだ。本書では、そのような危険な誤情報について取り上げる。

データとはなんだろうか？　簡単にいえばデータとは情報のことであり、本書ではおもに数値データを指している。つまり、数える、測るといった手法によって得られる情報だ。通常、そうした確固たる数字の裏には、人間の判断という世界が広がっていて、そこには数多くの思い込みに加えて、疑わしい算出方法が共存している場合さえある。また、一般的には偏りがないと考えられている、データ駆動型システム【データに基づいて意思決定するシステム】を信頼しすぎるのも危険だ。

データにまつわる問題点は万国共通であり、それは地球上のどこにいても、何かを数えたり測ったりするときに直面する問題だが、本書ではおもに英国の事例を扱うことにする。英国の政府、マスメディア、世間のデータの使い方に焦点を合わせることによって、政策を決定する際のデータの扱いに関して、英国政府がいつ、どこで、どう誤ったのかを明らかにするのが本書の狙いだ。

英国の政策決定者は国民に対して説明責任があるため、みずからが下した判断が公正であり、全国民にとって最善であることを証明しなければならない。昔の政府は「私たち政府がそう述べているのだから」という考え方によって、なんの問題もなく政策を正当化できていたかもしれない。だが、民主的に選出され、しかも説明責任を負う現代の政府は、根拠のない妄信に頼って行動するわけにはいかない。彼らは、政策が確かな証拠に裏づけられていることを明らかにするよう求められている。それどころか、義務づけられている場合さえある。それゆえ政府は、自分たちが統治する人々についての正確なデータを必要とする。

これはごく当たり前のことに思えるかもしれない。だが、公共政策に関する判断を逸話や風聞、直感、あるいはまったくの思い込みなどに依拠するのではなく、経験的証拠に基づいて下すべく真剣に取り組まれるようになったのは、ここ一〇〇年ほどのことである。データが公正な統治に欠かせないのは、逸話や思い込みなどとは対照的に、データというのは客観的かつ中立的だとみなされているからだ。

この発想の源は、一七世紀末から一八世紀にかけてヨーロッパで興った啓蒙《けいもう》主義にさかのぼる。それまで、世界というのは「誰も理解できず、また理解すべきでもない、一つの大いなる神秘的な謎」だという認識が、当たり前だとされていた。やがてこの考えは、「体系立った注意深い観察を通じて、我々は物事の仕組みを解明し、しかもその仕組みを支配しようとさえできるようになる」という、フランシス・ベーコンをはじめとする思想家たちの急進的な見解によって一掃された。

そうして「世界は、測れるもの、理解できるもの、支配できるものだ」ということの発想から、「国民の幸せのために、国は世界を測り、理解し、支配すべきだ」という考えが生まれたのである。この新たな考え方は、「君主や政府は神権に基づいた不可侵な存在などではなく、社会契約を通じて国民に対する責任を負う」ことを意味している。つまりこの契約によって、人々は法律に縛られて納税義務を負うことを受け入れ、一方で政府はそれらの法律を施行し、集めた税金を賢く使うという使命を果たさなければならなくなる、というわけだった。

国家統治のための大量のデータ収集が本格的に始まったのは、ヴィクトリア時代【一八三七～一九〇一年】にさかのぼる。一九世紀初頭は大いなる変化の時代だった。その変化は人々の生活についてのみならず、権力の座にある人々が「我々には貧困、病気、犯罪という悪に対処する責任がある」と考えるようになった点にも表れていた。

それ以来、政府は、現状に関して統計をとる、つまり、数えたり測ったりするという方法を使って物事を定期的に把握しようとする作業を、少しの疑問も抱かずにひたすら続けてきた。一九八〇年代には、統計をとることはもはやあまりに当たり前の作業になり、データをわざわざ公表するまでもないのではないかと言う人も出るほどだった。有力な実業家でサッチャー政権の顧問も務めたデレク・レイナーは、統計データを「サンゴ礁《しょう》」にたとえた。「どちらも、私たちの目を楽しませるという理由だけで守られている」というのが、レイナーの言わんとするところだった。

だが、サンゴ礁は単に鑑賞するためのものではなく、海洋の生態系に不可欠なものだ。しかも、嵐の際には防御の役目も果たす。一九九七年に政権の座に就いた英国の労働党は、統計データというのは「民主主義の礎《いしずえ》」であり、「優れた公共経営と説明責任のために欠かせない」と表明した。[6] 政策決定において、データは単なる飾りではなく、進むべき道を実際に示してくれるパートナーとなった。今日では、政府の政策策定の過程でデータが必要とされるのは、織り込み済みのことだといえる。

もし自分が英国の首相に選ばれたとしたら、あなたなら何をするだろうか。少し想像してみてほしい。もしかしたらあなたは、手に入れた新たな権力を使って、それまでずっと悩まされてきた問題を解決するかもしれない。あるいは、自分が正しい道だと信じる方向に向かって、国の歩みを進めようとするかもしれない。あるいは、ダウニング街にある首相官邸の部屋の壁紙を新しいものに変えるのを優先するかもしれない。だが、マニフェストで掲げた公約の実現に向けて取り組んだあと、英国という国を治める日常業務をどのように行えばよいのだろうか？　あなたは、実際に何が起こっているのかを知りたいと思うはずだ。あるいは、問題を突き止めて解決できるよう、英国内に現れる重要な兆候に常に注意を払わなければならないと思うに違いない。そうしたことを実行するには証拠となる情報が必要だ。つまりあなたは、なんらかのデータを入手しなければならない。

政府が政策を打ち出す場合、それが妥当である根拠を示すために、「インパクト評価」というかたちでデータを使うことが多い。インパクト評価とは、予想されるプラス面とマイナス面を、客観的かつ中立的な観点から数量的に比較検討するというものだ。この評価を行うには、たとえ現実的にやや無理があっても、対象となる物事を数値化して計算できるようにする必要がある。犯罪の削減や、公共図書館の閉鎖、大気汚染の改善といった問題を、果たして比較評価のための数値で表せるだろうか。人命の救済を数値で表せるだろうか。たとえ困難であったとしても、公務に携わる人々はなんらかの方法を編み出さなければならず、そのためにデータに頼らざるをえない。

問題は、そのようなときに役立つ「グッドデータ」【統計学的に理想的な良質のデータ】が、常に手に入るわけではないという点だ。たとえば、二〇〇五年のあの農業政策改革において土地の新規登記件数が急増したにもかかわらず、イングランド【英国を構成する四つの国の一つ。ほかはウェールズ、スコットランド、北アイルランド】の土地のおよそ一五％は現在でも未登記のままだ。そのため、土地所有者に関する一元的に管理された記録は存在しない。[7] ちなみに、たとえ正式な手続きを経た地方分権が実現していようと、特別な慣習によって管轄範囲に大きな偏りがある地方警察が存在していようと、英国の制度の多くは原則的に中央政府の管理下にある。

一般に、物事は重要とみなされるようになって初めて数えられるようになる。だが、それは公共政策の観点からすれば理想的ではない。英国で長年行われてきた、最も総合的なデータ取得方法である国勢調査の結果を見てみると、各年代に何が重視されていたかがよくわかる【英国の国勢調査は一〇年ごとに実施される】。たとえば、一九一一年の「出生についての国勢調査」

では、既婚女性は子どもの数について問われた。また、一九五一年の国勢調査では、重要課題であった戦後の近代化への取り組みに役立つよう、住宅事情についての質問が初めて盛り込まれた。その一方で、一九九一年の国勢調査まで、民族意識に関するデータが集められたことはほぼなかった。一八五一年の国勢調査では「教会通い」に関する質問があったが、それ以降二〇〇一年まで、国勢調査で宗教に関して尋ねられることはなかった。奇妙なことに、そのあいだ宗教に関する質問を盛り込むことに反対しつづけていたのは、データによってみずからの存在に疑問が投げかけられるのを懸念したイングランド国教会だった。だが実際、その不安は的中していたといえるのかもしれない。というのも、二〇〇一年以降、四番目に信者が多い宗教は「ジェダイ」だったからだ[8]【宗教に関する質問への抗議として、映画『スター・ウォーズ』に登場する組織「ジェダイ」と答えようという運動に賛同した人々による回答】。ときとして、「データを集めさせない」という手段が意図的に取られることもあるのだ。

一九八〇年代を通じて、失業は最も重要な政治的課題であったにもかかわらず、当時の失業者数の正確なデータはない。同様に、一九九〇年代から二〇〇〇年代にかけて、政府は犯罪問題に取り組むと約束し、犯罪の減少目標をみずから設定したにもかかわらず、当時の犯罪件数に関する一貫性のあるデータは残されていない。このように、物事をきちんと数えることも、継続して数えることもしていない場合、事態が好転しているのか、それとも悪化しているのかを把握できない。

英国への移入民と、英国からの移出民の数は、長年にわたって把握されてこなかった【国内への移住者と国外への移住者の区別を特に明確にしたい箇所では、「移民」ではなく「移入民」「移出民」という訳語を充《あ》てている】。二〇一〇年代初めの公式統計データを元にすると、英国で学ぶ留学生の半数はビザが切れて不法滞在しているように思われたため、当然ながらその取り締まりが政策の優先事項となった。ところが、「学生ビザは不法滞在者のためのある種の『トロイの木馬』【ギリシャ神話由来で、巧妙な隠れ蓑《みの》を意味する】として利用されている」と繰り返し主張してきた一人であるテリーザ・メイ首相にとっては、恥ずべき事態となった。二〇一七年、精度の高い新たな統計データによって、実際の不法滞在者はきわめて少なかったことが判明したのだ。[9]

英国では、不確かな数字を過信し、それに基づいた政策が何十億ポンドもかけて推進されることもあった。あるいは、十分なデータがまだ揃《そろ》っていない段階で、政策が決定されることもあった。おまけに、特定の産業における就業者数や賃金も正確には把握されていない。国内の各地域の居住者数さえも摑《つか》めていない。さらには、居住者のうちの何人が英国人なのかもわからない。

こうした項目について、政府は正確なデータをとるべきなのだろうか。そもそもそれらは数えられるのだろうか。物事のなかには、確立された概念がないために、数えたり測ったりするのが本質的に難しいものがある。したがって、ここ数年のあいだに貧困が改善したか悪化したかを判断するには慎重を要する。ましてや、数十年という期間で比較を行ったり、他国と比べたりするのはもっと大変だ。ただ、よいか悪いかは別として、男女不平等をおもに男女別の平均収入に基づいて測定するようになった結果、経済と結びついた解決策が示されるようになった。

日刊紙の『デイリー・メール』は、「エチオピアのスパイス・ガールズ」とも呼ばれ、女性の権利拡大推進を目的とする援助金を英国から受けていたガールパワーポップバンドの「イェグナ」を批判する運動を何年も続けていた。結局、同バンドへの援助が二〇一七年に打ち切られたとき、政府報道官は、英国の援助を「もっと有効な方法」で活かすためだと説明した。[10]だが、もっと有効かどうかを本当に正しく判断できるのだろうか。「女性の権利拡大」というような、多面的で文化と結びついているものを測って比較するのはほぼ不可能であり、そもそもポピュラーソングを聞くことと女性の権利拡大の直接的な因果関係を示すのも無理なのではないだろうか。[*]

たいていの場合、明確に定義して測定するのが最も難しいのは、社会的に重要な物事だ。「障害をもっている」や「貧しい」の定義は確立されておらず、「心の病」「孤独」「差別」といった、広く認められた社会問題であっても、満場一致で賛同を得られるような明確な定義はいまなお定まっていない。別の例でいえば、「反社会的行動」については確立された定義もなければ、そういった行動を長期にわたって観測するための定常的な手段もないため、それが実際にどのように変化してきたのかを捉えるのは難しい。それゆえ、世間はマスメディアが与える印象に流されやすくなる。また、いわゆる「刃物による犯罪」の統計データには、「刃がついているか、先が尖《とが》っている物」が使用された犯罪がすべて含まれていて、そのなかには「ジャガイモの皮むき器」も入っている。[11] まあ、もしあなたがジャガイモだったとしたら、確かにそれは恐ろしい凶器かもしれないが……。

とはいえ、英国においてデータに関する問題が浮き彫りになった最大の事態は、新型コロナウイルス感染症パンデミック（世界的大流行）の期間だろう。各種のシステムが連動していないため、パンデミックが発生したとき、国民保健サービス（ＮＨＳ）が管理している記録に個人用防護具（ＰＰＥ）の在庫数についての情報はなかった。地方自治体レベルでは、社会福祉サービスに従事している人の数に関する記録は存在しておらず、各地域で保健サービスを受けている人の数も正確には摑めていなかった。しかも、どこに誰が住んでいるのかについて一元的に管理された記録がないため、ウイルスに曝露《ばくろ》した恐れがある人を探し出して追跡調査するのは困難をきわめた。パンデミックに備えるために最善の対策モデルを構築すべき専門家が大勢いたにもかかわらず、実際にパンデミックでわかったのは、私たちが何をすべきかについて、統計モデルは明確な答えを出せそうにもないということだった。

加えて、今回のパンデミックがあらためて明らかにしたのは、物事を長期にわたって比べたり、他国と比較したりするのがいかに難しいかということだ。さらには、それでも人々が比べ

＊　女性の権利拡大への取り組みが成功しているかどうかを判断するための指標として国際連合（国連）が提案しているものには、「平均収入」「世帯内での資産の分配」「時間の使い方」といった従来の指標に加えて、「管理職に就いている女性の数」「携帯電話を所有している女性の割合（男性との比較）」などがある。

るのに必死になることもわかった。行われている検査の基準はほぼすべての国で異なり、しかも、死亡に関する記録方法もそれぞれ異なっている。それにもかかわらず、自分たちは近隣国と比べてどうなのかという点を常に強く意識させられた。英国内においてさえ、二〇二〇年に「新型コロナウイルス感染症による」死亡数の算出方法が変更されている。さらには、英国内の国家機関に所属する統計職員たちは、例年の死亡数に基づいて、予測を超える「超過死亡数」を分析した結果、「公式の死亡数」が実際の死亡数より少なくとも一万人も低い数字である可能性が高いと結論づけている。[12] また、パンデミック発生時に死亡数を正確に算出する手立てがまったくない国もあった。一般には、中国における死亡数として記録された数字は、実際の半数以下だと考えられている。[13] 死亡届を出す義務がない国は、アフリカだけでも四六カ国もある。それはつまり、「新型コロナウイルス感染症による二〇二〇年の死亡数はわずか三名」だというブルンジの主張を、額面どおりに受け取るわけにはいかないことを意味する。[14]『エコノミスト』誌による二〇二二年初めのモデル分析では、全世界の実際の死亡数は各国の公式の数字を集計した合計人数のおよそ四倍と推測された。[15]

こうしたことは、何か特別な場合や、専門的な分野でのみ起こる問題ではない。「バッドデータ」を問題視しなければならないのは、政府が重大な決断をする際には必ずデータを利用するからだ。そして、政策の正当性を確かな証拠に基づいて示すよう求められているために、政府は現実的にやや無理があるかたちでも、費用対効果を数値化しようと試みる。

「バッドデータ」を問題視しなければならない理由はほかにもある。世間は自分たちが見たり聞いたりする情報の出所が国の統計職員といった信頼すべき人々であれば、その情報を信用してしまいがちだ。私たちは、ありとあらゆる物事について、それに関するデータが必ず存在し、手に入れられると思い込む傾向がある。また、善意によるものか悪意によるものかはともかく、「これがあなたの求めていたものです」といって、なんらかの情報を与えてくれる人がいるとき、確かなデータがなければフェイクニュースに反論できる手立てはない。

政治家と統計職員は、物事を数えたり測ったりする難しさと、あらゆることに答えを出すよう常に求められている状況のあいだで板挟みになるという困難な事態に直面している。統計職員は、最低限のリソースしかなければできることが限られ、自信過剰になっても、あるいは逆に念には念を入れすぎても窮地に追い込まれる。統計学上の問題点を解決しようと、研究者たちや経済の専門家たちがどっと押し寄せてくることが多いが、彼らは必ずしも信頼できるわけでもなければ公平なわけでもない。

これは、誰が権力の座に就いたとしてもなくならない問題だ。どんな政府も、政党も、出所や健全性を疑わずにデータを使いがちであり、それを止めるのは難しい。もちろん、「グッドデータ」を集めて賢く活用するために政府は全力を尽くしてはいるが、なかには非常に根深い問題もあり、それらを変えるには多大な努力に加えて投資も必要だ。たとえ政府が、統計データの改善に誠心誠意取り組みたいと思っていても、いざ実行しようとすると山のように大きな問題が立ちはだかっていることに気づき、政治で解決しようという意気込みはしぼんでしまう。

こうした状況とは対照的に、昨シーズンのサッカー・プレミアリーグで、ハリー・ケイン選手がゴールポストの枠内に左足で何回シュートを飛ばしたかというデータはきちんと存在する。当然ながら、それは政府によるデータではなく、サッカーの試合を分析する業者が集めたデータだ。そうした業者は、イングランドのトップリーグで行われる全試合の内容を手作業で記録するために、大勢の人を雇っている。試合の進行中、記録要員たちはコンピューターに向かい、リアルタイムで表示される試合の様子とピッチの図が重なって表示される画面上をクリックしながら、すべてのパスやタックル、ボールタッチを記録する。そうやって試合の流れが事細かに記録された何百万ものデータポイントは、ブックメーカーやサッカー評論家をはじめとして、お金を払ってでもデータを手に入れたい人たちにとっての膨大な分析用データセットとなる。

このように、成し遂げようとする気持ちに加えて多額の資金があれば、入手できるデータの質は驚くほど高くなる。

だからといって、政策のためのデータも、同じぐらいの時間や労力や資金を費やして入手すべきだというわけではない。ただ、そこまで緻密《ちみつ》なレベルのデータも、技術的には入手可能だと言いたいのだ。サッカーの試合についてはとても詳細なデータがあるというのに、「有権者の数」や「新型コロナウイルス感染症による死亡数」「犯罪件数の増減」はわからないという事実を前にすると、なんともやりきれない気持ちになる。

ここで、現代社会においてデータがもたらしてくれる可能性に目を向けてみよう。地方自治体や学校、警察への予算の割り当てを決めるための統計モデルやアルゴリズムは、すでに導入されている。そうしたモデルやアルゴリズムは、移民の数の予測、人々の行動の「誘導」、不正の摘発、経済政策の具体化、犯罪予測でも使われている。また、使用者の位置情報を追跡できるスマートフォンの普及と、誰もがなんらかのかたちでオンラインやデジタルの世界とつながっていることによって、データ利用のまったく新しい可能性の世界が目の前に開かれている。さらには、英国国家統計局（ONS）によると、英国における仕事の七二％は、将来ロボットに取って代わられる可能性が高いという。[16] この予測自体は議論の余地があるかもしれないが、自動化と機械学習の分野における技術革新に、各国政府が大いなる意欲を燃やしているのは明らかだ。

とはいえ、統計モデルやアルゴリズムを用いるそうしたシステムの性能は、設計構想と投入されるデータの質にかかっているため、「データに導かれて正しい答えが手に入る」という発想は、単なる思い込みになってしまうことも多い。ひどい設計をもとに製造された機械に「バッドデータ」が入力された結果、本来なら対象外の人々に巨額の予算が誤って割り当てられ、それ以外の人々は完全に忘れられるという事態が起きてしまった例もある。「私たち政府がそう述べているのだから」という考え方によって物事を正当化できた日々は、すでに過去のものなのかもしれない。だが、すぐ目の前に迫っている時代、つまり「データがそう示しているのだから」という言葉で正当化される時代も、過去の時代と比べて望ましいものになるかどうかはわからない。

来たる時代を望ましいものにするためには、「グッドデータ」が必要だ。現在使われているデータには問題や重大な欠陥が多数あり、そうした問題を解決しないまま、政策の策定過程でデータがますます大きな役割を占めるような将来を迎えてはいけない。「バッドデータ」のなかでも特にひどいのは、犯罪、移民、収入、社会福祉、失業、貧困、平等といった、人々にとって最も重要な問題に関するデータなのだから。

効果的だと思われる政策について政府が何かを主張するときや、国民にとって最善の策が何かを政府が判断するとき、私たち国民は政府を信頼するよう求められる。もちろん、国民は政府を信頼したいと思っている。そのために彼らを選んだのだから。だが、データに欠陥があるかもしれず、統計にも間違いがあるかもしれないという現実を受け入れてしまったら、私たちはいったい何を信用すればいいのだろうか。裏切られてがっかりしなくてもすむよう、何一つ信じないようにしようと思ったとしても、不思議ではない。とはいうものの、私たちは、「あらゆる統計データをはねつける」、または「すべて額面どおりに受け入れる」という、両極端な策のどちらかを選ばなければならないという事態に追い込まれてはならない。

私たち国民にできるのは、落としどころを見つけ出すことだ。

毎日のようにデータとかかわり、政治家ともかかわっている一員として私が目にしているものを、読者のみなさんにも見てほしい。私は、英国下院図書館で統計職員として働いている。この図書館では、ウェストミンスターにある英国議会のすべての国会議員【英国で国会議員とは下院議員のこと】に対して、議会内での調査サービスを提供している。進行中の議論や審議中の法案に必要となる背景説明を用意したり、国会議員から直接質問を受けたりするのがおもな仕事だ。私たちは、すべての政党にサービスを提供しているため、政治的に中立な立場を守っている。私たちの使命は、揺るぎない事実を歪《ゆが》めることなく活用することにある。

統計職員は日々、「私の選挙区で学校給食が無償で支給されている子どもは何人か？」といったものから、「処分されたアナグマの数は？」「英国の防衛費の額は世界で何番目なのか？」といったものまで、多岐にわたる質問に答えている。政治家は時間の流れの速い世界で活動しているので、なんらかのデータが必要になると、ほとんどの場合、「いますぐ」にデータをほしがる。しかも、できるだけわかりやすいかたちのものを求める。そうした要望に対して、「それについてのデータはありません」「データはありますが、注意すべき補足事項もたくさんあります」という答えを、丁重《ていちょう》ながらもはっきりと伝えるにはどうすればいいのか。それを考え出すのも、私たち統計職員のおもな仕事の一部といえる。

本書では、データがどのようにして生まれるのか、データが作成される過程での人間の選択がいかなる根本的影響を及ぼすのか、また、データはなぜ公共政策に不具合をもたらす恐れがあるのかについて解説したい。信頼できて当然だと思っていたデータの裏側を覗《のぞ》けば、みなさんも驚くはずだ。それどころか、ショックを受けるかもしれない。

ここには数学的な話は出てこない。グラフや表もなければ、当然ながら数式も使われていない。というのも、統計データを入手する際の現実的な側面を理解したり、それらのデータが信頼できるかどうかを判断したりするのに、数学の知識は必要ないからだ。大事なのは、データがどんな仮定のもとで得られたものなのかを把握し、人的エラーに気をつけることだ。物事にはどうしても数値化するのが難しいものがあり、その事実を否定するのではなく受け入れる必要がある。さらにいえば、現在のやり方よりうまく数えたり、測れたりできるようになるものもたくさんある。

データの利用頻度がさらに増え、今後の政策策定においてデータの果たす役割がより重要になると確実にわかってきたいまこそ、データに関するこれまでの問題点を洗い出し、その解決策を考えるべきだと私は考えている。そうした点を踏まえれば、「バッドデータ」や誤った判断に振り回されずにすむようになるはずだ。

第一章
人々

把握されている人、されていない人

人を数えるのは厄介な仕事だ。人はあちこち動き回る。ひたすらさまよいつづけるかのような人もいれば、跡形《あとかた》もなく姿を消してしまう人もいる。名前や国籍を変える人もいるし、ほとんどの場合、人は予期しない行動に出る。人を数えるのが難しい理由を理解して、うまく数えられるようになるには、まずは時間をさかのぼらなければならない。しかも、はるか遠い昔まで。

一〇八五年。ウィリアム征服王【ウィリアム一世】は王立委員会を招集し、とてつもない任務を命じた。それは、イングランドじゅう、あるいは少なくともノルマン人が支配している領土内の、すべての居住地をまとめた記録として土地台帳を作成せよというものだった。しかも、各居住地の全住民数に加えて、飼育されている雄牛、乳牛、豚の数もすべて記録すべきだとされた。さらには、土地の種類や、そこで暮らしている人の活動についても詳しく記さなければならなかった。この土地台帳はのちに、「ドゥームズデイ・ブック（最後の審判の日の書）」として知られるようになる。この名称は、王が派遣した調査員がやってきて数えたり測ったりする日からは、「最後の審判の日」と同じく、誰も逃れられないことに由来している。データの大量収集の観点から見ると、これは前代未聞の大規模なものだった。確かにデータに多少の抜けはあったが、それでも「ある時点における国内の全居住者数の記録」という意味で、英国で初めて実施された国勢調査だといえる。
さらに、この「最後の審判の日の勘定《かんじょう》」は、ある種の社会学的調査でもあった。もちろん、当時のおもな調査目的は、国がさらに多くの税を搾《しぼ》り取れそうな人物を特定することだったが、「ドゥームズデイ・ブック」には、人々の身分についても一部記録されていた。といっても、居住者を「自由民」「農奴《のうど》（農民）」「聖職者」「奴隷《どれい》」に分類したものにすぎなかったが。それでもこうしたデータから、当時の生活の様子が多少なりともうかがえる。たとえば、いまでは英国で最も高級な住宅地の一つであるロンドン北部のハムステッドにおける当時の居住者は、「村民一名」「小規模の自作農五名」「奴隷一名」「豚一〇〇頭」だった。[1]
この調査が行われたのは一度だけであり、個々の記録はすべて各地方官によって照合、確認されなければならなかったため、土地台帳が完成するまで何年もかかった。[2] のちに一二七九年から一二八〇年にかけて、「ハンドレッド・ロールズ（郡の名簿）」【イングランド王エドワード一世が詳細な項目を調査させた記録書】と呼ばれる同様の調査が行われたが、それ以降、こうした人口調査はすっかり廃《すた》れてしまった。人口を数えるのは命を危険にさらす行為だとみなす人もいた。そうした考えによって激しい恐怖を抱いた聖職者たちは、「人口を数えようとするダビデ王の尊大さに対して神が抱かれた怒りは、死に至る疫病をもたらすほど激しかった」という聖書の教訓を引き合いに出して、人口調査に反対するよう人々に働きかけた。
一九世紀になると、そうした恐怖はすでに薄れていた。あるいは、ヴィクトリア時代の人々はとかく感傷的な気分に浸るのが好きだったので、大いに泣ける悲劇をひそかに期待していたのかもしれない。いずれにしても、すべての人を数えるという調査は、一九世紀末にはきわめて困難な作業になった。人口は急速に増え、しかも移動が頻繁に行われていた。貧困層は、隠れる場所がどこにもないような見通しのよい村落に散らばって住んでいるのではなく、スラム街に密集して暮らしていた。それでも特定の地域では、居住者数を数え、彼らの生活環境を記録する試みがなされていた。シーボーム・ラウントリーが行ったヨークの調査や、チャールズ・ブースが作成した、ロンドンの生活環境を詳細に色分けした地図などがその例だ。だが多くの場合、人々の生活は数として表すにはあまりに混沌としていた。現状を把握するには新たな手法が必要だった。

実態を正確に摑めないときは、推測に頼らなければならない。

日常生活のなかで、私たちはいつも推測している。支出の計画を立てるときは、各項目にどれくらいの金額を確保すべきかの見積もりが基本になる。仕事で家を出る時間を決めるときや、何かの予約を取るときは、目的地まで通常かかる時間を計算し、さらには移動する時間帯の混雑状況なども考慮しているはずだ。こうしたことを、人はただやみくもに推量しているわけではない。たとえば、「いつもは職場まで三〇分だが、雨のときはもう少し時間がかかる」といったことまで想定している。つまり、私たちは自分が知っていることを、ちょっとした理屈と直感とともに活用している。ただし、そうした推測がいつも正しいとは限らない。

統計データで推測を立てる場合も、予備知識、推論、仮定という、人間がつくりだす基本情報に同じく頼っている。ただし、統計データの分野では、より系統立った手法で進めるための明確なルールがつくられていて、それらが品質管理の役割も果たしている。

　ヴィクトリア時代のイングランドの若き数学者アーサー・ボウリーも、現状を把握するための手法について考えを巡らせていた。伝えられるところによると、熱心なサイクリストでもあったボウリーは、サイクリングの同行者から数学の質問をされると（どうやらケンブリッジ大学ではよくあることのようだ）、とたんにスピードを上げて走り去ってしまったという。[3] そんなボウリーは、統計調査を「代表値の科学」とみなしていた。[4] そして、統計データとは、それを見た人が状況を一目で理解できるような情報でなければならないと考えていた。そうした意味では、全数調査は情報量が多すぎた。

　このボウリーこそが、統計学の最も重要な手法の一つである「標本調査」を編み出した功績者だ。標本調査とは、ある集団に関するデータを系統立てて収集する調査方法であり、通常はその集団全体（母集団）の特徴を捉えられるようなかたちで行われる。[5] 実際には、集団全体から幅広く抽出された人々に同じ質問をする。対象者全員に同じ質問をするというのは、全数調査と変わらない。「ドゥームズデイ・ブック」作成の調査においても、同じ質問一式が使われた。では、何が大きく違うかというと、標本調査では全員に尋ねるわけではないという点だ。

　たとえば、「マーマイト」という英国の伝統的な発酵食品が好きな人の割合はどれくらいなのかを調べたいと思ったとしよう。その場合の方法として、「マーマイトについてどう思いますか？」という質問の答えを、「大好き」「大嫌い」「どちらでもない」から選んでもらう標本調査を行い、回答を集計し、このペースト状の発酵食品の熱心な愛好者の割合を出す方法がある。これは妥当なやり方に思える。とはいえ、どうやって対象者を選べばいいのだろうか。

標本調査の目的は、母集団の全員に尋ねた場合と同じ情報を得ることだ。そのためには、母集団全体をまんべんなく表せるような人々を回答者に選ばなければならない。この回答者集団のことを「標本（サンプル）」という。

刑事裁判の陪審《ばいしん》も標本だ。陪審員は成人から選ばれるが、これは「事件の証拠を説明された陪審員団が出す有罪または無罪の結論は、英国のすべての成人に同じ検討を依頼した場合に出されるであろう結論を反映したものだ」という考えに基づいている。標本調査の標本に対する考え方も、同じようなものだ。

標本調査での注意点は、回答者の答えに影響を及ぼしかねない要因がある場合、標本の分布が実際より大きくなりすぎたり、小さくなりすぎたりしないよう考慮しなければならないことだ。さもなければ、正確な全体像を描けない。

マーマイトは味に癖《くせ》があるので、好きだという小さな子どもはおそらく少ないはずだ。また、現在より五〇年前のほうが、塩味の効いたこのペーストがずっと人気があった点を考えれば、質問に対する答えの傾向は世代間で異なると思われる。そうして、マーマイトが「大好き」または「大嫌い」な人の割合を調べる方法を探るなかで、「小さい子どもを除いた標本を選ぶ」と決めたり、「標本の年齢層別の比率を、母集団のものと合わせなければならない」ことに注意したりするようになる。さらには、味覚といったものは家系ごとに伝わると考えられるので、「一つの家族だけを標本に選ぶ」のは好ましくないとも判断するだろう。

たまたま近くにいた人や、興味を示した人を標本に選ぶだけでは不十分だ。統計職員がおもに用いる手法は、標本となる人を「無作為（ランダム）」に選ぶことである。

何かを無作為に選ぶとはどういうことなのかは、誰もが直感的にわかっているのではないだろうか。袋に手を入れて賞品を摑み取る「ラッキーディップ」や、お菓子が入った容器に手を突っ込んで取り出すことは、何かを無作為に抽出する行為だといっていい。よく切られたトランプの束からカードを一枚選んだり、名前が書かれた紙でくじ引きをしたり、ボードゲーム「スクラブル」のコマを袋から取り出したりするのも無作為な作業だ。同様に、透明なドラムのなかでぐるぐる回っている数字入りのボールを機械が選び出すという、英国国営宝くじの抽選方法もそうだ。これらの例に共通しているのは、選ぼうとしているものがなんらかの規則に沿って並んでいないようにするために、全体をよく混ぜるという手順が含まれている点だ。そうすることによって、どんなふうに取り出しても、特定の菓子、カード、数字が出る確率は同じになる。

無作為抽出についてよく使われるたとえは、「塩加減を確認するために、鍋《なべ》に入ったスープを味見する」ことだ。料理人はスープの塩加減を見るのに、鍋のスープを飲み干さなくてもいい。きちんとかきまぜられているなら、スプーン一杯分を味見すれば十分だ。[6]無作為抽出は、「調査を行う母集団において選ばれる確率が全員等しければ、選ばれた標本は母集団を適切に表すものになる」という考えに基づいて行われている。

実際の例を挙げると、英国の全世帯の住所をリスト化して、なんの規則性もないように順序を入れ替えたのち、数千世帯や数十万世帯を上から順に選ぶという方法がある。世帯状況に関するデータを毎年約八万世帯分集めることになっている「年次人口調査」では、基本的にこの抽出方法が使われている。また、産業、職業、労働形態といった、就業状況に関する公式統計データの元になる一連のデータセットを収集するための「労働力調査」も、この方法に基づいて行われている。

ちなみに、調査会社のユーガブ社は、無作為に選んだ人々に電話調査を行って、マーマイトが嫌いな人より好きな人のほうが多いという結果を得た。[7]

具体的に説明すると、ユーガブ社は約一三〇〇人の標本の回答に基づいて、「マーマイトを肯定的に評価する人は約四五%、否定的な人は約三六%、どちらでもない人は約一七%」と見積もった。つまり、「マーマイトは好きか嫌いかのどちらかにはっきり分かれるもの」という有名な広告宣伝活動によって、私たちがいくらそう思い込まされていても、実際には好き嫌いがそこまではっきり分かれていないことが判明したのだった。ユーガブ社によると、マーマイトよりも『アプレンティス』というテレビ番組や、「レッドブル」というエナジードリンク、それに不思議なことに、マーマイトと似た味の「トゥイグレッツ」というスナック菓子のほうが、好き嫌いがより明確に分かれていたという。[8]

ただし、注意しなければならないのは、無作為に人を選ぶ場合には、同じような顔ぶれが揃ってしまう可能性も覚悟しなければならないということだ。陪審員はまったく無作為に選ばれるため、「全員男性」「全員女性」「みな同じような年齢」「みな似たような経歴」といった陪審員団になる可能性だってある。そうなる可能性はきわめて低いが、ありえなくはない。さらに、陪審員団が被告人といわゆる「同輩」である保証【「被告人は被告人と年齢や地位、経歴などが同じ人によって裁かれるべき」だという、陪審についての古くからの考え方】もどこにもない。まったく同じでない可能性だってある。

一方、標本調査で集団同士を比較する場合には、多様性のある標本を用意しなければならない。たとえば、「ミレニアル世代【一九八一～一九九六年生まれ】よりもベビーブーマー世代【一九四六～一九六四年生まれ】のほうが、マーマイト好きが多い」というのが本当かどうかを調べるための標本調査を行おうとしたとき、抽出された標本がたまたま全員Z世代【一九九七～二〇一二年生まれ】だったら、調査を続ける意味がない。

とはいうものの、そうした多様性を実現するには、全人口に関する知識がすでにある程度得られていることが前提となる。その出発点として有効なのは国勢調査のデータだが、この調査は一〇年ごとにしか行われないため、そのあいだに直近のデータと現状が年々ずれていく点を考慮しなければならない。「グッドデータ」が手に入らない場合には、真実が何であると思われるかについて、なんらかの仮説を立てざるをえない。

つまり、人が判断するという人的要素が含まれてしまうことは避けられない。人的エラーが起こる可能性についても同じことがいえる。

予想もつかない変化

国民についての最新情報を入手するために一〇年も待ちたいとは、誰も思わない。政府や政治家はなおさらだ。地方議会は地域住民の居住実態、年齢、彼らがどのような公共サービスを必要としているかを、できるだけ早く把握しなければならない。

この一〇年を振り返るだけでも、すっかり見違えるほどの変化を遂げた地域がいくつもある。二〇一一年、ロンドン東部のストラトフォードのリー川両岸には、雑然と建てられた倉庫とぬかるんだ草地しかなかった。一〇年後、その場所は、プレミアリーグ所属のサッカークラブ「ウェストハム・ユナイテッドFC」が現在本拠地としている巨大スタジアムや全国で最大規模のショッピングセンター、それに何万戸もの高層住宅が入る複合施設「オリンピック・パーク」へと劇的な変化を遂げた。また、そのたった一〇年という年月のなかでさえ、生活が大きく変わった人もたくさんいる。二〇一一年当時の英国には、地中深くの現場で働く炭坑作業員がまだいた。さらに、国民の多くはスマートフォンを持っていなかった。政府にとって、社会の急速な変化を常に把握しておくのは大変なことであり、しかも次の国勢調査まで一〇年間も最新のデータが手に入らない。それゆえ、その期間を乗り切るには推定値が必要となる。

国勢調査が行われていない年の人口の変化は、「出生数から死亡数を引いて、それに移住によって増えた人数を足す（または減った人数を引く）」という、簡易的な計算方法に基づいて推測されている。

だが、二〇一一年の国勢調査では、英国の人口が推測よりも五〇万人以上多いという事実が判明した。つまり、推測の過程で、明らかになんらかの計算間違いがあったということだ。

これは詳細な公式推定値を過去一〇年間出しつづけてきた担当部門にとっては、決して喜ばしい事態ではなかった。なぜこれほど多くの人を見落としてしまったのか。また、見落とされていた人々はいったい誰だったのだろうか？

五〇万人分の出生や死亡を、統計職員が見落とすとは考えられない。間違っていたのは移入民関連の数だった。具体的には、英国に住んでいる外国人の数が、それまでの推定値より四六万四〇〇〇人も多かったのだ。*

当時、英国独立党の党首を務めていたナイジェル・ファラージにとって、この上方修正はなんの驚きでもなかった。というのも、ファラージは、「英国に来る移民の数は増えすぎている。他国からの人の流れを管理できないのは問題ではないか」と、長年にわたって訴えてきたからだ。そうして、「入国者の数を正しく数えることさえできていなかったとは、ただあきれるばかりだ。私がブルガリア人だったら、すぐさま荷物をまとめて英国に来ようとするだろう」と語って、英国はEUから脱退すべきだと国民に呼びかけた。[9] デイヴィッド・キャメロン首相も、入国管理の強化が必要だと認め、「一九九七年以降、英国で移民によって増えた人数は、バー

＊　この年の国勢調査によって、外国人居住者数の推定値は四五〇万人から四九〇万人に修正された。

ミンガムの人口の倍以上だ」と指摘した。[10]

とはいえ、いくつかの大都市の人口を合わせた数に相当する移民の流入は、一夜にして起こったわけではない。二〇〇四年以降、入ってくる人の流れは大きかったが、予想外の急な増減はなく、一定数を保っていた。少なくとも、英国の国家機関に所属している統計職員たちはそう見ていた。しかも、そうしてやってきた人々は、決して不法入国したわけでもない。彼らは英国内で医師、看護師、建設作業員、配管作業員といったさまざまな職業に就き、税金を払い、結婚して子どもたちを学校に通わせた。これらの人々は隠れようとしていたわけではなかったので、彼らについての記録がありとあらゆるシステムに当然残っているはずだ。

問題は、出入国者数を数える当時の方法が、推測に基づいていたという点だ。そして、いうまでもなくその推定値がずれていた。

出入国者数に関する当時の英国の公式推定値は、標本調査に基づいていた。一九六一年から行われてきたこの「国際旅客調査」の当初の目的は、英国への旅行者や観光客が滞在中にどのように過ごし、お金をいくら使う予定なのかを調べることだった。[11]調査の最中に長期滞在の予定でやってきた人、つまり移入民が、たまたま回答者になる場合もあった。移入民の数を数えるための英国で唯一の公式手段として、この調査データをその後六〇年間も利用しつづけるという予定は当初はまったくなかった。要は、もっと有用なデータがほかになかったのだ。

国際線でヒースロー空港に到着する人は、この国際旅客調査に協力を求められる可能性がある。到着ロビーに向かい、入国審査でうんざりするほど待たされたあとに、「今回の旅行について、いくつかの質問に答えてもらえませんか」と調査員に声をかけられる場合があるということだ。「はい」と答えた人（驚くべきことに、九八％の人がそう答える）は、次のように尋ねられる。まずは、「どの航空会社を利用しましたか？」「航空券の値段はいくらでしたか？」といった、旅行の手段について。次に、「滞在日数はどれくらいを予定していますか？」「今回の旅の理由は何ですか？」といった、旅の目的について。調査員はこうした意向に関する回答を得てようやく、相手が移入民かどうかを知ることができる。厳密にいえば、「滞在予定が少なくとも一年以上と回答した人」という、この調査で定められている移入民の定義に当てはまるかどうかが判明する。

毎年、この方法でおよそ七〇万人から八〇万人が調査されるが、その大半は観光客だ。旅の目的を尋ねる前に、「休暇ではなく移住のために海外からやってきた人」を見分ける手段はない。それでも、すべての入国者と出国者という母集団を代表する標本を抽出する場合、そのなかに移入民と移出民も含まれるはずだ。

よって、これほどの規模の大きな標本調査なら、信頼できる推定値を出すのに十分だと思ってしまいがちだ。確かに、国際旅客調査のデータを利用して、「二〇一九年の英国への移入民はおよそ六八万人」という推定値を出した統計職員たちは、その数字にかなりの自信をもっているようだった。さらに「移入民の約三分の一は仕事のためにやってきた」「移入民の一四人に一人は、ルーマニア人またはブルガリア人」「出入国を合わせた移住全般で見ると、この年の英国での移住による人口増加は二七万人」という分析結果にも自信をもっていたようだった。

少なくとも、当時はそう推測されていた。

では、この国際旅客調査の方法を、もう少し詳しく見てみよう。この調査の対象は約八〇万人。そのなかで「一年以上滞在する予定」と答えた人は「移住者」とみなされる。また、「一年以上国を離れる予定」と答えた人、つまり他国へ移住する人も「移住者」の数に入る。二〇一九年の調査では、回答者八〇万人のうち、「移住者」はわずか三〇〇〇人だった。これは、回答者の二六七人に一人だ。移住パターンについて詳しく入手すべき情報量を考えると、この人数はあまりにも少ない。また、「仕事で移住してきた南アメリカからの人の数」といった推定値を出すために、集めたデータをさらに細かく分類して利用する場合、標本サイズ、つまり標本に含まれる人数は、おそらくごく少数、あるいはせいぜい数十人にしかならない。

こういった少ない人数に基づいた推測は、全移住者を代表するものにはならないという危険性を以前から抱えていた。だが、「英国の人口が推測よりも五〇万人以上多い」という、二〇一一年の国勢調査前の一〇年間で生じたずれは、事情が少し異なっていた。いくつかの移入民の集団が、丸ごとすっかり見落とされていたのだ。

この事態を説明するには、二〇〇三年秋のハンガリーに時間を戻さなければならない。ビジネスマンのヨージェフ・ヴァーラディは、自身の運を好転させなければならなかった。というのも、彼は不振にあえぐマレーヴ・ハンガリー航空のCEOを辞職したばかりだったのだ。新規のビジネスに挑戦したかったヴァーラディは、余計なサービスを省いた格安航空会社「ウィズエアー」を共同で創業した。このビジネスモデルの有効性は、英国のイージージェットやアイルランドのライアンエアーといった同業他社によって実証ずみだった。要は、旅はしたいが、余計なサービスのために大金を払いたくない人が大勢いるということだ。しかも、場合によっては一〇ポンド（約一九〇〇円）未満でチケットが買えることを考えれば、ルートンやリーズといった、ヒースロー空港よりも華やかさに欠ける地方空港から出発することはなんの問題もなかった。そもそも、免税価格で香りつきのウォッカや、ひどく高いサングラスを買おうかどうか迷いながらヒースローで二時間過ごすのを、心から楽しんでいる人などいるのだろうか？

また、このタイミングでの業界参入にも、きわめて大きな意味があった。二〇〇三年四月に行われた、ハンガリーのEU加盟の是非を問う国民投票では、賛成票が八三％だった。そうしてハンガリーの人々は、ヨーロッパ大陸のどこにでも住んで働ける自由を、翌年からほぼ無条件で手に入れられることになった。

二〇〇四年にEUに加わった国は、ハンガリーだけではない。東欧諸国では、チェコ、エストニア、ラトビア、リトアニア、ポーランド、スロバキア、スロベニアも同年に加盟した。この八カ国は「グループ8」または「新規加盟八カ国（A8）」と呼ばれ、当時の総人口はおよそ七三〇〇万人[12]。これらの国の人々が強い関心を抱いていたのは、ルートンまで週末旅行に出かけることではなかった。彼らは移住を視野に入れていた。

このEU拡大に向けて、英国政府はこれらの国から英国への移入民は毎年どれくらいになるのかを予測するよう専門家に依頼した。そうして得られた回答は、「五〇〇〇人から一万三〇〇〇人ぐらいと予想される」だった[13]。

だが、実際にやってきた人数はこの予測の二〇倍以上であり、とりわけ多かったのはポーランド人だった。二〇〇一年の国勢調査では、英国在住のポーランド出身者の数は五万八〇〇〇人。それが二〇一一年には六七万六〇〇〇人にまで増えていた。[*]

予測は大幅に外れ、英国は突如として、東ヨーロッパの人々に最も人気の高い移住先となった。ウィズエアーはルートン、スタンステッド、バーミンガム、ドンカスター・シェフィールドへの新規路線を開設し、イージージェットとライアンエアーもあとに続いた。

これは英国国家統計局にとって大問題となった。基本的に、国際旅客調査での標本の「母集団」とは、英国に出入りするすべての人だ。そして、好都合にも国の大半が一つの島に収まっていることから、出入国時に必ず通らなければならない出入国管理所の数は限られていて、国を出入りする人の流れがどこで起きているかを正確に捉えやすかった。[14] 国際旅客調査が進められるにあたり、英国に移り住んで働く人（それにもちろん観光で訪れる人も）の大半は、この国の「主要空港」であるヒースロー、ガトウィック、マンチェスターに降り立つはずだとみなされた。二〇〇〇年代半ばに東ヨーロッパからの到着便が大幅に増加した小規模な地方空港においては、二〇〇九年以前は調査がまったく行われていなかったか、あるいはごく一部でしか実施されていなかった。[15]

つまり、何十万人もの入国者が見落とされ、推定値を出すためのデータにまったく含まれていなかったのだ。

スープの塩加減を確認するときは、鍋からスプーンで一杯だけすくって味見をすればいい。

もし、英国の出入国管理所が全国に一つしかなかったら、そこで標本を抽出して移入民の数を推測するのは、スープを一つの鍋からスプーン一杯だけすくうのと同じぐらい簡単な話になるだろう。だが実際は、英国には公認の出入国管理所が、一一三の主要施設も含めて少なくとも二七〇ある。[16] 要は、量も塩加減もそれぞれ異なるスープが入った、二七〇の鍋がいっせいに火にかかっているようなものだ。

統計職員がこのすべての鍋から味見をするのは、無理な話だ。それゆえ、各空港に到着する人数の割合を事前に推測しなければならない。そうして、ヒースローとガトウィックに入る人が圧倒的に多いはずだと考えた統計職員たちは、それらの空港で集中して調査することにした。

昔は、ポーランドのポズナンからドンカスター・シェフィールド空港に人々が大挙して押し寄せることはなかった。そのため、統計職員たちは同空港には調査員を一人も配置していなかった。だがその後、まさにそうした大移動が始まったことで困った事態に陥った。さらに、「この新たなA８圏からの移入民の数は、英国への移入民の総数にほとんど影響を及ぼさない」と予測されていたにもかかわらず、まったくの見当違いだったという問題も起きた。

そんなわけで、二〇〇七年にブルガリアとルーマニアがEUに加盟した際、両国からの移入民の数の予測に英国政府がきわめて慎重だったのもうなずける。それは、両国に対する移民制

＊ これはポーランドで生まれ、国勢調査が行われた時期に英国に定住していた人の数だ。英国の国勢調査では出生国のみが記録され、国籍は記録されない。

限が廃止された二〇一四年に副首相を務めていたニック・クレッグの、「私たち政府は、安易な予測を触れ回るべきではない。曖昧《あいまい》な推測は、移民制度に対する国民の信頼を損《そこ》なってしまう恐れがある」という発言にもはっきりと表れていた。[17] また、一部の政界関係者は、例の予測が大幅に外れた原因は「前の労働党政権の怠慢《たいまん》のせい」だとした。下院公共業務精査委員会は、国際旅客調査を「当てずっぽうよりも少しましなだけ」「要領の悪い手法」と評した。[18]

「EU離脱の是非を問う国民投票」案が現実となった二〇一六年においても、推定値の精度はたいして向上していなかった。国の統計部門の最高執行責任者である国家統計官を務めるジョン・プリンガーは、下院特別委員会で次のように尋ねられた。「私たちは移住者について正確に把握できていない、ということでしょうか。つまり、この国にやってくる人、この国で働いている人、この国に定住する人、この国を去る人についての情報がないということですか?」。プリンガーはおおむねそのとおりだと答えるしかなく、精度があまり向上していないことについても認めざるをえなかった。[19]

そんな状況ではあったが、それでも有権者にとって移民問題は当時最大の関心事だった。「EU離脱の是非を問う国民投票」の直前、調査会社イプソス・モリ社が行った世論調査によると、「いまの英国が直面している最も重要な問題は何だと思いますか」という問いに対して最も多かった回答は「移民問題」(四六%)だった。[20] また、「EU離脱の是非を問う国民投票」後の投票者調査では、「『離脱』に投票した人々の二大理由は『主権問題』と『移民問題』」であったことや、「『離脱』か『残留』のどちらに投票するかの最大の判断材料は『移民問題』だったと答えた人が最も多かった」ことが明らかになった[21]。

一方、移住者数の推定値の精度がきわめて低いことを国家統計官が認めたにもかかわらず、英国国家統計局は「出入国を合わせた『純移動数』が過去二番目に高かった」ことを示すデータを国民投票直前に公表した[22]。このデータについて、BBCのジャーナリストであるローラ・クエンスバーグは、「国民投票の投票運動が猛烈に加熱する段階に入った、かつてないほどの慎重さが必要とされる大事な時期にあえて公表した」と指摘した[23]。

統計データは客観的で確かなものだと思われがちだ。だが、移住者の数が従来の推定値よりもはるかに多かった事実が国勢調査によって明らかになったことによって、数字の確かさに対する信頼は揺らいでしまった。そして、この衝撃のあとには不安が沸き起こった。多くの人にとって、「この国はやってくる人を正しく数えられていない」と思えるこの状況は、移民問題自体が手に負えなくなっている証拠のように見えた。人というのは、あることについてのデータがあると、なんらかの権力を与えられた気になる。一方、なんのデータもないと、世の中が大混乱していると思ってしまう。結局のところ、「EU離脱の是非を問う国民投票」とは、支配する力を取り戻すことだったのだ。

現在、英国国家統計局は移住者数の推定値の算出に、国際旅客調査のデータをもはや使っていない。代わりに、各種行政機関から入手したデータをまとめて、より正確な予測を立てる努力を続けている。そうして、この新たなデータを使って過去を振り返ると、これまでとはかなり異なる実態が浮かび上がったようだ。とはいえ、二〇一〇年代に英国に移住してきた人々について正確に把握することは、今後も難しいだろう。というのも、数字の大幅なずれの原因が判明したのはそれ以降だったため、この期間については推論や考察を遺跡の発掘作業並みに数多く重ね、空白を埋めていかなければならないからだ。

ずれが生じてしまった根本的な原因を簡潔にまとめると、「統計データを集める手法が現実の世界の変化についていけなかった」ということになる。国際旅客調査は、ここ六〇年のうちの最初の四〇年間については、移住者数の推定値を出すためのデータとしてかなり有効だったのだ。つまり、信頼性が完全に失われてしまったのはこの二〇年間についてのみであり、そのおもな理由は、「移住」の性質自体がその間にあまりに大きく変わったことにある。

一九六〇年代から一九七〇年代にかけて、英国では流出超過、つまり移入民よりも移出民のほうが多い状態が続いていた。一方、二〇〇〇年以降は、毎年大幅な流入過多（移出民よりも移入民のほうが多い状態）が起きている。さらに、英国における出入国者数（ビジネスや観光も含む）は一九六〇年代の三〇〇倍近くにまで増えているが、ビジネスや観光ではなく移住を目的とした移入民の数は一九六〇年代と比べておそらく三倍程度しか増えていない。[24] 新型コロナウイルス感染症パンデミックで航空輸送の大半が休止する前の二〇一九年の、英国における入国者と出国者の合計数を示す国際航空旅客流動量は約三億人だった。[25] これほどまで出入国者が多くなると、「移住者」が標本に選ばれる可能性はきわめて低くなってしまうため、標本調査で移住者について調べようとしても、昔のような有効なデータは現在では得られない。

データの精度を向上させるには、調査の標本を少なくとも四倍にしなければならないと試算されているが、現行の調査だけでもすでに年間数百万ポンドかかっていることを考慮すると、あまりに現実離れした案ではないだろうか。[26] ほかにもっといい策があるはずであり、英国国家統計局もそのように思っている。

もう一点指摘すると、この事例は英国に数多く存在する、じつに煩雑な仕組みや手順の一つにすぎない。英国がEUの一員だった当時は、ほかのEU加盟国の国民はビザなしで英国に入国できた。居住移転の自由に関する権利を彼らが行使するのを阻《はば》むことはできないため、移住自体についてはまさにどうすることもできなかった。とはいえ、移入民の数を正確に数えるシステムが存在していなかったという事態は、それとはまったく別の話であり、決してどうにもできないことではなかった。問題の原因は、あくまで英国という国にあった。

英国に移住したときに行う手続きは、次のとおりだ。まずは、住んでいる地域の役所に行って、住民税支払いのための手続きをしなければならない。だが、慌てて税金を払おうとする必要はないし、手続きが多少遅れても罰せられない。そんなわけで、多くの人にとってもっと大事なのは、働くために必要な国民保険番号の取得申請をすることだ。とはいえ、働かない人は、永久に申請しなくてもすむかもしれない。また、新規の移入民の多くは「かかりつけ医（GP）」の登録も行うが、なかには何年も登録しない人もいれば、登録する気がまったくない人もいる。このように、たとえ合法的に移住しても、どこにも登録されないまま移入民の数に入らない可能性は十分にある。

一方、住民登録を義務づけている国は、それによって移入民の数を把握している。

たとえばドイツでは、新規の移入民は一四日間以内に管轄の住民局で住民登録をしなければならない。これは英国に移住したときに管轄の役所で行う手続きとほぼ同じだが、重大な違いが一つある。ドイツでは、この登録を行わなければ、ほかのことが何も進められないのだ（少なくとも合法的には）。住民登録をしなければ、銀行口座開設に必要な書類を手に入れることも、仕事に就いて給与をもらうことも、病院にかかることも、社会保障の給付金を受け取ることもできないようになっている。また、住民登録を行うと、税識別番号が各個人に割り当てられる。これらのシステムは連動しているため、移入民が別の場所に移る場合には（引っ越すときも管轄の役所に連絡しなければならない）、連邦中央税務局だけでなく政府にも記録情報が伝わる【ちなみに日本の場合、新規上陸後の中長期在留者は、住居地を定めた日から一四日以内に、在留カードまたは後日在留カードを交付する旨の記載を受けた旅券を市区町村の窓口に提示して所定の届出を行う。住居地を変更する場合は、新住居地に移転した日から一四日以内に、在留カードを市区町村の窓口に持参して所定の届出を行う（出入国在留管理庁ウェブサイトより）】。

こうした他国の例では、より大きな責任を個人に負わせているのは明らかだが、それでも、はるかにうまく機能する仕組みを実現するためと考えれば、さほど高い代償ではない。英国では、国民保険、国民保健サービス、納税関連の番号はすべて異なっていて、しかもそれらはどれも、役所の行政記録情報に紐《ひも》づけされていない。さらに、各役所の行政記録情報も連携されていない。一方、ドイツは、ヨーロッパ内の二五カ国に対して国境検査を撤廃しているにもかかわらず、*同国への移入民について、英国よりも詳細な統計データを保持している。

結局のところ、固有の識別番号を全居住者に一つずつ割り当て、それをあらゆるデータ記録システムにおける共通番号として使うほうが、ずっと優れた策だといえるだろう。識別番号の割り当てがほぼ完了したことによって、従来の全数調査方式による国勢調査を行わなくてもよくなった国もある。たとえば、二〇一一年にEUから統計データを求められたオランダは、全員分の識別番号を利用して、行政記録情報、税務・雇用データ、出生・死亡記録といったさまざまなデータセットから各個人のデータを入手するだけで、必要な統計データをまとめることができた。この「国勢調査」に必要だった職員数はわずか一五人、かかった費用は一四〇万ユーロ（約一億五六〇〇万円）と少額であり、しかも調査はわずか数日間で完了した。[27] 同様の理由から、デンマークは一九七〇年以降、従来の方法による国勢調査を一度も実施していない。[28] 英国の二〇二一年の国勢調査の総費用はおよそ一〇億ポンド（約一五一〇億円）になると見られていて、しかもデータがすべてまとまるまでに数年かかる予定だ。

少ない数がもたらす問題

英国では居住者に関して一元的に管理された記録がないため、国内人口の日々の変化を十分に把握できているとはいえない。

＊　ドイツはシェンゲン圏に含まれているため。

このデータ不足を補うため、英国国家統計局は「年次人口調査」という標本調査も行っている。毎年実施されているこの大規模な標本調査では、選ばれた人に国勢調査と同様の質問を行う。* これは、国の全人口という母集団を代表する標本を抽出すれば、彼らの回答は母集団全体をほぼ反映するものになるという考え方に基づいている。

国際旅客調査のデータを利用した推計がうまくいかなかった原因は、多くの移入民が見落とされていて、標本が彼らの代表になっていなかったことにあった。だが、標本調査で起こる恐れがある問題は、このようなものだけではない。年次人口調査のデータから算出された推定値の例を、いくつか見てみよう。

二〇一一年におけるバーミンガムの人口推定値は、一〇七万四二八三人だった。これは一見すると正確な数字に思えるが、これほど大きな都市の人口は一日のうちに変化するため、上下の振れという「不確かさ」がどの程度になるのかも、あわせて算出されている。注意してほしいのは、推定値の算出とは、的《まと》を狙って矢を射るようなものではないという点だ。発射して命中すると周辺にまで色が広がるペイント弾のほうが、例としてはもう少し近い。推定値を含めて広がっている不確かさの範囲を、「信頼区間」という。何かを見落として計算を誤る確率に基づけば、この区間の大きさも推計できる。このバーミンガムの人口における不確かさについては、「人口の真の値が、一〇五万六〇〇〇人から一〇九万四〇〇〇人のあいだにあることは確かだといえる」という言い方で説明できる。言い換えれば、「真の値は、この三万八〇〇〇人の区間内にある」ということだ。

では、二〇一九年まで時間を進めよう。この年のバーミンガムの人口は、一一四万人から一二四万三〇〇〇人のあいだと推計されていて、信頼区間の幅は一〇万人を超えている。[29] 二〇一一年の信頼区間の下限値と二〇一九年の上限値から計算すれば、バーミンガムの人口は一八万七〇〇〇人も増えた可能性がある。この人数は、ヘレフォードシャー州の全人口が引っ越してきたのに等しい。逆に、二〇一一年の上限値と二〇一九年の下限値から計算すれば、四万六〇〇〇人程度しか増えていない可能性もある。つまり、本当に自信をもっていえるのは、人口が増えたという点ぐらいだ。

とはいえ、人口がおそらく増えているだろうとわかるだけでも、バーミンガムは幸運だ。もっと狭い地域では、二〇一一年、二〇一九年のどちらの推定値も非常に不確かで、人口が増えたのか減ったのか見当もつかないほどだ。たとえば、ハマースミス・アンド・フラム・ロンドン特別区は、人口が二八％増加したかもしれないし、六％減少したかもしれない。同区の住民たちは公共交通機関、スーパーマーケット、かかりつけ医の診療所を、以前より二五％以上多くの人と「共有」せざるをえなくなっていたかもしれない。あるいは、前より空いていると感じたかもしれない。シリー諸島の人口は、九％増えたかもしれないし、一三％減ったかもしれない。だが、まったく変化しなかったというのが、どうやらいちばん可能性が高そうだ。シリー諸島の住戸数はわずか一四〇〇戸なので、誰かが一軒一軒回って確認するほうが早いのでは

＊　標本として選ばれる人数は、毎年約三二万人。

ないだろうか[30]。

推定値がきわめて曖昧なものになるという問題は、さらに小さな部分集団を調べたい場合に、いっそう深刻になる。たとえば、英国に住んでいるオーストリア人やジンバブエ人の数を確信をもって示せるデータは、国勢調査時のものだけだ。ほぼすべての都市や町、あるいは村にも、さまざまな国から来た人が住んでいることが国勢調査からわかっている。だが、年次調査の三二万人の標本は、各地区に住むあらゆる国籍の人を代表する構成にはならないはずだ。同様に、少数民族、宗教的少数派、ＬＧＢＴ＋の人々の場合も、たとえ彼らが該当地域に居住していたとしても、その集団の地域レベルでの傾向を読み取れるだけの人数が標本に選ばれる可能性はないに等しい。

こうした問題は、「大数の法則」という統計学の基本原則と関係している。この法則の起源は、一六世紀のイタリアの数学者、ジェロラモ・カルダーノにまでさかのぼる。

カルダーノは有名な学者だったにもかかわらず、しょっちゅうお金に困っていたため、賭博《とばく》に手を出すようになった。とはいえ、彼が本当に知りたかったのは、いかさまのやり方、つまり、抜け道をうまく利用する方法だった。賭博を始めた当初、コインの表が出るよういくら念じても、あるいは欲しい目が出るはずだといくら自信をもってサイコロを振っても、結果に差が出ないことにカルダーノはいらだった。そこで、コイン投げの結果を記録するようにしたところ、現代の私たちが当然と思っている、「コインを投げて表が出る確率は裏と同じで五〇％、つまり投げた数の半数は表になる」という事実、いわゆる「五分五分の可能性」にたどりついた。ただし、これは「コインを一度投げて表が出たら、その結果を受けて次は必ず裏が出る」という意味ではない。コイン投げは毎回独立した事象であり、前回の結果が何であろうと、表と裏が出る確率は同じだ。しかしながら、投げる回数が多ければ多いほど、表と裏の出る回数は同じ数に近づいていく。

もう少し具体的に説明しよう。コインを投げて表が出たとする。コインの性質について何も知らない人なら、「表が出る確率は一〇〇%である。つまり、表しか出ないものなのだ」と、この一度のコイン投げで結論づけるかもしれない。そこで、もう一度投げると、自身の理論の正しさを確信するか、あるいは、「表が出る可能性は五〇%」に考えを変えることになるだろう。そして三回、四回と投げていくうちに、またしても考えが変わっていくはずだ。こうした最初の数回のあいだ、表が出る確率は目まぐるしく上下し、一〇〇%、五〇%、三三%といったさまざまな値になるはずだ。だが、投げる回数が多くなればなるほど、一定の値に近づいていく。これが、大数の法則の本質だ。

標本調査においてこれが何を意味しているかというと、調査人数が多いほど、全般的な回答が「代表値」に近づいていくということになる。つまり、英国全体を対象にした標本調査でジンバブエ人が五人しか選ばれていないのなら、サウスエンド＝オン＝シーに住んでいるジンバブエ人の傾向を読み取ることはできないのだ。

ダニエル・カーネマンは著書『ファスト&スロー』（早川書房）のなかで、「米国で腎臓《じんぞう》がんの罹患《りかん》率が最低レベルの郡は、地方にあり、人口が少なく、昔から共和党支持者が多い」という考察についてどう思うか、読者に問いかけている。[31]

本書の読者のみなさんはどう思っただろう？　カーネマンによると、「空気のきれいな田舎での生活は、健康にいいのだろう」「そういう昔から保守的な地域は、お酒を控《ひか》える人がほかよりも多いのではないだろうか」といった理由で、この考察は理にかなっていると思う人が多いそうだ。だがカーネマンは、「米国で腎臓がんの罹患率が最大レベルの郡も、地方にあり、人口が少なく、昔から共和党支持者が多い」と指摘している。そして、「サイズの小さい標本は、サイズの大きな標本よりも極端に偏った結果をもたらす」という、「小数の法則」を提唱した。それでも、たとえやるべきではないとわかっていながらも、人口が少ない地域の推定値を出そうとする研究者は少なくない。[32]

統計職員は、大間違いをしでかすリスクを減らすために、人口が少ない地域の推定値にはきわめて幅の広い信頼区間をつけようとする。確かに、その手を使えば赤面するような事態を招かずにすむかもしれないが、そうした推定値は世間でたいして役に立たない。

一例を挙げると、イーストミッドランズ地域の都市リンカンのデータによると、同市に住んでいる外国人の数は、九〇〇〇人プラスマイナス六〇〇〇人（これが信頼区間だ）と推計されている。[33]つまり、三〇〇〇人から一万五〇〇〇人のあいだのどの値にもなりうるということだ。こうした「推定値」を、あたかもなんらかのかたちで役立つものであるかのように公表するのは、あまりにも世間知らずだ。こんな曖昧さが受け入れられる状況が、日常でほかにあるだろうか？　これはまるで、「列車は午前九時に発車する予定だが、実際には午前三時に発車する可能性もある」と言っているようなものだ。

言い換えると、このリンカンの例は、「この都市に住んでいる移入民は、同都市の全人口の三三人に一人を占めるかもしれなければ、七人に一人以上を占めているかもしれない」というぐらい曖昧だ。また、ノースヨークシャー州の地方の小さな地区ライデールでも、移入民は七人に一人を占めるかもしれなければ、ゼロかもしれない。じつのところ、移入民の数に関する二〇一九年の推定値では、イングランドとウェールズにおける地方の地区の四分の一以上において、取りうる幅の下限がゼロになっている。[34]それでも、この事実をそれらの地区の住民に確認すれば、大半の人は近所に住んでいる外国人数名を具体的に挙げて反論できるはずだ。

とはいえ、あらゆる人についてのあらゆる情報が把握できないことが、なぜそれほど問題なのだろう？　ウルヴァーハンプトンにオーストリア人が何人住んでいようと、別にいいのではないか。そんなことは公共政策に実際はなんの関係もないではないか。そうした曖昧さこそが、旧東ドイツ時代の国家保安省が敷いたような監視体制を英国に持ち込ませないことの代償なのだから、目をつぶるべきではないのだろうか？

当然ながら、何かについてのきわめて詳細なデータが必要な場合もあれば、ざっくりとしたまとめで十分な場合もある。それゆえ、「政府に国民の生活を隅々《すみずみ》まで監視される」、あるいは「政府が国民についての役立つデータを入手できない」という二者択一にするのは早計だ。

英国には、公共サービスもあれば、社会的セーフティーネットもある。そして、人口についての「グッドデータ」の有無に関係なく、それらのサービスやセーフティーネットを維持するための努力が続けられるだろう。それなら、「グッドデータ」があるほうが、物事がずっと効率的に進むはずだ。地域の人口が二五％増えたのか、それとも一〇％減ったのかはっきりしない場合、地方自治体はどのようにして計画を立て、どこにどんなリソースを投入すべきかを判断すればいいのだろう？　自営業者、一人親、犯罪被害者といった特定層のための政策を立てるとき、対象者の数を把握することはきわめて重要だ。さもなければ支出が予算を超えてしまい、政界での対立派にとって状況が有利に働いてしまうことになりかねない。

回答しているのはどんな人？

ときとして、質問の回答を得るための唯一の手段が標本調査しかないという場合もある。だが、ここまで見てきた人口調査の例では、標本調査だけがデータを集めるための唯一の手段ではないことは、間違いなく明らかだ。各行政機関のシステムを連携させる手もあるし、しかもそのほうが優れている。とはいえ、行政機関のシステムの場合、集められる最新情報にも限界があり、個人情報を政府がどこまで把握すべきかについての世間の議論もある。たとえば、通勤方法を変えたときや、猫を購入したときに地域の役所に届けるよう住民に求めるのは、現実的で妥当な案だろうか？　あるいは、住民が犯罪被害者になった場合はどうだろう？

この二つ目の問いについて、犯罪の被害に遭った人は警察に届けるではないかと思う人もいるかもしれない。確かに、犯罪被害を警察に届ける人が大半だが、必ずしもすべての事件で被害届が出されているわけではない。しかも、犯罪のなかには届が出されない可能性がとりわけ高いたぐいのものもある。犯罪被害者の数を推計するという試みは、仮定上の議論ではなく、実際に政府が何年もかけてさまざまな方法でやろうとしてきたことだ。[35]

とはいえ、犯罪被害者が必ずしも警察に届けないのであれば、どのようにして被害者数を特定すればいいのだろうか？　この場合、実際に取ることのできる最良の手段は標本調査だ。一九八二年から実施されてきた「イングランドおよびウェールズにおける犯罪調査（ＣＳＥＷ）」は、犯罪率が調査開始当時からどのように変化してきたかを見るうえでの、最も信頼できる指標と考えられている。[*]

特筆すべきなのは、自身が被害に遭った犯罪について、警察に届けたくはないが自宅の居間で初対面の人物に語るのはかまわないと思う人が、総じて多い点だ。[†] 実際、同調査の結果が正しいとすれば、五件の犯罪被害のうち三件は届けられていない。さらに、オンライン詐欺《さぎ》といったコンピューターを利用した犯罪も含めると、四件中三件の犯罪被害が届けられないままだ。[36] 警察に届けないおもな理由として、世間でよく言われているように「警察は何もしてくれない」こと、あるいは「被害に遭った犯罪があまりに軽微で、届けるほどではない」ことがある。

＊　スコットランドと北アイルランドでも、同様の犯罪調査が別途行われている。

†　ただし、新型コロナウイルス感染症パンデミックのあいだは、代わりに「イングランドおよびウェールズにおける電話犯罪調査（ＴＣＳＥＷ）」が行われた。

こうした理由で被害届を出さない場合は、まず間違いなく、さほど問題ではないと思われる。軽犯罪の検挙率が低い点を踏まえれば、「警察は何もできないだろうから、被害届を出すのは書類を書く手間が増えるだけだ」と考えるのは、おそらく間違っていない。一方、警察に届けない理由のなかには、懸念すべきものもある。それはたとえば、「日常茶飯事《さはんじ》。よくあることにすぎない」「仕事のなかで起きたことだから」「警察が嫌い、または怖い」「報復が怖い」「届けようとしたが、警察に連絡できなかった／警察が相手にしてくれなかった」といったものだ。[37]

「イングランドおよびウェールズにおける犯罪調査」は警察には見えないものまで拾い上げた全体像を見せてくれるという点で優れている。とはいえ、やはり数の少なさに悩まされている。調査に回答した犯罪被害者について詳しく調べるために、データをさらに細かく分類しようとすればするほど、信頼度は下がっていく。二〇一九年から二〇二〇年にかけて行われた聞き取り調査の回答者約三万四〇〇〇人のうち、ユダヤ人はわずか一三七人であり、シーク教徒は一七五人しかいなかった。民族別で見ると、自分がアラブ系だと答えた人はわずか一一〇人、「白人と黒人の両親から生まれたアフリカ系」だと答えた人は五六人だけだった。英国国家統計局は「アラブ系の二六%、そして『白人と黒人の両親から生まれたアフリカ系』の二三%が犯罪被害者だった」という推定値にどれくらい幅があるのかを示すために、本来なら信頼区間を公表すべきだが、そうしていない。しかしながら、自分がジプシーやアイリッシュトラベラーといった移動型民族集団だと答えた一一人の回答者については、それに基づいてなんらかの推定値を出すのは無理だと、同局の統計職員たちも認めている【英国政府のウェブサイト「GO

V．UK」によると、移動型民族集団は国勢調査などにおいては次のように分類されている。「アイリッシュトラベラー」——アイルランド出身の移動型民族集団。「ロマ」——特に近年、中・東欧諸国から移住してきた移動型民族集団。「ジプシー」——上記以外の移動型民族集団。英国においては、移動型民族集団の総称が「ジプシー」で、「アイリッシュトラベラー」と「ロマ」がそこに含まれているという考えが残っているようであるが、そもそも「ジプシー」は彼らを抑圧・支配したマジョリティー側がつけた差別的呼称であり、一九七一年の世界ロマ会議で「ジプシー」と呼ばれた人々がみずからを「ロマ」と呼ぶと宣言して以降、「ロマ」「ロマニ」という呼称に改められてきたという事実を付言しておく。本書においては、公式な統計上の分類用語として「ジプシー」が使用されている場合、そのまま使用する】。

こうした数字は、前述の「イングランドおよびウェールズにおける犯罪調査」のような幅広く信頼されている標本調査でさえ、なんらかの問題がまだ残っていることを、私たちに示してくれているのかもしれない。二〇一一年の国勢調査では、自分がジプシーまたはアイリッシュトラベラーだと答えた人は、イングランドおよびウェールズで約五万八〇〇〇人いるという結果が出ている。だが、ほかの多くの人と同様に、この数字は実際よりも少ないと考えたサルフォード大学の研究者たちは、「実際の数は二〇万人から三〇万人のあいだ」という推定値を出した。* サルフォード大学による推定値の下限で考えたとしても、この人数であれば「イングランドおよびウェールズにおける犯罪調査」の回答者にはジプシーとアイリッシュトラベラーが三五人から一二〇人は含まれるべきであり、したがって一一人は少なすぎる。

犯罪被害者が警察に届け出を行わない理由について、再び考えてみよう。そのなかの、たとえば「役人全般が嫌い、または怖い」「犯罪について少しでも話して報復されるのが怖い」といった理由が、犯罪調査の聞き取りに応じない理由にもなっているかもしれない。また、「イングランドおよびウェールズにおける犯罪調査」の場合、郵便物の送付先住所のリストから標本となる人々を無作為に選ぶ方法を用いている。アイリッシュトラベラーのように常に移動している可能性が高い人は、そもそもこのリストに掲載されていないと思われる。

ここでの問題は、「リストから漏《も》れている」あるいは「調査への参加を断った」という事情で回答者にならなかった人々の特性が、一般の回答者の特性とは大きく異なっている可能性があるという点だ。二〇二〇年の新型コロナウイルス感染症パンデミックの際に犯罪調査を対面から電話に切り替えたとき、英国国家統計局はこの問題を考慮すべきだった。対面調査では、ほかの誰にも聞かれずに回答者が一人で答えられるよう徹底できた。だがそれは、パンデミックでみなが家から出られない状況における電話調査では難しくなった。つまり、家庭内暴力について質問もできなければ、家庭内での犯罪についての役立つ情報もまったく集められなくなってしまったということだ。家族に聞かれるかもしれないという事情もあったからか、電話調査に切り替わったことが原因で、調査への参加を断る人がいっそう増えたようだった。たとえば、二〇二〇〜二〇二一年度の調査で、自分がジプシーまたはアイリッシュトラベラーだと答えた人の総計は二人だった[38]。

大規模な標本調査では多少の「非回答」は想定ずみであり、それによるデータの不備の大半は統計的手法で修正できる。一方、たとえば、いわゆる非公式な調査データでよく見られる問題は、調査自体が母集団を代表する標本を選ぶことにそもそも力を入れておらず、回答者に志願を求める「自己選択」に基づいたものになっていることだ。

二〇一七年、「トラベラームーブメント」という運動組織は、ジプシー・ロマ・アイリッシュトラベラー（この三つを合わせてGRTと呼ぶ）に関するデータ不足を補う目的で、差別を受けたりヘイトクライム（憎悪犯罪）の被害に遭ったりした経験を尋ねる標本調査を実施した。その結果は衝撃的だった。回答者の九一％は差別を受けたことがあり、七七％がヘイトスピーチ（憎悪表現）やヘイトクライムの被害に遭ったというものだった。[39]

唯一の問題は、この標本調査に回答した一九九人のGRTの人が、完全に自己選択で参加したという点だ。この調査は特に対象者を限定しておらず、興味のある人や公共心に厚い人が、調査元のリンクをソーシャルメディアでシェアするだけで回答者が集められた。この標本調査で提供された情報は間違いなく貴重だが、母集団を代表したものとは呼べない。こうしたやり方で標本を集めようとするのは、地面の雪を転がして雪玉をつくるようなものだ。ごく一部の場所の雪しか集められないし、玉の中身はどの部分もほぼ同じだ。こうした調査は、ソーシャルメディアで話題となって一気に拡散されないかぎり、互いにとてもよく似たごく少数の人た

＊　この推定値には国勢調査の選択肢に含まれていなかった「ロマ」も含まれている。また、これは英国全体を対象とした数字である。

ちからしか回答を得られない。しかも、この調査が行われていると知った人のなかで、実際に参加して回答したのは、「自分には伝えるに値する話がある」と思っている人だけだった可能性が高い。

概して、ヘイトクライムの統計データも、すべての犯罪被害者が名乗り出て警察に届けるわけではないという例の問題の影響を受けている。警察が受けつけた記録による、ヘイトクライムの公式な統計データでは、被害件数は毎年増えつづけている。具体的には、この統計データ単独で、ヘイトクライムの件数は二〇一一～二〇一二年度以降、三倍近くになっている[40]。

ここまで変化が大きいと、統計職員である私は当然ながら疑ってかかるが、世間はこうした数字をそのまま素直に受け入れようとしがちだ。だが、二〇一一～二〇一二年度に届け出があったヘイトクライムの件数と二〇一九～二〇二〇年度の件数を、同一条件のものであるかのように比較するのは、どう考えてもおかしい。このデータは標本調査によるものではなく、警察に実際に届け出があった犯罪被害の記録だが、それでも自己選択に基づいた記録であることに変わりはない。警察がこの方式でヘイトクライムを記録するようになったのは二〇一一年からであり、「保護特性」【人種、民族、宗教、性的指向といった、差別禁止諸法で保護されている特性】は二〇一〇年平等法でようやく正式に定められた。さらに、#ＭｅＴｏｏ運動やブラック・ライブズ・マター（ＢＬＭ）運動、二〇一四年の同性婚合法化、インターネット利用の遍在化、ソーシャルメディアの台頭といった、世間にヘイトクライムの存在を気づかせる出来事がここ一〇年間で次々に起こり、それによって警察に進んで届け出ようとする被害者も増えていった。

その結果、ヘイトクライムの被害届が自己選択によって、つまり自発的に出される可能性が急激に高まった。

もちろん、この統計データで使われたヘイトクライムの被害届の内容が正確ではないということではない。ただ、届けられなかった犯罪被害の件数の割合が変化しつづけているため、それらの被害届は母集団全体を代表するものではないということだ。

宗教が原因と思われるヘイトクライムは、警察の統計データが示しているとおり、二〇一九～二〇二〇年度に少なくとも六八〇〇件起きていたのは確かだ。[41]とはいえ、この数字をほかの年度のものと比べることはできず、出されなかった被害届の件数がどれくらいあったのかを割り出すこともできない。政策の観点からすれば、この数字からわかるのは、「本来なら起きてはならないそうした出来事が、実際に起きてしまった」ということだけだ。このデータ情報をそれ以上の何かに活用するのは、実質的には不可能だといえる。

頭のなかを数える

標本調査は、報告されない出来事を捉えるのに効果を発揮する場合があるのみならず、ほかのやり方では必ずしもうまく読み取れないことを調べるのにも向いている。その読み取れないものとは、人々の考えだ。

グレートブリテン【北アイルランド以外の英国】初の世論調査は、いまも同調査を実施する主要企業の一つであるギャラップ社によって、一九三七年に行われた[42]。それ以降、「離婚が認められるための条件は緩和されるべきか」、また「スペイン内戦」「国際連合(国連)」「ファシズム」「共産主義」についてどう思うかといった調査が次々に実施された。「お茶を飲む習慣」に関する調査もあった。世論調査が行われたおもな理由は、政治家たちに対する意見を見極めたり、どこに投票するかを有権者に尋ねたりするためであり、それは現在も変わっていない。

一九三〇年代には、世論調査は斬新な試みであり、権力の座にある人々に必ずしも好意的に受け入れられたり信用されたりしたわけではなかった。そのなかには、ひどくぞっとさせられる響きの「情報省」【一九四五年まで一時的に設置されていた、広報とプロパガンダを目的とした省】が世論調査を通じて国民の私生活を詮索《せんさく》していることに対して、異議を唱える一派もいた。ある国会議員は、「国民には十分な自由が与えられるべきだ。また、たとえ情報省やほかの組織が許可したとしても、分析調査員たちは国民を邪悪な目的を達成するための使い捨て実験要員のように扱ってはならない」と指摘したという[43]。

一方、世論調査は有益だとみなす一派もいた。だが、それはどちらかというと、「『政府とその研究員たちが自分の意見に興味を抱いている』と国民に自身のことを誇りに思わせ、そうして彼らを励まし奮《ふる》い立たせる」ための、便利なプロパガンダ用ツールとしての可能性という意味においてだった[44]。そのため、「危険運転ならぬ『危険歩行』に対して刑務所への収監を命じる案に、八割が賛成している」をはじめとする初期の世論調査結果は、「つまらない議論であり、まじめに検討する必要はない」とみなされることが多かった[45]。

調査方法は一九三〇年代から大幅に進歩し、また、世論調査に対する世間の意見を見ると、こうした調査が広く受け入れられるようになったことがわかる。[46] 今日では、「現在、あなたにとって最も重要と思われる問題は何か？」という質問から、「猫の鳴き声を文字でどう表すか？*」という質問にいたるまで、あらゆることを調べるために標本調査や世論調査がごく当たり前に実施されている。[47]

当然ながら、人の意見は日々変わっていく。それどころか、一日のなかで変わることさえある。人は、ある物事について、それまで知らなかったことを発見したり、真実だと思っていたことが作り話だと気づいたりした場合、瞬時に意見を変えることもある。「以前に自分に起こった出来事を思い出してもらう」、あるいは「『いくら稼いでいるか』『〇〇をどれくらい持っているか』を尋ねる」といったたぐいの調査とは違って、意見を尋ねる調査は、常にぐらついていて確証を得られないものについて尋ねていることになるのだ。

人はとても感化されやすい。このことが、「世論調査はプロパガンダの推進に利用されかねない」という不安をもたらした原因となったのかもしれない。だが、感化されやすいからこそ、世論調査は「各年代において、人々が最も関心を抱いていることは何か」を知るための、かなり役立つバロメーターにもなっている。イプソス・モリ社は、「今日の英国が直面している最

＊ 予想に反して、英国の国民は猫の鳴き声を'miaow'よりも'meow'と表すことを好んだ。だが、いまなお激しい議論が続いている。

も重要な問題は何だと思いますか？」という世論調査を一九七〇年代から実施しつづけてきたが、その結果はまるで、心配事を年表にしたかのようだ。[48] 同調査が開始された一九七二年、人々にとって最も重要な問題は、圧倒的に「インフレ」だった（回答者の八割以上がそう答えた）。その後、一九七〇年代には労働組合に対する関心が高まり、「インフレ」の順位が徐々に下がっていき、代わりに「失業」が上がってきた。一九八〇年代前半には、「失業」が何度も一位を獲得するなかで、ときおり「核戦争の脅威」が有力な対立候補となった。一九九〇年代は、「国民保健サービス」「インフレ」「経済情勢」「犯罪」「公害」の寄せ集めだった。二〇〇〇年代初めから問題として挙げられるようになった「移民」は、二〇〇八年の金融危機以降は「経済情勢への不安」に順位を奪われたが、二〇一四年から二〇一六年にはトップの座にいた。

こうした変動は、各年代における当時の出来事を大きく反映している。確かに、インフレや失業などの影響をあちこちで目の当たりにすれば、不安になるのは当然だ。だがそれでも、これらの数字には釈然《しゃくぜん》としない何かがある。そしてそれは、調査結果に目を通すだけではよくわからない。たとえば、世紀の変わり目あたりでは、犯罪件数の記録が過去最多レベルに達していたにもかかわらず、「犯罪」を問題とする回答が奇妙なほど少なかった。また、米国同時多発テロ、ロンドン同時爆破テロ、イラク戦争、「庇護《ひご》申請者」【難民認定につながる庇護を希望する人】の英国への大流入といった大事件についても、その当時には最も重要な問題とみなされていた様子はなさそうだ。金融危機のあとに人々が懸念した問題は「移民」であって、不況の影響によって次々に起きた「住宅」「教育」「年金」についての問題ではなかった。さらに、

「共同市場／ＥＵ」に対する懸念は突如として大きくなった。この問題を挙げた人の割合は、二〇一五年末の調査では五％だったが、「ＥＵ離脱の是非を問う国民投票」後に行われた二〇一七年の調査では五一％になった。

人々への受けがいい、あるいは受けがよくないのはどういった政策なのかを見極めたい政治家や政策立案者が、こうしたたぐいのデータに何よりも興味を示すのは明らかだ。この「最も重要な問題」に関する世論調査は、なんらかのデータを提供してくれるという点では確かにありがたい。とはいえ、前もって決められた予想どおりの内容の、比較的限られた選択肢のリストから人々に選ばせようとする、繰り返し行われる課題にすぎない。

この調査方法には、ある物事について尋ねられたので回答者がそれを重要だと評価するようになるという、調査自体が主催者側の自己達成的予言になってしまうリスクがある。回答する人にとっては、リスト化された「重要な問題」とは別の一、二語には集約できない、もっと重要なことがほかにあるかもしれない。与えられた課題に従ってリストから「重要な問題」を一つか二つ選ばされた場合、必ずしもそれは、回答者がその問題に対して強い思いを抱いていたり、そうした問題意識に基づいてどこに投票するかを決めたりしていることを意味しているわけではない。

回答者が自分の意見についての質問に答える場合、調査時期や質問の条件が回答に大きな影響を及ぼすことがある。たとえば、死刑を支持すると答えた人の割合は、一九三八年では約五〇％、二〇一一年では約六五％だった[49]。一方、「ヨークシャー・リッパー」【ヨークシャーの切り裂き魔】と呼ばれた連続殺人犯による事件の記憶がまだ新しい一九八〇年代には、死刑の支持率はもっと高かった。さらに、一九九〇年代に、当時二歳だったジェームス・バルガーが殺された事件のあとには、死刑の支持率は七五％に急上昇した。[50] とはいえ、どの主要政党も、一九六四年に廃止された死刑制度の復活を推進しようとはしなかった。なぜなら、それが世間にとってそれほど重要ではないことを、政治家たちは直感的にわかっていたからだ。それに、もし逆に、復活に向けてあまりに必死に動いたら、国民感情が今度は反対方向に傾くかもしれないこともわかっていただろう。こうした一部の問題について世間が反射的に反応しがちなことも、そして放っておいたら勝手に静まって元どおりになることも、政治家たちはよく知っている。

質問の条件も、回答者の答えを変えてしまう場合がある。二〇一九年のある世論調査で、死刑を支持すると答えた人の割合は、「すべての殺人事件の犯人に対して」は三四％、「警察官を殺害した犯人に対して」は四七％、「テロ行為として殺人を行った犯人に対して」は五八％だった。[51]

もう少し明るい事例を挙げると、二〇二〇年一一月、ユーガブ社はスコットランドの有権者の標本に対して、「スコットランドは独立すべきか」と尋ねた。[52] その結果、約四五％が「はい」、約四〇％が「いいえ」と回答し、約一四％が「まだ決めていない」もしくは無回答だった。ところが、ほぼ同時期にイプソス・モリ社が「スコットランドは独立すべきか」と有権者に同じ質問をしたところ、約五二％が「はい」、約三九％が「いいえ」、約九％が「まだ決めていない」と回答し、ユーガブ社の調査とは異なる結果が出たのだった。[53] だがじつのところ、この二つはまったく同じ質問をしていたわけではなかった。というのも、後者の質問の全文は次のとおりだったからだ。「もし、スコットランドの未来のあり方について明日住民投票が行われるとしたら、あなたは次の質問への答えとして、どちらに投票しますか。『スコットランドは独立すべきか？』」。

ここで留意すべきなのは、この調査が行われたのは、英国政府の新型コロナウイルス感染症パンデミックへの対応について国民の満足度がきわめて低かった、二〇二〇年一〇月だったという点だ。* 一時の苦境から逃れる手段として提示された独立は、一部の人にとってはいっそう魅力的に映ったに違いない。一方、独立について抽象的に尋ねられた調査では、「はい」と答えた人は少なく、答えを決められない人が多かったというわけだ。

初期の世論調査を「プロパガンダを推進するための秘密の手段」とみなしていた人たちは、もしかしたら少々考えすぎだったのかもしれないが、それでもその訴えには一抹《いちまつ》の真実も含まれている。そのようなことが意図的に行われることはめったにないが、単に質問の仕方をうまく操作するだけで、回答者の思考を乱したり感情を揺さぶったりできる場合もあるからだ。この点については、次章でさらに深く掘り下げる。

＊　ほかの標本調査によると、英国政府が新型コロナ危機にうまく対処していると答えた人は二三%、それに対してスコットランド政府がうまく対処していると答えた人は七九%だった。

標本調査はなんらかの有益なデータを提供してくれるが、データ不足が勝手に補われたり、どの過程も比較的安上がりな方法で行われたりしている場合もあるので、見た目の結果をそのまま受け入れるべきではない。英国の政府機関に所属している統計職員でさえ、間違えることもある（そういった間違いは、防げる場合もあればそうでない場合もある）。要は、標本調査が映し出す全体像は、事実が歪められたものかもしれないのだ。

それぞれの人生は予測不可能なものであるため、人を数えることにはこれからも常に困難がつきまとうだろう。努力しようがしまいが、人は自分の意志を必ずしもまっとうできるわけではない。しかも、時間とともに、それどころかほんの一瞬で自分の意見を大きく変えてしまうこともある。これらは日々生きていくことに対する基本的な理解であり、統計学を専門としていなくてもわかることだ。それに対して、英国の公式統計データは、大半の人が一カ所に留まっていて、しかも自分の意志を決して曲げないことを前提としている。果たしてそれは賢明なやり方なのだろうか。人口についての短期的な標本調査の結果が信頼できるのは、人があまり移動しない場合だけだ。だが、当然ながら人は移動する。

ここ英国では、よくも悪くも多くのことが自然な流れでかたちづくられてきた。そのため、統計データを集める手法に対してわざわざ大金をかけて大規模な改革を行うことには、政治家も国民もなんの価値も見いだしておらず、それを実施するつもりもない。とはいうものの、二〇〇〇年代の初めに、政府はすべての国民に番号を一つずつ割り当てる国民ＩＤカードの導入を提案した（そして国会で法制化された）。この国民ＩＤカードが普及していれば、オランダをはじめとする一部の国がすでに実施しているような、システムを連携させて人口データを集計する方向へ進めただろう。だが、この国民IDカード計画は失敗に終わった。その原因の一つは、国民もマスメディアも、この国民ID制度を監視国家並みの気味の悪いもの、そして不要な費用がかかるものとしかみなさず、提示された利点についても信用できないことにあった。

もちろん、こうした懸念を退けることはできない。だがそれでも、人に関するデータをある程度集めなければならないという事実に対しては現実的な目をもたなければならず、さらには、データの質がよければよいほど物事を効率的に進められるという点も事実として受け入れなければならない。それゆえ、政治家だけでなく、私たち全員が「データの問題による被害を減らすために、どの程度のリソースと手間をかけてもいいと思うか」ということを考えなければならないのだ。

第二章
質問する

決して簡単なことではない

ときどき、ある国会議員の事務所から質問をされて、「残念ながら、それに関するデータはありません」と、ため息まじりに答えることがある。でもじつは、私がそう答えることになるとわかるのは、議会で閣僚が当の国会議員の質問にそのように答えていたからなのだ。もしかしたら、政府が保持していない情報をこの人はもっているかもしれない――国会議員からそんなふうに思ってもらえるのは光栄なことかもしれないが、残念ながら私だってもっていない。

政治家というのは、「データがない」という返答を決して受け入れようとしない人たちだ。たとえ政治家でなくても、「データがない」という答えを進んで受け入れようとする人など、そもそもいない。その理由の一つとして考えられるのは、スマートフォン全盛の昨今、大半のことについての「答え」は、お尻のポケットに入れてあるスマートフォンを操作すればわかるからだ。私たちは、インターネットを通じて情報をいくらでも手に入れられる。グーグル検索やウィキペディアなど、指先を動かすだけで情報を与えてくれるツールを使わずにはいられないのだ。そのため、統計データもすぐに手に入って当然だと考えているし、手にした情報を疑ってかかることはまずない。

前章では、データはなぜ、そしてどのように、集め方しだいで「バッドデータ」になるのかを見てきた。この章では、「集められたものは何なのか」という疑問や、「測っていると思っているものを、私たちは本当は測っていないのではないか」という疑問について考えてみたい。

数えたり測ったりすることは、数え歌をうたうのと同じぐらい簡単そうに思える。もし、「いまから外に出て、見つけた『殻《から》』の数を数えよ」と指示されたら、それは簡単な作業だと思えるのではないだろうか。しかしながら実際には、住んでいる場所によって、最初に見つかる「殻」は「貝殻」かもしれなければ、「卵の殻」や「カタツムリの殻」かもしれない。あるいは、「迫撃砲の弾殻」かもしれない。数えなければならないのは、どの「殻」なのだろう？　また、「殻の破片」を見つけた場合は、どう数えればいいのだろう？　「殻の半分」「殻の四分の一」と分類して数えるべきなのか、それとも、どれも「一個」として数えればいいのだろうか。もし数える理由がわかっているとしたら、記録すべき情報を判断する際に役立つかもしれない。ただしその場合、「殻」についてのそのほかの情報も記録しておいたほうがいいのだろうか。たとえば、「殻」の色や大きさを記録しておけば、いまは必要なくても将来的には役に立つかもしれないからだ。

何かについてのデータを集めようとする場合、結果的にどのデータが最も役に立つのか、または最も興味を引き起こすのかが、その時点ではわからないことが多い。そのため、「何を測るか」「測り方をどう定義するか」「その定義に入るか入らないかの境界線をどう引くか」について、常に選択を迫られることになる。「『殻』の数を数えるよう指示される」という先ほどの例は、それほど現実離れしているわけではなく、似たようなことが実際に起こる可能性が十分ある。一九世紀の中国で研究を行っていたヨーロッパの古生物学者たちは、地元の中国人たちから恐竜の骨や化石が持ち込まれると、個数に応じて報酬を支払っていた。すると、地元の人たちはより多くの報酬を求めて、骨をばらばらにして持ち込むようになった。「すべてつながった状態、または見つかったときと同じ状態でなければならない」とは言われていなかったからだ。

数えたり測ったりするために決められた基準を「指標」と呼ぶ。特に、何かの性能をチェックする場合などには「測定基準」とも呼ばれる。ビジネスに携わる人は目標達成を常に気にかけているため、ビジネス界には「優れた指標となるものは何か」についての説があふれている。優れた指標とは、確立された一意の定義によって定められていて、しかも測る対象を容易に認識し、検出できるものだ。そして、測る対象は明確でなければならず、さらには一貫性の保たれた方法で記録されなければならない。また、目標を設定する場合、それは測りやすいものにしなければならず、測る手段は正確かつ時宜《じぎ》を得た信頼できるものでなければならない[1]。

英国では、正確に数えられているものがたくさんある。出生と死亡は定義が明確であり、認識されやすく、隠すのも難しく、届け出の義務に従うことで恩恵を得られる場合が多い。そのため正確に数えられている。また、家畜の数や、肉、魚、牛乳といった規制産品・製品の生産量についても、かなり正確な記録が存在する。同様に、グレートブリテン内で毎年繁殖《はんしょく》され、実験に使われる実験用マウスの数も正確に記録されている（ちなみにその数はブリュッセルの人口とほぼ同じ）。というのも、それらには明確な記録規定があり、しかも、その規定を遵守させるための厳格な仕組みがつくられているからだ。実際には、農家や研究所での抜き打ち検査といった「トップダウン」型の品質管理対策や、「正式な書類を提示できなければ、誰も製品を買おうとしない」、あるいは「使用した実験用マウスの記録が記載されていない論文は発表できない」というような「ボトムアップ」型の動きを通じて規定が守られるようになっている。さらには、常にモニターできる技術が導入されていることから、道路交通に関してや、エネルギー供給網からの供給についても正確な統計データが存在する。社会福祉給付金や医療サービスといった「国から支給されるもの」については、数を把握しなければならないという政治的意思が強く働いているため正確に数える仕組みができている。

いま挙げたのは、英国という国がうまく数えられるもの（そして実際に数えているもの）の具体例だが、いわゆる「インプット」と「アウトプット」を寄せ集めたようになっている。つまり、「私たちが行っていることや、つくりだしているもの（インプット）」と「その結果として起こっていること（アウトプット）」が入り交じっているのだ。

データを集めるとき、「何を数えるのか」という疑問より前に問う必要があるのは、「何かを数えなければならないのは、なぜなのか」ということだ。たとえば、政府の政策について考えてみると、「問題は何か」「その問題にどう対処すべきか」「政府が行った取り組みは意図したとおりの効果を発揮したか」を示すデータが必要になることがわかる。

政府は長年にわたって、学校の生徒数、教員数、そこから算出される「教員一人当たりの生徒数」といったデータを集めてきた。一九九〇年代後半に労働党政権が「一学級当たりの生徒数」や「教員一人当たりの生徒数」が多いという問題に取り組んだところ、それらのデータには、各学級に配置されている補助職員についての情報が盛り込まれていないことが明らかになった。一学級当たりの生徒数の多さが問題なのであれば、その対処法の一つはある種の群衆整理【人が大勢になったことで起きやすくなる無秩序な行動を抑えること】であり、それについては必ずしも正規の教員が行う必要はない。そのため、「成人一人当たりの生徒数」という新たな指標が導入され、その指標による数値はうまい具合に以前の指標のときよりも大幅に減少することになった。[2]

「成人一人当たりの生徒数」は減りつづけ、それ自体は成功としてうたわれた。ただし、よくあることだが、政府は「インプット」については細かく測るものの、すべての取り組みに対する最終結果にはそれほど注意を払わない。こうした例は、警察といった分野の政策においても見られる。たとえば、「三年以内に二万人以上の警察官を募集し、採用する」[*]といった公約は、政府にとって「簡単に実現できること」だと指摘する人もいる。これは、警察官の採用は簡単だという意味ではもちろんないが、それでも政府にとっては犯罪件数の減少を保証するといったことより裁量権を発揮しやすいのは確かだ。さらに、より冷笑的な観測筋から、「警察官採用の最終的な目標が犯罪件数の削減だったとしても、野党、マスメディア、そしてまさに有権者たちが注目するのは、公約どおりに警察官が採用されたかどうかなのだ」と指摘する声もあるかもしれない。

一学級当たりの生徒数の話に戻ろう。一学級の生徒数が少ないと、教育の質の向上につながるとされているため、少人数化の実現が望ましいのは明らかだ。そして当然ながら、英国では教育の質も測っている。読者のみなさんならよく知っているとおり、その方法は子どもたちに試験を受けさせることだ。とはいえ、どんなたぐいの試験が最もうまく教育の質を測定できるかに関して、どの世代も自分たちの考えに合うように、試験のやり方をわざわざ一からつくりなおそうとしてきた。試験の方式は、実際に何が試されているのかを決定づけている。たとえば、教科書の持ち込みができない三時間にわたる歴史の試験では暗記力が試されているし、口頭試験では思考のスピードや流《りゅう》暢《ちょう》さも問われる。どの方式を最適と思えるかは、生徒にどんな能力や知識を身につけさせたいかによる。

この章では、何を数えたり測ったりすべきかを決めるときに、調査の方式を選ぶことがなぜ重要なのか、そしてそこでの選択がどんな結果をもたらしうるかについて探ってみたい。

あなたは自分自身をコーンウォール人だと思っていますか？

「出生、死亡、移動などによる人口の増減がない集団では、一定の期間における異性のセックスパートナーの平均人数は、男性・女性ともに等しくなる」ということは、事実として一般に認められている。[3] つまり、「現在までに異性のセックスパートナーは何人いたか」を男性と女

＊　二〇一九年九月の公約。

性に尋ねれば、セックスパートナーの平均人数は男女ともに等しくなるということだ。だが、このトピックについてのさまざまな標本調査によると、実際にはそうではないことがわかる。常に女性より男性のほうが、セックスパートナーの人数が多いと答えている。

この現象を解明するために、グラスゴー大学とユニバーシティ・カレッジ・ロンドンの研究者たちは、チームを組んで調査に乗り出した。一九九〇年以降、「性に対する考え方と性生活についての全国調査」という全国レベルでの大規模な標本調査が行われており、分析に使えるデータは十分にあった。[4] この標本調査の回答者である一万五〇〇〇人の成人のデータを調べたところ、女性による回答ではセックスパートナーの平均人数が七人だったのに対し、男性による回答では平均人数は一四人だった。

この大きな差の原因を突き詰めると、次の二点が浮かび上がった。まず、セックスパートナーの人数がきわめて多かった層では、女性より男性のほうが挙げた人数がずっと多かった（この層での平均人数は、男性の場合は一一〇人、女性の場合は五〇人だった）。二つ目の原因は、男性の場合、大まかな人数を答える傾向が強かったことだ。研究チームは回答者に実際に尋ね、その回答がだいたいの人数だったことを確認している。さらに、男性の回答者の場合、数字の末尾をゼロや五といった切りのいいものにするとともに、端数を切り上げる人が多いことも判明した。

平均人数の差について得られた結論は、男性の場合は実際より多く答え、女性の場合はおそらく少なく答えているのではないかということだった。こうしたことがなぜ起きるのかについてさらに分析したところ、これまでの経験人数を多く、または少なく答えたいかどうかはジェンダー規範の影響があることに加えて、この質問での「セックス」や「パートナー」の解釈が人によって異なっているのが原因だったという。

これは、自己申告に基づく調査だったために、個々の回答者がつくった指標が実際と合わなかった例だ。前章で取り上げた、自己選択による標本の例と同じく、自己申告によってつくりだされた指標は事実を歪めてしまうことが多い。なぜなら、人は自分の都合のいいように答えるからだ。回答者は物事を大げさに、または控え目に言ったり、あるいは意図的であろうとなかろうと、自分自身について本人が理想とするような印象を他人に与えようとしたりする。だとすると、標本調査のすべての質問は、そういった自己申告がもたらす問題に影響を受けているのではないかと思われる。確かに、ある程度はそのとおりなのだろう。なぜなら、どんな調査も、回答者が正直に答えることが前提とされているからだ。とはいえ、「右利きか、左利きか」「コーヒーか紅茶のどちらが好きか」といった質問に対して、回答者が嘘をついたり事実より大げさに語ったりすることはまず考えられない。世論調査においてさえ、論争が続いている話題に対する意見や、首相についての正直な感想を求められたとき、あえて嘘をつく動機は回答者にはない。ここ英国では、そうした質問に対して自分の見解を恐れずに語れるからだ。事実と異なる回答が多いのは、セックス、食事、飲酒、収入といった、プライバシーに関する質問の場合だ。こうした質問内容は、回答者にとって、後ろめたさや恥ずかしさ、自信喪失といった感情を引き起こすものなのかもしれない。

飲酒量については、回答者の答えと実際の酒類の販売量が一致していない。回答者の答えから推計された総飲酒量は、酒類の販売量の四割から六割にすぎない。[5] 確かに金曜の夜にはパブの床に大量に酒がこぼされているのかもしれないが、それでもこの数字が示しているのは、標本調査の回答者は自身の飲酒量を大幅に少なく答えているということだ。

その原因の一つは、飲酒に関する標本調査で通常使われている「ユニット」という数え方にある。読者のみなさんは、英国の標準的なグラスワイン一杯の量（一七五ミリリットル）が「二・一ユニット」であることをごぞんじだろうか。こういった数字はなんとなく覚えてはいても、いざアンケートに記入するとなると、「グラス一杯分が一ユニット」と大まかに計算してしまうものだ。おまけに、各種の酒のグラス一杯分のユニット数を示したうえで飲酒量を尋ねても、実際の量より少なく答える回答者も多い。[6]

これと同じことは、食事の量を記録するよう依頼した場合にも起こりがちだ。一人前の食事の量は飲酒量のユニットに相当するような標準的な単位がないため、各自が抱いている一人前の感覚はそれぞれ相当に異なっている可能性が高い。ただし、それより大きな理由は、飲みすぎと同じく食べすぎにもマイナスイメージがあるので、本人が意識しているかどうかにかかわらず、回答者は自分の食事量を少なめに記入する傾向があることだ。とある米国の研究に、肥満で体重を減らしたい被験者に対して、食事量を一日一二〇〇カロリーに抑えるよう指示したものがある。[7] 一部の被験者は、この食事量を守っていたと主張したにもかかわらず、体重が少しも減っていなかった。結局、彼ら自身による食事量の計算が、実際より常に少なかったことが判明したのだった。なかには、食事量の目算が実際の量の半分程度だった被験者もいた。同様に、運動量も記録するよう指示された被験者は、実際より多く運動したと申告し、なかには申告した運動量が実際の運動量の倍だった人もいた。[8]

被験者たちが（おそらく無意識に）嘘をついていることを研究者が把握できたのは、調査期間を通じて、食事量や運動量の記録とは別に、「二重標識水法」という科学的手法を用いた検査も行っていたからだ。これは、特別につくられた水を被験者に飲ませ、一定期間後の排出量を測定することによって、各自のエネルギー代謝を正確に推定できるという評価法だ。[*] 二〇一八年に、英国国家統計局も同様の手法で新たに研究を行った。そのときの被験者は、英国の「全国食事栄養調査」の回答者のなかから改めて抽出された人々（副標本）だった。その結果、被験者の平均カロリー摂取量は、彼らが申告した食事量よりおおむね三割増しだったことがわかった。なかには、実際より七割も少なく申告する「嘘つき」もいた。[9]

こうした過少申告がなぜ困るのかというと、飲酒や肥満から生じる問題に対処するための保健サービスへのリソースの割り当てが「バッドデータ」に基づいて行われてしまうことになるからだ。摂りすぎると体に悪いとわかっているものについて、摂取量を過少申告するという現

＊　正確に推定するには、被験者の体重の増減量も考慮に入れる必要がある。さらに重要なのは、二重標識水をつくるのも、分析結果を出すために必要な機器を導入するのも、いずれも多額の費用がかかるため、この検査は比較的少ない標本数に対してしか実施できない点である。

象があることには十分な裏づけがある。にもかかわらず、国民保健サービスが集めるデータの大半は自己申告に基づいている。ユニバーシティ・カレッジ・ロンドンの研究者たちは、「飲酒量は、実際より四割から六割少なく申告されている」という研究結果から、英国における実態を推測しようとした。そこで、過少申告と思われる数字を調整したところ、女性の三分の一、および男性の五分の二が、日常的に大幅に飲みすぎていることが判明した。[10]

体に悪い行動を制限して健康を向上させるための、さまざまな方法の効果について調べる場合も、過少申告の影響が少ない調査方法を考える必要がある。肥満でダイエット中の人に関する米国の研究では、一部の被験者がカロリー摂取を減らしていると主張しているにもかかわらず体重が減っていなかったため、研究者は被験者の食事内容を念入りに調べることにした。もしも被験者たちの自己申告がそのまま受け入れられていたら、「体重が減っていない被験者は、まだ食べすぎている」という明白な原因を検証することなく、研究者は稀《まれ》な病気の可能性を調べることになっていただろう。

回答者が正しく自己申告するのはきわめて難しいことを知っていたイングランド公衆衛生庁は、塩分摂取を控えるための政府の広報活動に効果があったかどうかを調べたとき、調査対象者に対して食事について質問するような余計な手間を省いて、尿検体だけを集めた。[11]その結果、二〇一八年の塩分摂取量は、二〇一四年と比べて七％減少したことがわかった。もしこの結果が調査対象者の自己申告に基づいたものだったとしたら、調査結果をそれほど信用する気にはなれなかったはずだ。

たとえ、かなり単純に思えることを尋ねようとする場合でも、どのように質問するかを決めるのは一筋縄ではいかない。たとえば、「あなたは何人《なにじん》ですか？」というのは、多くの人にとっては簡単に答えられる質問であり、その答えは法律によって国民だと認められた国と一致するはずだ。だが、独立を宣言したことのあるカタルーニャ、アブハジア、チェチェンの人たちの答えは、彼らが法律上の国民である国（スペイン、ジョージア、ロシア）とは異なるかもしれない。

大半の人は、国籍と、パスポートが発行される国は同じだと思っている。だが、バルカン地域では、旧ユーゴスラビアが発行したパスポートをいまだに持っている人も少なくない。そして、ここ英国でも、自分を「英国人」だと思う人もいれば、「イングランド人」「スコットランド人」「ウェールズ人」「北アイルランド人」だと思っている人もいる。あるいは、「自分はコーンウォール人」だと思っている人もいる。

二〇一一年に英国国家統計局は、国勢調査での選択肢に「コーンウォール人」を入れるように、ある方面から迫られたことがある。先ほど説明したように国勢調査では国籍は問われないが、「国民意識」について尋ねられる項目が一つあった。その質問で回答者は、「イングランド人」「スコットランド人」「ウェールズ人」「北アイルランド人」「英国人」あるいは「その他」から、自身が当てはまると思うものをすべて選ぶよう指示されていた。英国国家統計局は、この選択肢の一つに「コーンウォール人」を加えるべきだとする要請には応じなかったが、妥協策として、「自分がコーンウォール人だと思う人は、まず『その他』を選んで、次に、その下の自由記入欄に『コーンウォール人』と記載」すればいいことを広く知らせるための啓発運動を実施した。また、「あなたは自分自身をコーンウォール人だと思っていますか?」というキャッチフレーズとともに、どのように記入すれば「自分はコーンウォール人だと思っている」ことを表せるかを示した国勢調査票の見本をつくり、それを掲載したポスターがコーンウォール州のあちこちに貼られた。

その結果、国勢調査では六万五〇〇〇人が「コーンウォール人」だと記入した。だが、この事実からわかるのは、「自分は、本当はコーンウォール人だ」と思っている人が「少なくとも」この人数いる、ということだけだ。というのも、実際の調査票には、コーンウォールの人たちに対する英国国家統計局の指示は掲載されていなかったからだ。「自分はコーンウォール人」だと思っている人がどれくらいいるのかを本気で調べたいのであれば、英国国家統計局は調査票の選択肢に「コーンウォール人」を加えるべきだった。*

また、この国民意識の問いでは、五〇〇万人近くが「その他」を選んだ。それは「スコットランド人」「ウェールズ人」「北アイルランド人」を選んだ人の合計よりも多かった。そして、「その他」を選んだ回答者たちはみな、自分が何人《なにじん》と思っているのかを手書きで記入しなければならなかった。国勢調査の統計職員にとって、こうした大量の手書きデータを整理するのは、かなり手間のかかる厄介な仕事だ。じつのところ、手書きの回答の内容をすべて読み取って整理し、公表用にまとめる作業は、国勢調査のデータが公表されるまでに何年もかかる理由の一つになっている。

この質問の目的が、英国の人々がこの国の構成国のいずれか、あるいは英国全体に強い帰属意識があるかどうかを、政策策定の一環として調べるためだったのであれば、ただ単に、「あなたは自分を『英国人』『イングランド人』『スコットランド人』『ウェールズ人』『北アイルランド人』だと思っていますか？（該当するものをすべて選んでください）」と尋ねたほうがよかったのではないだろうか。

民族意識についてデータを集めようとする場合も、同様のことが起こりうる。「民族意識」には、確立された定義もなければ、自分がどこに所属しているかをなんの迷いもなく選べるような明確な分類もない。英国で日常的に使われている最も大きなくくりの分類は、「白人」「黒人」「アジア系」であり、それは肌の色というより出身地の意味合いが強い。また、「ミックス（異なる人種の親を持つ人々）」の解釈については、完全に各自に任されている。そして、「その他」という分類も使われている。二〇二一年のイングランドおよびウェールズにおける国勢調査では、「白人系英国人」「白人系イングランド人」「アジア系ウェールズ人」といった、何人《なにじん》であるか（あるいは国民意識）に関連するものも含む、より細かい選択肢が用意されていた[12]。ただし、選択肢に「黒人系英国人」はあっても、「黒人系イングランド人」はなかった[13]。ちな

＊　いずれにしても、このデータの用途の大半では、「コーンウォール人」は「英国人」としてデータ調整されるはずなので、選択肢を増やしても問題はないと思われる。

みにこの問いでは、「自分が何人《なにじん》か」を、「現在の居住地」「生まれた場所」「先祖の国」のどれに基づいて判断すべきなのかについての説明は、まったくなかった。

民族意識について尋ねる目的は何なのだろう？　通常、その目的は、民族集団間で不平等がないかどうかをチェックすることだ。民族、宗教、性別といったものには、社会的に重要な意味がある。それらには差別や弾圧の歴史があるからだ。民族間の不平等については、ここ三〇年で七件の大規模な審査が行われた。そのなかには、刑事司法に関する「ラミー審査」や、労働市場に関する「マクレガー・スミス審査」も含まれている（どちらの審査も二〇一七年に行われた）。二〇一六年には、内閣府内に、政府のあらゆるデータをチェックすることを目的とした「人種格差分析室」が設置された。

それにもかかわらず、民族と人種に関する政府のデータは、正直なところ、いまなお「バッドデータ」のままだ。民族に関するデータを英国政府が組織的に集めはじめたのは、一九七〇年代に入ってからのことであり、実際にどのようにデータが作成されていたかというと、本人の自己申告ではなくデータを集める人の見解に基づいていた。[14]警察犯罪認知件数のデータの一部では、いまでも、対象者が何系の民族であるかは警察官の観察に基づいて記載されている。つまり、警察官が相手の外観だけで判断しているということになる。[15]

また、どのような分類が使われているのかについては、政府機関のあいだでの整合性が全般的に取れていない。たとえば、教育関連の統計データなどでは、「中国系」「インド系」「パキスタン系」は別々に分類されている。一方で、刑事司法関連の統計データでは、「中国系」だけが別枠になっていて、ほかは「アジア系」としてくくられている。[16] さらに、「ミックス」や「複数の民族」という大雑把なくくりがあるデータも、統計上の観点からすれば間違いなく役に立たない。どんな民族も含められるこうしたくくりをつくるのであれば、そもそも、なぜ分類する必要があるのだろうか？　驚くことではないが、最も急拡大している民族集団は「ミックス」だ。

これからも、民族間の不平等をチェックしつづける必要がある。にもかかわらず、こうしてデータはますます無意味なものになっていく。いったい、どうすればいいのだろうか？　まずは一歩引いて、特定の状況で不利な立場や危険な状態に置かれているのは誰なのか、それを見極めてみてはどうだろうか。現在使われているような、大雑把で、ときに曖昧な分類より、もっと理にかなった分け方があるはずだ。

では、信仰する宗教について誰かに尋ねることは、何を意味するだろうか？　多くの人は熱心な信者ではなく、宗教行事に日常的に参加するわけではないが、それでも宗教との文化的つながりは維持している。そのため、自分の宗教について尋ねられたときには、そのつながりがあることを示さなければならないと感じている。だとすれば、「宗教をもっていますか？」という質問を通じて宗教の種類をただ尋ねるより、もっと深く踏み込んで、「宗教を信じていますか？」と尋ねたほうがいいのだろうか。「なんらかの宗教団体に所属していますか？」という聞き方もあるが、「所属」という言葉の定義はとても曖昧だ。

英国の国勢調査において、「あなたの宗教は何ですか？」という質問は「誘導」ではないかという議論が、批評家たちのあいだで起こったことがある。この質問は宗教をもっていることを前提としているため、回答者の答えに影響を及ぼすのではないか、というのが彼らの主張だ。二〇一一年の国勢調査では、この質問に対してイングランドとウェールズの回答者の六一％が、宗教の選択肢のなかから一つを選んだ。だが、慈善団体の「ヒューマニストUK」が指摘するとおり、この数字は熱心な信者の数を上回っていると思われる。同団体の独自調査によると、「あなたには宗教心がありますか？」という質問に「はい」と答えた人は、わずか二九％だった。また、自分がキリスト教徒だと答えた人のなかで、「新約聖書のなかの出来事は本当に起こったと信じている」と明言したのは半数程度にすぎなかった[17]。

回答者に特定の答えを促《うなが》すようにつくられた質問を、「誘導質問」という。そうした質問では答えがすでに用意されていて、回答者の意見をそれに寄せようとする。たとえば、「あなたは、住んでいる地域での犯罪にどれくらい恐怖を感じていますか？」という質問や、「あなたは、住んでいる地域の犯罪に恐怖を感じていますか？」という質問には、「これまでよりも現在のほうが、犯罪に恐怖を感じる」と回答者に答えさせたいという、質問者たちの意図が見え隠れする。定義が曖昧なものや、さまざまな解釈ができるものについて尋ねる場合は、質問の言葉の選び方によって回答ががらりと変わってしまう可能性がある。

ここまでは、自分自身の情報を自己申告する人の例を見てきたが、どのようなデータの記録作業においても、質問に解釈の余地を残すことはなんらかの問題を生じさせる恐れがある。

あなたの裁量にお任せします

出生、死亡、家畜、実験用マウスなどについての「グッドデータ」がある理由の一つは、届け出や記録を怠《おこた》ると罰せられるからだ。また、別の理由としては、「出生」や「死亡」と呼ばれる状態の定義が明確に定まっていて、一般的には個人の「裁量」による余地がないからだ。そのほかの多くの物事は定義がもっと曖昧なため、データを記録する人の裁量が大きくなる。そのように解釈の余地がある場合、確実にいえるのは、必ずしも記録者全員が物事をまったく同じように捉えているわけではないということだ。

それどころか、裁量を任された人の判断が本人のなかで一貫していないことさえある。この説を検証するために、架空の被告人リストのデータを英国の裁判官八一人に見せて、各「被告人」に対して保釈を認めるかどうかを判断してもらうという実験を行った研究がある。[18] 当然ながら、どの「被告人」についても、裁判官たちの判断が満場一致で合うことは一度もなかった。ただし、この実験にはひっかけがあり、一部の「被告人」は異なる名前で二度リストに掲載されていた。すると裁判官の大半は、名前は異なるがそれ以外のデータはまったく同じである「二人の被告人」に対して同じ判断をくだせなかった。

何かを特定の方法で記録すれば恩恵が得られる場合、その記録を誰かの裁量に任せると、とりわけ問題となりやすい。地元民が持ち込んだ恐竜の骨について、「どんなに小さな欠片《かけら》でも

買い取る」と約束してしまった、あの一九世紀の古生物学者たちの失敗は、まさにこれに当て

はまる。人は、報酬を得られる機会を前にすると創造力を発揮するものであり、それゆえ、骨

は砕かれて小さな破片になってしまった。罰や報酬、つまりなんらかの「目的」が指標に絡む

と、その指標は役に立たないものになる恐れがある。

トニー・ブレア首相は、ブリストル大学の学生たちの前で話していたとき、実際には自分が全国民に語りかけていることを自覚していた。「この国の未来」と題された一連の特別講演の一つとして企画された、犯罪と反社会的行動についての講演内容は、なんらかの方法で一般の有権者のもとにも届けられることになっていた。そんなわけで、この講演が意図していたのは、「政権を握って九年目に入った労働党は、『犯罪に対して厳しい態度で臨む』という公約を忘れていない」と伝え、有権者たちを安心させることだった。

「犯罪への不安が、なぜ、昔よりずっと大きくなっているのでしょうか？　その答えは簡単です」と、ブレアの声が響いた。「一九九七年【ブレアが首相に就任した年。この講演は二〇〇六年に行われた】の警察犯罪認知件数は、一九〇〇年の五七倍だったからです。これは、人口増加の影響を考慮しても、二九倍にもなります」。学生たちは熱心にメモを取った。「社会が不安に思うのは、もっともなことなのです」とブレアは続けた。「自分たちは法律に従って正しく振る舞っているにもかかわらず、そうすることなく罰からも逃れる人を目にすることが、あまりに多いのですから」。それゆえ「新しい労働党」は、「犯罪およびその原因に対して、厳しい態

度で臨む」という公約を何年も前に掲げたのだった。[19]

だが、問題なのは、公式犯罪統計データによると、労働党はこの講演が行われたころになってようやく、犯罪を削減するという約束を守れるようになったという点だ。じつのところ、この統計データによれば、ブレア首相率いる労働党政権の第一期における犯罪件数は毎年上昇しつづけ、しかも、同政権が発足してから六年目と七年目の犯罪件数は過去最多を記録した。労働党政権に交代する直前には、「囚人を増やせ」という、マイケル・ハワード【ブレア政権に交代する前の保守党政権で内務大臣を務めた】の同様の取り組みが明らかに功を奏して、犯罪件数は減少傾向にあった。「犯罪およびその原因に対して、厳しい態度で臨む」というこのスローガンをブレアがつくりだしたのは一九九三年のことであり、有権者たちは彼がその約束を果たすと信じていた。[20]では、ブレアはいったいどのようにして、犯罪件数の急激な増加に「うまく」対処したのだろうか。

「警察犯罪認知件数」とは、一定の期間と所定の場所において、犯罪が行われたと警察がみなした件数を記録したデータのことだ。イングランドおよびウェールズでは、一八五七年から収集と公表が行われてきたことから、このデータは「我が国で最も古くから集められている行政データセットの一つ」と呼ばれている。[21]だが、この犯罪認知件数のデータにも問題がある。いうまでもないことだが、犯罪というのは自動的に犯罪とみなされるわけではないという点だ。その出来事が犯罪に見えるか、またはそう考えられるかを判断する裁量を与えられた警察官たちによって、犯罪と認知されるのだ。

一九八〇年代の終わり、保守党政権はビジネス界の教訓を公的部門に取り入れる実験を試みていた。警察もこの改革の対象となり、その仕事ぶりが細かくチェックされた。目標は明確には設定されなかったものの、この「ビジネス界に近い」体制では、記録に基づいた犯罪件数を抑えるための動機づけがなされた。一九九七年に誕生した労働党政権は、目標を定めた。そうして、強盗、凶悪犯罪、自動車関連犯罪の件数を減らすために五年間で達成すべき目標が決められた。この取り組みだけでも、犯罪認知件数は削減されたはずだ。だが、それに加えて、犯罪件数の数え方に関する新規則もほぼ同時期に導入された。それによって、罪種を分類する際の警察官の裁量の範囲が広げられた。

何かが犯罪であるかどうかについて議論の余地があるというのは、いったいどういうことなのかと、読者のみなさんは不思議に思われるかもしれない。たとえば、犯罪が行われたとされる現場に、警察官が呼ばれたとしよう。現場にいる男性は、「路上強盗に携帯電話を奪われた。犯人は逃走してしまい、しかも残念なことに目撃者はいなかった」と語った。そのような状況で、警察官は犯罪が起こったかどうかを判断しなければならない。警察官自身が目撃したわけではないので、入手可能な証拠と確実性の度合いに基づいて判断を下す必要がある。確認すべき点は、「被害者の男性が負傷しているか」「動揺しているように見えるか」「現場は路上強盗が多発する場所としてよく知られているのか」だ。というのも、「この人物は単に携帯電話を紛失しただけだが、保険会社に不正な請求をするために、警察が発行する盗難届出証明書を入手しようとしている」可能性もあるからだ。

そして、労働党政権が一九九〇年代の終わりに犯罪件数の数え方に関する規則の第一回目の変更を行ったのは、犯罪かどうかについての「立証責任」を軽くするためだった。つまり、届け出た人物の話に疑わしい点があっても、はっきり証明できない場合は犯罪が起こったとみなすという意味だ。すると当然ながら、警察はより多くの事態を犯罪として認知しなければならなくなった。しかしそれと同時に、特定の犯罪を減らすための目標が掲げられていたことから、「罪種の分類基準の変更」がなされる場合があった。たとえば、ある警察署の統計データによると、(件数の削減目標が設定されている)「車上荒らし」は二七%減少した一方で、(削減目標が設定されていない)「車両への干渉」は四〇七%増加していた。[22]

背中を刺された人が発見された場合、犯罪が起こったことはほぼ間違いない。だが、正面を刺されている人だったら、自分で刺した可能性もあるのではないだろうか。認知件数を減らすための目標設定は、犯罪の認知を減らそうとする明確な動機づけになる。そうして、対応した事態を「犯罪ではない」と記録するか、犯罪と定義される事態以外のなんらかの騒動に分類すれば、犯罪の認知件数を減らせる。こうしたやり方を、犯罪学者たちはウサギを袖口《カフ》に入れて消す手品師の技にちなんで「カフィング」と呼んでいる。[23]

二〇〇二年にようやくこの問題への対処に乗り出した労働党政権は、立証責任の重さを元に戻すために、認知件数の数え方の規則を変更した。しかしそれでも、犯罪件数の削減目標や検挙率向上の目標があるかぎり、犯罪を「カフィング」しようとする動きは止まらなかった。警察でようやくトップダウン方式による数値目標の設定が完全に廃止されたのは、二〇一一年のことだった[24]。二〇一四年には、この問題に関して、政府が委託した報告書が少なくとも一二件提出され、議会による調査が行われたことから、犯罪認知件数データの信頼性は地に落ちた[25]。最終的に、英国統計理事会（UKSA）は、犯罪認知件数データを「国家統計データ」リストから外した。だがそれでも、このデータは犯罪に関する主要な元データとして、いまなお利用されている。

二〇二一年には、警察の実績評価の指標として、犯罪認知件数が再び使われるようになった。同年の七月に導入された「全国犯罪取締指針」に使われている、殺人件数と銃器による犯罪件数はまさに、警察犯罪認知件数データからのものだ。警察を傘下に置く内務省は、この指針について「数値目標ではない」とわざわざ強調しながらも、それと同時に、「三年以内に大幅な改善を期待する」とも述べている[26]。これは、目標以外の何ものでもない。ほんのわずかな圧力さえも、犯罪認知件数データを歪めかねないのだ。

一九九〇年代初めに沸き起こった、「高い目標を設定して達成させようとする」という動きの影響を受けたのは、警察だけではなかった。国民保健サービスも、意欲的な目標をしょっちゅう与えられた。そうして、職員たちは目標を達成するために業務のやり方を変えなければならなくなり、その結果、支障が生じることになった。二〇一〇年代の初めに政府が掲げた、「予約から診療まで、かかりつけ医の待ち時間を短縮する」という目標は、その達成のために診療所が当日の予約制に切り替えるという、意図せぬ結果をもたらした。つまり、「予約から四八時間以内に診察しなければならない」のなら、それより前から予約を受けつけるなんてまったくばかげている、ということだ。[27] だがそれは、診察を受けたい人にとっては、予約を確保するために当日の朝、二時間も電話をかけつづけなければならないという困った事態となった。また、「救急車は呼ばれてから八分以内に到着する」という目標が設定されたとき、一部の救急サービスでは次々に入る出動要請により速く対応するために、救急隊員をバイクや自転車で向かわせた。ところが、病院に搬送する必要があると判断された患者の場合、バイクで運ぶのはとうてい無理なことから、待ち時間がかえって長くなるという結果となってしまった。[28]

目標に到達するために、こういったかたちでうまく立ち回ろうとするのは、チーム精神に欠けているように思えるかもしれない。だが、声を大にして言いたいのは、当の本人たちは必ずしも望んでやっているわけではないということだ。たとえば、地方のかかりつけ医の診療所で、目標を達成できなければ診療所自体が閉鎖に追い込まれかねなかったり、「ひどい」実績を理由に人員の解雇や削減を命じられる恐れがあったりした場合、「どんな手を使ってでも、目標を達成するしかない」と職員たちは思うのではないだろうか。また、警察官にとっても、同僚の警察官が事件を「犯罪ではない」と処理することによってよい評価を得ていれば、自分一人だけ「カフィング」に反対し、同様の事件でほんの少しでも犯罪の匂いがしたら律儀に「犯罪」と記録することの利点が見つからない。

公共政策上の問題解決を推進するために、報奨を出す策を政府が実施したくなるのは当然のことかもしれない。だが、一九世紀末に英国政府がインドにおいていた総督府は、毒蛇のコブラを捕まえて殺処分すれば報奨金を支払うと約束したことによって、「コブラ繁殖」という新たなビジネスを誕生させるはめになってしまったという。繁殖者たちはコブラを手押し車に山のように積んで、報奨金をもらいにきた。しかも、それが原因でコブラの数が大幅に増えてしまい、住民たちはいっそう深刻な危険にさらされることになってしまったのだった。[*29] 報奨が意図せぬ行動を起こさせてしまう事態は、不運な結果に終わったこの話にちなんで「コブラ効果」と呼ばれている。また、ここまで見てきたとおり、データを特定の方法で記録するよう人々に求めることによっても、この効果が生じる場合がある。

解決策は、何を問題にするかで決まる

「何かを測った結果は、そのものが何であるかを表している」と、私たちは勘違いしてしまう。だが、その何かは自身を自動的に数えたり、測ったりするわけではない。私たちが測るものすべてに、測定を行った人の手がなんらかのかたちで入っている。

「あなたは、女性がズボン姿で人前に出るのに賛成ですか、反対ですか?」。二〇二〇年代初めの英国では、女性がズボンをはくのはタブーではないので、おそらく読者のみなさんも賛成と思っているのではないだろうか。[30] あるいは、そんなくだらない質問には答えたくない、と思うかもしれない。一方、一九四〇年五月にギャラップ社が行った世論調査でこの質問に答えた人たちは、「『まったく賛成できない』ことを世間に示せる機会をつくってくれて、ありがたい」と思ったかもしれない。

世論調査や国勢調査の質問には、当時の人が何を重視していたのかが、よく表れている。一九三〇年代と一九四〇年代の調査では、「ズボン」のみならず、「共産主義と資本主義の衝突」「国際連合（国連）」についても尋ねられた。一方、「同性愛者の権利」や「気候変動」に関する質問はなく、自分自身の「メンタルヘルス」を評価する項目もなかった。

幾度となく再定義されてきた問題の例として挙げられるのが、「失業」に関するものだ。一九七一年までの失業者のデータでは、失業手当または労働組合からの給付金を受け取っている人の記録しかなかった。一九七〇年代になると、「積極的に仕事を探している人」という、失業者についてのより広い定義が、英国で新たに取り入れられた。というのも、当時は、労働市場を全体として把握すべきだという考え方が広まっていて、実際に働ける人口に基づいた労働市場の成長可能性を測る必要に迫られたからだ。またそれとは別に、当時、国際労働機関（ILO）がこの定義を広めようとしていたことから、英国と他国との比較に役立つという利点もあった。一九八〇年代に失業者数が大幅に増加すると、統計上の「失業者」の定義に関する厳しい見直しが三〇回以上も行われ、その結果、ほぼ毎回、失業者数が減ることとなった。[31] 一方、政府外機関の研究者たちは、適切な状況下なら本来働ける人をすべて数えることによって、よ

＊　この逸話は広く紹介されているが、どこまでが真実なのかは、正直に言って確認のしようがない。記録に残っている事例としては、一九〇二年にフランス統治下のベトナムで起きた「ハノイ鼠《ねずみ》大駆除」がある。殺処分した鼠の数に応じて報奨金が支払われることになると「鼠の繁殖」が行われるようになり、結果として鼠の数が増えてしまった。

り広い意味での「失業の実態」を捉える方法を編み出した。[32] 何を測るかは、何を問題にするかで決まるのだ。

世間が重視していることの変化のみならず、現実の世界の変化にも後《おく》れを取らないよう指標を変えていく必要がある。さもなければ凝《こ》り固まった考え方に囚《とら》われてしまい、大事なものを見落としてしまう恐れが出てくる。

二〇〇八年の金融危機では、経済学者の大半が不意打ちを食らった。当然ながら、彼らが助言していた政府も同じだった。二〇〇八年の春の政府予算での大蔵省の予測は、「今後二年にわたって、年間二・二五％程度の経済成長が見込める」というものだった。[33] だが、実際には経済は縮小し、二〇〇八年は〇・三％減、そして二〇〇九年は四・二％減となった。経済学者たちは、なぜ、景気後退を予測することも、とてつもない大惨事を回避するための策を取ることもできなかったのだろうか？　簡単にいえば、彼らは時代遅れの指標を用いて、世界経済を「健康診断」していたからだ。

経済の診断で見落とされた側面、それどころかあえて無視された側面は、銀行・投資業務に携わる金融サービス業界の健全性だった。経済学者の大半は、同業界が健全であるかどうかは、仕事、収入、個人の生活といった実体経済にたいした影響を及ぼさないと思っていた。次の景気後退がいつ起こりうるかは、ほかの国家がどう振る舞うかという懸念に基づいて検討されていた。たとえば、中国から流入する資金への過度の依存といった状況が不安視されていた。[34] その一方で、サブプライムローンなどの不良債権を大量に抱えて、金融業界がいまにも崩れ落ちそうになっている事態については、気にも留められていなかった。

金融業界の状況がこのように見落とされた理由の一つは、経済学者たちが時代遅れの古い考え方に基づいて世界経済を分析していたこと、そして、実際に何が起こっているのかを誰も把握できていなかったという点にある。一部の金融商品は、まるで、交換ゲーム用のプレゼントのようになっている。何重にもきれいに包装されていて、何かいいものが入っているようにしか見えないのだ。こうした金融活動については、なんのデータもなかったことから重視されなかった。一方、それとは逆に、データがあるために重要だとみなされてしまう例もある。

適切な指標を選ぶことは、大事な何かを見落とさないために重要だ。さらにいうと、問題をどう捉えるかで解決策が変わってくるため、その意味でも適切な指標選びは大事だ。

一つの指標にあまりに強く依存してしまうと、現状について一方的な見方しかできなくなる。その結果、ごく限られた解決策しかないと思い込んでしまう恐れがある。

一九六〇年代、そうした危険性が見通せなかったために、「ビーチングの斧《おの》」と呼ばれる英国国鉄線路網改革が実施されるはめになってしまった。納税者に莫大な金銭的負担がかからないような全国交通網の整備の実現を目標としていた政府は、「問題の核心は鉄道にある」と考えていた[35]。そうして、鉄道近代化の提唱者であり、技術者でもあったリチャード・ビーチング博士に問題解決が託された。

ビーチングと、彼に任務を託した保守党政権は、この問題は純粋に費用削減の問題だと考えていた。各路線における損益をさまざまな旅客輸送密度で試算したビーチングは、一定の数値以上の輸送密度が実現できなければ、不採算を解消して黒字化するのは無理だと結論づけた。第二次世界大戦時に酷使され、大幅な修理が必要となった鉄道は、疲弊状態からまだ完全に抜け出せていなかった。利用者数の多さで下位半分に属する駅の各収入を合わせても全体の収入の一％程度にしかならず、しかもそれらの駅の大半は赤字続きだった。さらに、三分の一の路線における旅客総輸送量は、全体の一％にすぎなかったのだ。

約二万九〇〇〇キロの全国線路網のおよそ三分の一に相当する、約九七〇〇キロ分の路線を廃止すること。それがビーチングの提示した解決策だった。そのなかには二三六三の駅が含まれ、大半が地方の小さな駅だった。一部の地域では鉄道の廃止と代替バスの運行案が示された。[36]こうした廃止は「イングランドの地方部の死」を招くと予想され、多方面から反対の声が上がった。[37]ピーターバラとグリムズビーを結ぶ路線も廃止予定だったが、ひとえに熱心なロビー活動のおかげで廃止計画は撤回され、スケッグネスの住民たちは四〇キロ近く離れた駅が最寄り駅にならずにすんだ。こうしたことから、当時、次のようなジョークがはやったという――『『ビーチング博士のフェイスクリーム』の使用をお勧めします。そうすれば、しわ《ライン》をすべて消せます[38]」【「ライン（line）」には「路線」と「しわ」の意味がある】。

批評家たちはさらに、「政府は道路網に関して同様の調査分析をどこにも依頼していないため、この解決策には不備がある」と指摘した。道路網の調査が行われなかった理由として考えられるのは、鉄道が一社だけで管理運営されていたのに対し、道路は一二八八の道路公社によって管理されていたことだ。[39]もしかしたら、道路は鉄道よりさらに費用がかかって利益が出ていなかったかもしれなかったが、実際のことはわからなかった。なぜなら、問題は鉄道だと、すでに決められていたからだ。

しかも、路線別にかかる費用を重視したことによって、大局を見失ってしまったようだった。年間の乗客数が少ない路線は重要ではないとみなされたが、じつのところ、その多くは英国の鉄道網の本幹をなす路線につながる支線だった。枝の端っこの小さな芽と勘違いされて「斧」が振るわれたのは、木の幹に栄養を送り込む根だったのだ。また、年間の乗客数は少ないものの、一年のうちの三カ月間は休暇中の乗客で賑わう路線、つまり旅行客にとって欠かせない路線もあった。だが、その事実も見落とされていた。

ビーチングが進めた廃止策がどの程度の効果や影響をもたらしたのかを、確信をもって語るのは難しい。だが、「路線廃止の影響を受けた地域の人口が流出したことにより、地方では高学歴と高度なスキルを有する労働者の数が減り、高齢者ばかりになってしまった」という声が多く聞かれるのは確かだ。[40] 鉄道路線の廃止によって、道路交通量が増えた可能性はきわめて高い。とはいえ、道路交通量の増加による費用増や、若者が地方から出ていかざるをえなくなったというような、負の波及効果による費用増がどれくらいになったのかは、計算されることはなかった。そのため、鉄道路線の廃止によって納税者の負担が減ったのかどうかは、正確にはわからない。これは、問題をあまりに狭い枠組みで捉え、しかもその問題に関するデータにあまりに強く依存しすぎた例だ。

メアリ・ウルストンクラーフトが『女性の権利の擁護』（未來社）のなかで、「女性は家の外での活動に参加する能力をもつ、知的な存在として扱われるべきだ」と訴えたのは、二〇〇年以上前のことだ。それ以来、さまざまな時代の研究者たちが、「『男女平等』とは厳密にはどういう意味であり、その度合いはどのように測るべきものなのか」という問題に取り組んできた。「男女平等」には確立された定義はなく、時代や状況に応じて異なる解釈が多数なされてきた。男女の平等とは、「機会の平等」を指しているのか、それとも「結果の平等」を指しているのか？「いっさいの差がないこと」を理想としているのは、男女の扱いにおいてなのか、それとも別のことについてなのか？これらの問いにどう答えるかで、男女の平等さをどう測るのかが決まる。実際に、男女平等の度合いを測る指標は、国レベルで少なくとも三〇〇種類あると考えられている。なかでもよく知られているのは、国連開発計画の「ジェンダー開発指数」と「ジェンダー・エンパワーメント指数」だ。[41] 国連が導入した指標には、ほかにも「ジェンダー不平等指数」や「ジェンダー社会規範指数」などがあり、後者については「一〇人中九人が女性に偏見を抱いている」という、全世界における二〇二〇年の調査結果が公表されている。[42]

では、個人のレベルでの不平等さを測る方法について考えてみよう。英国では、平均余命は女性のほうが長い。これは、女性は男性よりも「恵まれている」ということなのだろうか？確かに、平均余命が平等さの唯一の重要な要因であるのならそのとおりだが、そうではないのはみな知っている。男女の平等さを測るうえで、平均余命は適切な指標ではない。なぜなら、それに影響を及ぼす働き方や生活習慣の違いが、あまりに複雑に絡み合っているからだ。男性の寿命のほうが短いのには、女性と比べて男性のほうが危険を伴う職業に就いていて、激しい作業を行う人が多いという理由がある。また、食べすぎたり飲みすぎたりしやすいこともある。一方、女性は、そうした仕事に就く可能性が低いために男性よりも健康でいられる。だが、家に縛られた女性の生き方をよしとするジェンダー規範によって、多くの女性は政治やビジネスの世界で活躍できずに男性より貧しくなる。妙な話だが、危険を伴う振る舞いは、自由に生きていることの証《あか》しでもあるのだ。

男女の平等・不平等に関して最もよく使われている指標の一つは、「男女賃金格差」とも呼ばれる男女の収入差である。この指標では、平等を「手中にあるお金が等しいこと」と捉えている。

英国では、二〇一八年以降、従業員が二五〇人以上のすべての企業は、男女別の平均賃金を毎年報告するよう義務づけられた。一般的には、男性の平均収入のほうが女性よりも高い。しかも、賃金格差が最もはっきりと表れるのは、高収入の従業員の大半が同じ性別に偏っていて、低収入の従業員の大半がもう一方の性別の場合だ。航空会社ライアンエアーが、男女賃金格差の最も大きい企業の一つである原因は、まさにそれだ。高給取りのパイロットの大半は男性であり、それよりも給与の低い客室乗務員の大半は女性だからだ。二〇一八年に男女賃金格差のデータが初めて公表されたとき、最も格差が大きかった企業がサッカークラブ「ミルウォールFC」だったことに誰も驚かなかったのも、それと同じ理由だ。だが、サッカークラブでの男女賃金格差が大きいことを指摘しても、あまり意味がないのではないだろうか。プレミアリーグのサッカー選手の平均年収は、三〇〇万ポンド（約四億四二〇〇万円）以上だ。下位リーグのミルウォールでも、トップ選手は何百万ポンドも稼いでいる。その一方で、女性従業員が大半を占めるグッズ販売係や観客席清掃係の時給は、六ポンド（約八八四円）程度にしかならない場合もある。[43] このサッカークラブでの男女賃金格差が解消されることは、決してないだろう。ただし、女子チームの選手たちにも、男子選手同様に一流の年俸が支払われるようになるなら話は別だ。とはいえ、女子チームにろくに報酬を支払っていないミルウォールで、そんなことが近々起こるはずもない。

ある問題についてどのように測るかを決めると、どのように解決するかが決まる。同じ仕事に対して支払う賃金に、男女で差をつけることは違法だ。一方、男女賃金格差があることは違法ではないが、それについての統計データの公表を企業に義務づければ、格差が大きいのは恥ずかしいことだというメッセージを少なくとも送ることができる。とはいえ、男女賃金格差が大きいと公表した企業に恥ずかしい思いをさせることは、望ましい結果に実際つながるのだろうか。理論上は、きわめて高い報酬で女性重役を一名任命すれば、ほかの女性従業員すべてを最低賃金のまま働かせても、企業は男女賃金格差を取り除くことができる。さらに、ミルウォールのように「前に公表した数字は間違っていた」と言って、格差がさほどひどく見えないようなデータに差し替えるという手もある。[44]

男女賃金格差が大きく男性有利な企業と、最も報酬が高い役職の大半を男性が占めている企業について研究者たちが調べたところ、それぞれの順位がほぼきれいに一致した。要は、この指標が実際に示しているのは、企業の最上位の役職における男性の割合が大きすぎるということなのだ。企業の高給取りが原因で大きく偏ってしまった指標を使うことで、「最も報酬が高い役職に就く女性の数をもっと増やせば、格差は解消される」という結論に、世間はいとも簡単に導かれてしまう。[45] そして、たとえそれが実現できたところで、社会の圧倒的多数にはなんの影響ももたらさない点については、決して気づかない。しかも、「男女賃金格差」の概念がわかりにくく、正しく理解されていないという点も、こうした状況にさらに輪をかけている。実際、最近の標本調査によると、英国の八三％の人が、「男女賃金格差」という用語を理解していると自信をもって答えたにもかかわらず、正確な意味を知っているのは三〇％にすぎなかった。[46]

データに囚われて型にはまった考え方しかできなくなるのを防ぐ方法の一つは、振り出しに戻ることだ。権力の座の大半は男性で占められているという事実を、毎年大々的に叫びつづけるのは無用だ。私たちが問いかけるべきなのは、「それはなぜなのか？」だ。

それに答えるには、給与明細書というかたちで示される最終的な結果だけでは不十分であり、舞台裏で何が起きているのかについてのデータも必要だ。男女の不平等さを明確化する目的で使われている指標の一つは、「時間が何に費やされているか」だ。キャロライン・クリアド＝ペレスは著書『存在しない女たち』（河出書房新社）のなかで、オーストリアの首都ウィーンの都市計画担当者たちが交通計画を立てるにあたり、（おもに）女性の日々の生活における無駄な時間を省くことに重点を置くという、既存の枠に囚われない方法を取った事例を紹介している。[47] 計画担当者たちはまず振り出しに戻って、一日のなかで何に時間が費やされているかについての男女別データを調べた。すると、全般的に見て、有償労働時間と無償労働（家事、買い物、育児）時間の総計は、男性よりも女性のほうが多いことがわかった。そこで、このデータが念頭に置かれた新規の公営住宅建設では、大量の買い物や育児を担当している人（おもに女性）にとって欠かせない施設が、すべて住宅近辺にあるように計画が進められた。

また、従来のデータソースが役に立たなかったために振り出しに戻らざるをえなくなった結果、きわめて創造的な思考がいくつも生まれた例もある。大型ハリケーンに何度も見舞われた二〇一一年、米国連邦緊急事態管理庁（ＦＥＭＡ）の当時の長官クレイグ・フューゲートは、どの地域が最も甚大な被害に遭ったのかを迅速に把握する方法はないものかと考えていた。そこで、たとえ限られたメニューしか提供できなくても、嵐が過ぎ去るとすぐに営業再開することで定評のあるレストランチェーン「ワッフル・ハウス」に注目した。そうしてフューゲートは、ワッフル・ハウスの支店のなかで「全メニューが提供できる店舗」を「緑色」、「一部のメニューのみ提供できる店舗」を「黄色」、「閉店中の店舗」を「赤色」で示す地図を考案した。この「ワッフル・ハウス指数」は、ハリケーンによってどの地域が最も深刻な被害を受けたのかを判断するためのバロメーターとして、いまも使われている。さらに二〇二〇年には、新型コロナウイルス感染症パンデミックの影響をチェックするためにも利用された。

ただし、なんらかの対処が必要な事態を知らせるための表示灯としてリアルタイムデータを活用するという発想は、必ずしも目新しいわけではなく、重要な政策面でも取り入れられてきた。二〇一四年、アフリカ連合は専門機関「アフリカン・リスク・キャパシティ（ＡＲ

C)」を設立した。その目的は、加盟国に災害保険を提供するためだった。ケニアの準乾燥地帯の最大の環境問題の一つは干ばつであり、同地域では周期的に深刻な食糧不足と水不足が起きる。そこでARCは、干ばつが起きやすい場所の植生の活性度を赤外線センサーで捉えた衛星画像を利用して、干ばつのリスクをモニターするシステムを開発した[48]。このシステムでは、「正規化植生指標」と呼ばれる指標が一定のレベルを下回ると、セーフティーネットである社会保険による対処を求める。

身近なところでは、英国は創造的な指標を国の医療政策の指針として採用している。国民保健サービスには巨額の予算が割り当てられているが、それでも各種リソースが有限であることに変わりはない。そのため、高額な薬剤や、高度に専門的または実験的な治療については特に、医療はある程度「分配」されなければならない。そして理想的には、そうした分配はなんらかの体系的な原則に基づいて行われなければならない。

人の命の価値は、みな等しいのだろうか？　二〇二一年、BBC1のテレビ番組『ザ・ビッグ・クエスチョンズ』で、元最高裁判所判事ジョナサン・サンプション卿《きょう》が、この問いの答えは「いいえ」だと示唆して波紋を呼んだ[49]。具体的には、サンプション卿が女性のがん患者に面と向かって、「あなたの命は、ほかの一部の人よりも『価値が低い』」と告げたことによって、与野党を超えた政界全体が彼に激しい怒りを向けた。だが、ごく一部の評論家は、「英国では医療を『分配』しなければならない。そのため、がん患者の治療も行う国民保健サービスにおいては、全員の命を同等に扱わない治療が原則となっている」という事実におそらく気づいていたはずだ。
「どういった医療技術を使うか」「どういった状況においてその医療技術を使うか」を判断するために、国民保健サービスは「質調整生存年（QALY）」という考え方を利用することがある。人の一年間は、「1」（完全に健康な状態）から「0」（死亡）のあいだの「質スコア」で表せる。場合によっては、「マイナスの値」（死亡よりもひどい状態）を取ることもある。そうやって算出されたそれぞれの質調整生存年は金額（ポンド）に換算され、それが治療にかかる金額よりも大きければ、その患者は治療を受ける価値があるとみなされる。このように、臨床効果とともに、費用も常に比較検討の対象となる。[*] しかし当然ながら、「誰が、または何が、人の一年間の価値を判断できるのか？」という問題もある。

それを判断できるのは、通常は患者本人ではない。よく使われる手法の一つは、健康な人たちの母集団から無作為に選んだ標本に対して、「完全に健康な状態」より「病気を患《わずら》った状態」で一定の年数長く生きられるなら、どちらを選ぶかと尋ねることだ。たとえば、「『完全に健康な状態で八年生きられる』のと、『糖尿病を患いながら一〇年生きられる』のなら、どちらを選びますか？」というように。[50] あるいは、「『一定の健康が保たれた状態』と『完全に健康な状態が長く続くかもしれないが、死ぬ確率も高くなっていくという、ある種の賭けのような状態』のどちらを選ぶか」を尋ねるという手法もある。

だが、「仮に自分がなんらかの病気にかかった状態」を健康な人たちに想像してもらい、「その状態で長生きするのと、早く死ぬのとどちらを選ぶか」を答えてもらわなければならないという手法には、明らかに危険な点もある。英国で医療介入に関する公式ガイダンスを発行している国立医療技術評価機構（ＮＩＣＥ）は、異なる手法を推奨している。それは、特定の疾患の患者を対象とした標本調査を行い、次にさまざまな疾患での全体の平均スコア同士を比べるというものだ。とはいえ、患者を対象とするこうしたデータが常に入手できるとはかぎらない。

国民保健サービスによる質調整生存年の利用方法について考えられる問題点は、患者本人各々の評価が通常は行われないことだ。基本的には、患者は「一般的な合意（これは健康な人が『自分が病気にかかっている』と想像したうえでの判断に基づいている場合もある）によると、あなたの人生の質は、その年数を引き延ばすための治療にかかる費用に見合っていない」と伝えられる。当然ながら大半の人は、自分自身または大切な人の命のほうが、比べものにならないほど大切だと思うはずだ。ただし、質調整生存年はあくまで、公共のリソースを配分するために使われているものだ。そういう配分を行うには、ある人の人生が公益のためにどれだけ役に立つかを評価せざるをえないのだ。ただ、「死亡の効用値はゼロ」といった言葉が説明で平然と使われるような判定方法は、入院患者への対応としては配慮に欠けると思われるし、それ

＊　どの医療技術を承認して採用するかの判断材料として、国民保健サービスが利用している数値基準は質調整生存年だけではない。とりわけ医薬品の承認で重要なのは、「治療必要数（ＮＮＴ）」と「有害必要数（ＮＮＨ）」であり、それらを算出するための要因に費用は含まれていない。二〇一二年に発行された「国立医療技術評価機構（ＮＩＣＥ）ガイドライン」第７条３項では、費用対効果と臨床効果を併行して評価することが望ましいとされている。

どころかいささか悪意さえありそうに見えると言わざるをえない。[51]

とはいうものの、医療をどうしても「分配」せざるをえない状況（サンプション卿があの発言をした当時は新型コロナウイルス感染症パンデミックの最中であり、かつてないほどそうした現実を突きつけられていた）においては、多少なりともデータを利用した手法を取り入れることは、何もしないよりもましではないだろうか。

この章の冒頭で取り上げた、国会議員が私に質問への答えを求めるという話に戻ろう。この先も、データを求める声は常にあるだろうし、データを欲する人はとにかく手に入るものに飛びつこうとするだろう。統計データを過剰なまでに求めようとするこうした状況はまさに、BBCラジオ4の番組『モア・オア・レス』の司会も務める経済学者のティム・ハーフォードが、「数字に頼ろうとするのが早すぎる問題」と呼んでいるものだ。政治家のあいだでは、この問題はとりわけ深刻だ。

政策を策定し、その効果を見守る政治家たちにとって、現状をまったく把握していないとみなされることは許されない。そこで政府が、たとえば「『国籍』についてのデータが必要だ」と英国国家統計局に告げると、同局の答えは「それに関するデータを集めるのは難しすぎて無理だが、『国民意識』に関するかなり実験的なデータならある」といったものになるかもしれない。その際、同局は提示したデータの誤差や不確かさについて、口が酸《す》っぱくなるほど説明することになる。

だが政府にとって、それは、お腹を空《す》かせきった人が食べ物をもらったにもかかわらず、すぐさま「それは消費期限切れだ」と告げられるようなものだ。そんな場合、もし空腹でたまらなければ、期限切れでも食べるはずだ。どうやら人は、なんらかの重圧にさらされているとき、「数字に頼ろうとするのが早すぎる」事態に陥ってしまうようだ。

なんらかのデータがあるからといって、それが「グッドデータ」であるとはかぎらない。フライパンにお米を放り込んだだけでは、パエリアはできないのだ。それに、「バッドデータ」は必ずしも「何もないよりもまし」なものでもない。

何かをやろうとしてうまくいかないときは、いったん一歩引いて、自分が正しい方法でやっているかどうかを検討しなければならない。平たい箱に入った組み立て式の家具を組み立てたことがある読者であれば、説明書の指示にちゃんと従ったにもかかわらず何かがきちんとはまらなくて、よく見たら、そもそも最初の段階で別の部品を使っていたことに気づく、という経験があるのではないだろうか。数えたり測ったりする場合、その方法をどう決めるかによって進む方向が定められ、のちに思いつける解決策を決定づける。

現在起こっていることの最新の状況を常に把握しつづけるのも、もちろん重要であり、そのためには新たな指標が必要になることもある。英国は豊かになり、労働条件は改善され、労働時間は徐々に短くなっているにもかかわらず、国民の全般的な健康状態はある程度までしか改善されていない。それは現代の生活によって、ファストフードの摂取、さらには長時間座りがちな生活習慣といった、健康への新たな脅威が生み出されたからだ。社会は変化し、子どもをもつ人の数は減り、多世代同居の家庭も少なくなった。以前の課題が克服されても、また新たな課題が持ち上がる。

「孤独」に関する問題は、つい最近まで政策課題とみなされていなかった。実際、政府が「最も急を要する公衆衛生問題の一つ」だと表明したのは二〇一八年のことだ[52]。孤独の問題に取り組むための戦略を立てるうえで、役に立つデータがほとんどないと政府が指摘したことによって、英国国家統計局は全国レベルの標本調査で「孤独」について尋ねるための新たな指針を作成した[53]。これは、政府が重要な優先課題をまず決めてから、その実態を把握するために役立つ指標を求めた事例だ。

あることについてのデータがないどころか、それを測る手段さえないことに気づく場合もある。しかも、次の章で取り上げるように、あることを測る段階に到達する以前に、まったく別の課題に直面するときもある。その課題とは、自分がまさに目の当たりにしているものが何なのかを解き明かさなければならないということだ。

第三章
概念

概念と現実のはざまで

実際に貧困を経験した人によると、貧困には「独特の味と匂いがある」という。貧困というのは「頭のなかが圧迫されたり、みぞおちのあたりが締めつけられたりするような感じ」だと語る人もいる。一方、貧困と無縁な人は、「いまにも崩れ落ちそうな家」や「やせ細った子どもたち」「おんぼろの服」「物乞《ご》いをしたり路上で生活したりしている人々」といった光景を、貧困と結びつけているかもしれない。または、「公共交通を利用する金銭的な余裕がない」「二つの仕事をかけもちしなければならない」「おもちゃやクリスマスプレゼントを買えない」というような、「選択の余地がなく」「本人がどうすることもできない」状況を貧困と捉えているかもしれない。

二〇一八〜二〇一九年度の英国では、そのような状態で暮らす人が一一〇〇万人から一四五〇万人いて、そのなかには二八〇万人から四二〇万人の子どもも含まれていた。[1] とはいえ実際のところ、「貧困」はどのように測られているのだろうか。

前章では、「明確かつ一貫性が保たれた指標を使う」ことや、「人に質問してデータを集めるときは、相手の回答に影響を及ぼさないような尋ね方をする」ことがいかに重要かを見てきた。そうした原則に従おうとするのは、「国籍の異なる人を数える」「犯罪件数を記録する」「飲酒量を推計する」といった場合でさえ、かなり大変だ。だが少なくとも、これらの作業の根底にあるのは、かなり具体的な物事や出来事だ。たとえ自分の飲酒量を控え目に答えてしまうことはあっても、「お酒を飲む」という行為自体については、みな正確に理解している。どの段階を超えたら犯罪として記録されるべきかの議論はあっても、「犯罪」がどんなものであるかは、法律によって明確に定められている。

一方「貧困」には、確立された定義はない。貧困かどうかをはっきりと示す印などもなければ、「貧しい」と「貧しくない」を区別するための明確な境界線もない。「貧困」というのは、あくまでも人がつくった概念なのだ。

この章では、定義するのが難しい物事を数えたり測ったりする事例をおもに取り上げる。そうしたものは「抽象的な概念」や「社会の構成要素」として捉えられている場合が多い。前章ですでに取り上げた「男女平等」や「孤独」もその例だ。

これらのものには、確立された定義もなければ、一般的に受け入れられている明確な一意の定義すらないものもある。じつのところ、そうしたものを数えたり測ったりする取り組みはすべて、定義できないもの自体を表していると私たちが定めた、別の何かを数えているにすぎない。要は、「代理変数」を使って測っているのだ。

一八六五年。裕福な実業家のチャールズ・ブースは、国会の議席を争っていた選挙運動の最中、リバプールのトックステス選挙区内を訪ねて回っていたときに目の当たりにした光景に衝撃を受けた。この都市の一部の住民が暮らしている状態は、ブースの目には貧しさと不潔さに満ちた最悪のものに映った。不衛生で窮屈《きゅうくつ》な住居に押し込められた人々が、明日の食べ物を手に入れる当てもほとんどないまま惨めに暮らしていたのだ。結局、ブースは国会議員には一度もなれなかったが、あの選挙運動中に見た光景に関心を寄せたことによって、結果的には当時の先駆的な社会問題研究家の一人になった。

後年、ロンドン(上流階級から見たこの都市の貧困層の貧しさと悪行は、さらに悪評高かった)に目を向けたブースは、生活環境に関する詳細なデータが明らかに欠けていることに気づき、みずから集めようと試みた。

その結果として完成したロンドンの色分け地図は、貧困について、かつてないほど詳しく示されたものとなった。なにしろ、住居ごとに貧しさの差が示されている箇所まであるほどだったのだ。だが、計測自体はさほど体系的ではなかった。住居は地域の教育委員会の視察による事例報告と、警察官に同行して回った調査員たちの観測に基づいて分類されていたからだ。

ブースの地図は、過去を覗く窓として象徴的だ。その緻密さは、ヴィクトリア時代のロンドンの光景が驚くほど鮮明に浮かび上がってくるくらいだ。さらに、ブースが住民たちの分類に添えた説明からも、当時の様子がよくわかる。地図の明るい黄色の箇所には「上流中産階級と上流階級。富裕層」、その下の階級である赤色には「中産階級。余裕がある」と示されている。そして、そこから何段階も下の階級が暮らす箇所は黒く塗りつぶされ、「最下層階級。凶悪、犯罪者並み」という説明がつけられている。

この地図を見た私たちが、こうした説明にはっきりとにじみ出ている高慢なエリート意識に衝撃を受けるのは当然のことだろう。だが、ブースにとって、階級（あるいは各自の人生における段階とみなされていたもの）は、貧困を数値化しようとする初めての試みで、人々がどれくらい豊かに暮らしているかを示すためのきわめて重要な指標に思えたのだ。

同じころ、貧困を調査するためのより体系的な手法が、裕福なチョコレート製造業者の息子であるシーボーム・ラウントリーによって編み出された。この手法においてラウントリーは、まず、ヨークの特定の地域で暮らす貧しい人々の生活を細かく観察し、各世帯の状況を記録していった。そこには、「子どもの数」「成人の雇用状況」「部屋の数」「水道の蛇口《じゃぐち》と便所を共有している世帯数」も含まれていた。また、ラウントリーは「家がじめじめしている」のみならず、「汚れている」「散らかっている」「雰囲気が暗い」といった点まで記録することも重要と考えていて、「耐えられないほどの悪臭」とまで記録している場合もあった。[2] さらには、「私が訪問したとき、母親のみならず子どもたちまでもが酒に酔っていた」ということも、細かく記録していた。[3] それに加えて、より体系的な調査を目標としていたラウントリーは、それらの世帯がどれくらい、そして何にお金を使っているのかも細かく書き留めていた。これは、「生活と基本的な尊厳をただ維持するために必要な一週間の金額には、最低ラインがあるようだ」という、彼自身の考えによるものだった。これが、貧困を純粋に金銭的な事柄として測定することの始まりだった。この考え方に基づくと、世帯に入ってくる金額が「貧困ライン」、つまり最低基準値を下回っていると、その世帯は貧困とみなされた。

ラウントリーが一九〇一年に定めた貧困ラインは、「パンを焼くための材料費」「家賃」「燃料費」「最低限必要な衣類」に基づいて算出されていて、その金額は「週二一シリング」だった。それに対してブースの地図は、場所によっては不思議に思えるほど個人的な見解によって分類されているように見える。たとえば、ホワイトチャペルのコマーシャル通りから一本入ったところの、「余裕がある」「生活に不自由のない階級と貧しい階級が混在している」家並みのうちの一軒だけが、「凶悪、犯罪者並み」と評されているのはどういうわけだろう、と考えてしまう。実際、ブースの地図の調査ノートには、その近辺の通りについて、「ご婦人方は『イーストエンドっぽい身なり』をしている」【貧困層が多い地域だった「イーストエンド」には軽蔑的な意味が含まれていた】などとも書かれている。[4] このように、当時重要だと思われていた情報には、当時抱かれていた偏見も反映されている。

「基本的な衣食住のニーズを満たすために必要な収入は一定の値で、それを下回っている人々は貧困状態にある」という考え方は、今日においてもなお、貧困を測るおもな手法を支える原則となっている。第二次世界大戦後、国際連合（国連）、世界銀行、国際通貨基金（ＩＭＦ）といった国際機関が、貧困についての世界共通の指標づくりに懸命に取り組みだした。そのためには、「基本的な衣食住のニーズ」という発想を、あらゆる具体的なものと切り離さなければならなかった。さまざまな国における生活必需品一式の価格を調べていくなかで、研究者たちは、その多くが年間およそ三七〇ドルに相当することを突き止めた。そして、伝えられるところによると、夕食中にこの件について考えを巡らせていた経済学者のマーティン・ラヴァリオンが、「一年は三六五日だから、この『必要最低ライン』は『一日一ドル』という覚えやすい数字に言い換えられる」と思いついたそうだ。[5]

この「一日一ドル」に基づいて、「国際貧困ライン」が定められた。要は、「一日一ドル」に相当する金額を、「しかるべき生活水準を維持するために必要な金額」の基準とするという意味だ。ただし、この「一ドル」を他国の状況に合わせて現地の通貨に置き換えるのは、為替《かわせ》レートを使ってドルを現地通貨に替えることと同じではない。ここでの「一ドル」とは実際のドルではなく、それがもつ「購買力」、つまり「米国において一ドルで買えるもの」を表している。経済学者たちは複雑な算出方法を使って各国の購買力を計算し、それに基づいて世界共通の国際貧困ラインを調整、維持しつづけている。「絶対的な」貧困ラインとされるこの国際貧困ラインは、一九八〇年代以降インフレとともに上昇し、現在では「一日一・九ドル」になっている【二〇二二年九月に「一日二・一五ドル」に引き上げられた】。

とはいえ、「一日一・九ドル」を貧困ラインとするのは、富裕国では現実的ではない。国が豊かになるにつれて、「基本的な衣食住のニーズ」とみなされるものが増えていくからだ。英国では、一九五一年には、ラウントリーの貧困調査で定められた「基本的な衣食住のニーズ」に、「交通費」と「ラジオ」の費用も加えられた。さらに二〇一〇年には、「テレビ」「電話」「インターネット接続」「毎年一週間の休暇」の費用も加えられた。[6]

人は、ほんのわずかなものだけで生きていけるのに、なぜ「基本的」と呼ばれている物のリストに新たな物を加えつづけるのだろうか？　簡単にいえば、人生とはただ生きつづけるだけのものではないからだ。「携帯電話」や「たまに行く外食」の費用をリストに加えるのは、「ただ生き延びる」のみならず、「社会生活」も尊重していることを示すためだ。

　近年、「人はパンのみにて生くるものにあらず」という発想から、研究者たちは貧困を「多面的なもの」として捉えるようになった。世界銀行は豊かな社会生活を満足に送れていない人々を捉えるために、現在では「社会的貧困」を測るようになった。[7] 国連は「ミレニアム開発目標」のなかで、貧困を「さまざまなかたちで世界から『取り残された』人々」と捉え直した。そうした目標の最新版である「持続可能な開発目標（ＳＤＧｓ）」では、貧困に「年金などの社会保障給付金を受け取れていない」「土地を所有する権利がない」「気候による災害に脆弱《ぜいじゃく》」といった項目が加えられた。ここ英国においても、貧困や不平等をさまざまな面で測ろうとする同様の動きが起こり、その結果、「社会指標委員会」「イングランド剝奪《はくだつ》指標」「社会移動指標【人々が社会での地位をどの程度自由に改善できるかを示す尺度】」などがつくられた。[8]

　人生のあらゆる側面を細かく見ていくこうしたやり方とは別に、ある人が貧困状態であるかどうかを判断するために、その人がほかの国民と比べてどの程度の経済的な余裕があるのかという、「相対的な」物差しを代理変数として利用する手法もある。この手法は英国でも使われていて、収入が所得の中央値の六割未満の人は「低所得」とされている。二〇一八〜二〇一九年度においては、税引き後の週給でおよそ三〇八ポンド（約四万二九〇〇円）がそれに相当した。[9] この定義の利点は、「必要最低ライン」をどう定めるかにさほど囚われなくていいことだ。「『貧しい人』とは、単純に収入が最も少ない人」という考え方が、この世界をより現実的に反映していることは、ほぼ間違いない。

前章で見てきたとおり、何かを測る方法によって解決策が変わってくることがある。貧困を「『一日一・九ドル』以下で暮らしている人々」という物差しで測れるなら、「最も貧しい人々にもっとお金を与える」ことにつながる解決策を模索することになる。それはたとえば、「社会福祉給付金の増額」や、もっといえば「ユニバーサル・ベーシック・インカムを提唱する」といった策かもしれない。または、貧困を常に「相対的な」ものとして捉えているのであれば、それは「真の問題は『不平等さ』である」と示唆していることになる。そして、貧困を純粋に収入という観点から測ったとしたら、経済と結びついた解決策を模索する可能性が高いはずだ。一方、「社会生活は人生に不可欠な要素」と考えているのなら、「賃金を引き上げる」という解決策だけでは満足せず、「レジャー活動を行う」「公《おおやけ》の場の議論で発言する」といった機会を、貧しい人々も必ずもてるような策を編み出そうとするだろう。

明確に定義できないものを捉えるために使われている代理変数は、ほかにもたくさんある。広く使われている優れた代理変数の一つは、「平均余命」だ。平均余命は出生と死亡のデータを利用して算出されているため、一般的に信頼性が高いとされている。しかも、健康あるいは不健康な状態で生きた場合の「最終結果」も捉えているため、物事がよくなっているのか悪くなっているのかを判断するうえでの優れた代理変数になっている。不平等さの計測では、集団のなかで富がどの程度平等に分配されているかを数値化した、「ジニ係数」が使われている。貧困と不平等からの脱却の難しさを測る場合は、社会移動指標が用いられる。さらには、国家の腐敗の度合いを数値化して測ろうとする試みまでなされた。[10]

散らかった世界を整頓する

とはいうものの、そのようにきれいにまとめられた図式は、現実から乖離してしまう恐れもある。たとえば、収入がなくても、必ずしも貧困状態に陥っているとはかぎらない。多くの人は、収入が減ったときでも生活を維持できるよう貯金をしている。ほかにも、収入や貯金がとても少ないために、書類上では「貧しい」ように見えても、すでに住宅ローンを払い終え、もう旅行もしなくなったので、なんの不自由もなく生活していけるという例もある。

不思議なことに、標本調査では、「あなたは自分が貧しいと思うか」「貧困にあえいでいるか」などとは、まず問われない。ちなみに、英国労働組合会議が組合員に対して行った二〇一九年の標本調査では、労働者の五人に一人が、「家計をやりくりするために、食事を抜くことがある」と答え、三人に一人が「五〇〇ポンド（約六万九六〇〇円）の予期せぬ請求が来たら支払えない」と答えたことが明らかになった[11]。これは全国民を代表する標本調査ではなかったが、どのような尋ね方が適切だと考えられているかを示す一例だ。

一方、ある標本調査では、五一％が「自分は労働者階級に属している」と答えたという[12]。「わからない」と回答した人も多かったことから、両者を合わせると、「自分は中産階級に属している」（三九％）と答えた人をかなり上回る結果となった。それとは別に、世帯の稼《かせ》ぎ頭《がしら》の職業に基づいて人々を分類するための確立された手法もある。「NRSソーシャルグレード」

と呼ばれているこの分類法では、「A――上流中産階級。経営幹部、上級管理職、あるいは専門職」から、「E――非就労。国からの年金受給者、最低賃金レベルの臨時雇用者、または国からの手当のみで暮らしている失業者」までの等級がつけられている*【等級は、A、B、C1、C2、D、Eの六段階】。ちなみに、ブースの分類に出てくる「凶悪、犯罪者並み」階級は登場しない。

NRSソーシャルグレードは、通常、「ABC1――中産階級」と「C2DE――労働者階級」の二つのグループにまとめられていて、市場調査員によって、半数以上（五五％）の人々は「中産階級」に分類されている。そこで調査会社のユーガブ社が、回答者本人が所属していると思っている階級と、彼らの職業に応じた階級を比べたところ、さほど一致していなかった。具体的には、職業によって「中産階級」に分類されていた回答者の四一％は、自分を「労働者階級」とみなしていた[13]。どうやら、階級帰属意識とは、現在の職業に基づいているものではないようだ。もしかしたら、先祖や家系に基づくものなのかもしれない。あるいは、人々が抱いている「中産階級の職業」のイメージが、NRSソーシャルグレードと大きくずれているかだ。

ただし、貧困については、確かに定義の境界線は曖昧ではあるが、たとえばある人を貧困かそうでないかに分類する際に完全に判断を誤ったとしても、その間違いに気づくのはかなり簡単だと思われる。同様に、たとえば王室のメンバーが、「自分は労働者階級だ」と訴えること

* NRSはこの分類が初めて使われたNational Readership Survey（全国読者層調査）の略称。

は絶対にないはずだ。だが、物事のなかには、それを測ろうとするための手段がうまくいっているのかどうか、判断しにくいものもある。それゆえ、私たちは測定結果を額面どおりに受け取りがちだ。

二〇一二年、研究チームが世界じゅうの幸福度の測定を試みるプロジェクトを始めた。そうして誕生した「世界幸福度報告」では、全般的な生活満足度に関するギャラップ社の世論調査の結果に基づいた各国の順位が毎年発表されている。研究チームはさらに、「国の豊かさ」「平均余命」「寛容さ」「社会的支援」「自由」「腐敗」といった各要因が、人々の幸福度にどの程度寄与しているのかも推測した。この報告では毎年、北欧諸国（デンマーク、フィンランド、アイスランド、ノルウェー、スウェーデン）が上位を占めている。そのため、二〇二〇年の世界幸福度報告では、この理由についての分析が行われた。

その結論は、「北欧諸国の特徴として挙げられるのは、『うまく機能している民主主義』『効果的な手厚い社会福祉給付金』『犯罪と腐敗の少なさ』『自由であると感じ、お互いおよび政府機関を信用している、生活に満足した市民』といった、よき社会にとって重要な制度的・文化的要因が、相互に影響しあって好循環を生んでいること」だった。これは非常にすばらしいまとめであり、確かにそのとおりだ。ただし、ここで挙げられているのは幸福度指数の一面にすぎない。たとえば、「北欧諸国の人々は人生に対する姿勢が他国と比べてより前向きであり、不満に感じることが少ないために、どんなことについてもきわめて高い評価をつけようとする」という理由だって考えられるのではないだろうか。

世界幸福度報告以前にも、幸福度を順位づけしようという試みは行われていた。エラスムス・ロッテルダム大学の「世界幸福度データベース」もその一つだ。その調査では、国民の七四%が貧困状態にあると推測されているマラウイ共和国が、それにもかかわらず「アフリカで最も幸せな国」であることが示された。さらに、マラウイの人々は同調査の標本で最も貧困率が低いカメルーンの人々よりも、はるかに幸福度が高いこともわかった。[14] これはつまり、マラウイの人々は貧しい暮らしを苦と思っていないか、あるいはこの指標がマラウイとカメルーンにおける「幸福度」の違いをうまく捉えられなかったということだ。後者の理由は、さほど驚くべきものではない。外国をよく訪れる人はいうまでもなく、国内でもさまざまな地域を訪れた経験が多い人なら気づくことだが、その土地で暮らす人々が「自分自身が受けている苦痛を苦痛と認める気や、声を大にしてその苦痛を訴える気があるかどうか」には、文化的な差がある。一部の文化では、幸せで快適に暮らしているふりをする習慣が深く染み込んでいる。さらに、一部の国では、「自分は不幸せだ」と認めて暗に国を批判することは許されておらず、それどころか危険を伴う恐れもある。

英国国家統計局が英国全体の幸福度ランキングを作成したとき、マスメディアはランカシャー州のリブルバレー地区が一位になったことを大々的に取り上げた。ある新聞社は同地に記者を派遣して地元住民へのインタビューを行い、幸せに暮らす秘訣を探り出そうとした。[15] そのなかで、住民の一人は、「この地の人々は物をたくさん所有することより、自分らしく生きることに大きな喜びを感じているのではないでしょうか」と的確に指摘していた。また、「静かで平和な環境」「田舎でありながら都会への交通の便が抜群にいい」、さらには「パブの食事がおいしい」ことも、並外れて幸福な生活が送れる要因として挙げられた。

とはいうものの、この結果をうのみにするわけにはいかなかった。なぜなら、幸福度ランキングの下から二番目、つまり「英国で二番目に不幸せな場所」に選ばれたのが、リブルバレー地区のすぐ隣にあるサウスリブル地区だったからだ。もしかしたら、並々ならぬ熱意で人生を楽しんでいるリブルバレー地区の住人たちの陰でひっそりと暮らしている近隣地区の人々は、自分自身が並外れて不幸に感じるのだろうか。あるいは、これらの結果は、たまたまにすぎなかったのかもしれない。ちなみに、最下位になったサリーヒース地区は、英国で最も豊かな地域の一つであり、多くの緑に囲まれながらも都会への交通の便に優れている。

こうした幸福度の研究者たちは、ダニエル・カーネマンが「自分が見たものがすべてだ」と呼ぶ、誤った考え方に囚われてしまっていたのかもしれない。それは、「起きているらしきことを説明するには、自分の手元の情報だけで十分だ」と思い込むというものだ。北欧諸国は世界で最も幸福であるとともに、自殺率がヨーロッパのなかで最も高いほうである。[16] また、犯罪率については、確かにノルウェーはかなり低いが、スウェーデンとデンマークは平均的で、フィンランドはかなり高い。[17] こうした情報が加わると、幸福度調査の結果に対する捉え方が変わるのではないだろうか。

とはいえ、こうした幸福度ランキングがあまり意味をもたないことについて、さほど気にする必要はない。なぜなら、私が知るかぎり、地方自治体の特別予算や国際援助をどこに割り振るべきかを、これらのランキングに基づいて決めようと提唱している人は誰もいないからだ。

一方、貧困を測定するために作成されたデータセットである「イングランド重複剝奪指標」は、学校の運営資金計画の策定や、医療計画の優先順位づけに利用されている。この指標は、収入、雇用、教育、医療、犯罪、住居、生活環境における剝奪に基づいて、小地域単位で順位づけをしようとするという、とてもすばらしい試みだ。特に優れた点は、このデータセットの作成に使われる元データの多くは、推計に基づいたものではなく、「各種施設への車での距離」「学校の試験結果」といった、実際の数値を集計したいわゆる「ハードデータ」だということだ。ただし、警察犯罪認知件数や、一〇年も前の国勢調査における「英語が話せる人の数」「セントラルヒーティングがついていない住居数」の推計といった、元データにすべきかどうか考えてしまうデータも一部含まれている。

さらに、ロンドン中心部の超高級ホテル「ザ・サヴォイ」やロンドン・スクール・オブ・エコノミクス【特に経済学で高い評価を得ている、世界有数の大学の一つ】のある地域が、「最も剝奪されている地域」の上から二番目のグループに入っているといった、不可解な点もある。[18] どうやらこれは、その地域は住宅費があまりに高額で個人で住める人が限られているため、住民の多くが長期滞在用公営住宅の居住者であることに加えて、屋外環境や犯罪といった面で評価がよくなかったことが原因のようだ。ただし、その地域には巨額の高級マンションもある。ロンドンは大金持ちと貧困層が同じ通りに住む都市であり、何百万ポンドもするテラスハウスと手入れされていない団地が隣り合っている。散らかった世界を把握するために整頓しようとしても、その方法が現実にそぐわない場合もある。

ミーガン・デュ・ボワソンとベリト・ムーアは、それまで『ガーディアン』紙に投書したことはなかった。だが一九六五年、ともにサリー州のゴダルマイニングに住んでいた友人同士の二人は、社会保障制度における格差に関しての同紙の記事を読み、特定の格差について広く関心をもってもらいたいために投書することにした。それは、障害者手当についてだった。

デュ・ボワソンとムーアは、ともに多発性硬化症を患っていて、この先症状が進んでいけば家族の世話ができなくなってしまうことがわかっていた。一九六五年当時、障害者に対する給付金は仕事中の事故、あるいは戦争での負傷に対する就業不能給付金しかなかったため、二人とも申請できなかった。そこで二人は同紙に送った手紙のなかで、国からの障害者手当を求める運動を行うための「障害者手当団体(DIG)」を設立したいと表明した[19]。

その後、二人の「DIG主婦」は、さらに何千通もの手紙を送り、国会や首相官邸でロビー活動を行い、最終的には「介護手当」と「移動手当」という、二つの新たな手当が国から支給されることを目指す運動に協力するようになった。デュ・ボワソンは一九六九年に亡くなる直前のインタビューで、「私のような人にも、なんらかの手当が国から支給されるべきなのは言うまでもありません」と語っている。「でも、私には何も支給されません。なぜなら、成人のなかで主婦だけが、病気や障害に関するどんな社会保障の対象にもなっていないからです[20]」。

障害者手当の支給が開始された初年度には、一四万三〇〇〇人が無事に受け取ることができた。一〇年後、年度末の総受給者数は六〇万人になった。一九六九年当初に推定されていた総受給者数は一五〇万人だったが、実際にその数字が記録されたのは、約二〇年後だった。[21]

一九九二年、それまでの障害者手当は「障害者生活手当（ＤＬＡ）」と名称変更され、学習障害や視覚障害といった、より軽度な障害をもつ人々も給付対象となった。[22]そして、認定のための検討材料には、自分自身の活動能力に障害がどの程度深刻な影響を与えているかについての、本人の判断も含まれるようになった。二〇一〇年代には、五〇〇万人がこの手当を受け取っていた。

そのころになると、「この手当の受給者が多すぎる」という意見が一部から出るようになっていた。二〇一三年に連立政権が障害者生活手当の代わりとなる「個人自立手当（ＰＩＰ）」を導入した理由の一つは、受理件数を減らすという明確な目標があったことだった。この件について、労働・年金省は二〇一〇年に、「増えつづける受理件数と支出は、現行の制度ではもはや維持不可能だ」と訴えた。さらには、「手当の資格認定についての判断は、その半数以上で、さらなる裏づけとなる医師の所見なしに、申請書の内容のみに基づいて行われている」とも指摘した。[23]この「半数以上」は誤りだったことがのちに判明したが、「手当を申請する人の多くは、自己申告による申請書に大げさに記入して目的を達成しているに違いない」という疑惑は消え去らなかった。

障害者生活手当を受給していた人はみな、個人自立手当を再申請しなければならず、たとえ旧制度で永久認定されていても例外ではなかった。また、個人自立手当においては、不治とされる病、徐々に症状が悪化していく病、末期の病の場合でも永久認定はされなかった。
この新たな制度の目的は、不適格な申請の却下を強化することのはずだったのだが、実際の規模は旧制度と大差なかった。二〇一三〜二〇一四年度の総受理件数はやや減ったが、二〇一五〜二〇一六年度は過去最多となった。[24]
これは、不適格な申請者の数が予想されていたよりも少なかったためかもしれない。あるいは、資格認定基準には解釈の余地が常に残されているという事実が、避けて通ることができないものだからかもしれない。
手当の減額または打ち切りという決定に対して不服の申し立てをした人の四分の三が裁判で決定を覆《くつがえ》せたという事実は、資格認定基準に対する労働・年金省や労働審判官の解釈が、担当部門と異なる（あるいは個人の証言を別の観点から判断する）場合もありうることを示していた。[25]
また、受理件数が年を追って増えつづけた理由には、支給対象範囲がどんどん拡大されていったこともある。とりわけ、精神疾患（精神障害）をはじめとする多くの種類の障害が、国からの支援対象とみなされるようになった。そしてさらに、資格を認定するうえでの「重度」の基準も変化したと思われる。だが、「手当の支給を認めるか認めないか」という事実上二者択一の状況において、曖昧な領域がここまで大きくてもいいものなのだろうか。
曖昧に定義された概念に対して、基準点を厳密に定めるのは適切ではない。確かに、障害が人生に影響を及ぼす深刻さの程度は人によって大きく異なる。そのため、各種等級に応じた障害手当が用意されている。それでもなお、結局行き着くところは「手当をもらえる」か「もらえない」かのどちらかだ。そして、ぎりぎりのところで認められなかった人たちにとっては、こうした資格認定の判断は恣意的《しいてき》なものに見える。

二〇二〇年一二月。一人の子どもの死因について、大気汚染も一因であるという判決が検視法廷で出された[26]。これは英国において、大気汚染が特定の人の死に関連づけられた史上初の判決だった。とはいえ、粒子状物質による大気汚染への長期的曝露が原因で亡くなったと考えられる人はイングランドでおよそ二万五〇〇〇人と、各種公式統計データによって推計されている[27]。

では、それまで一度も死因と正式に認められてこなかったことについて、これほど強気な数字が出せるのはなぜなのだろうか。端的にいえば、この推計は大気の汚染状態のデータと、長期的曝露が人間の健康に与える影響に関するデータを利用して算出されている[28]。だが、このようにさまざまな「要因」から特定のものを抽出しようとするのは、このうえなく煩雑な作業だ。大気汚染がひどい場所は、スラム街などを含めた都心近接地域である可能性が高く、そこは貧困、肥満、病気の度合いも高いからだ。それでも、「『大気汚染による』死者の数は年間二万五〇〇〇人」という数字が出されたら、なんの疑問も抱かれずにあちこちで引用されるのは当然のことだ。

それだけの価値があるから

「バッドデータ」がはびこる恐れがきわめて高い例は、政府が何かの重要性や価値を測ろうとする場合だ。そうした測定は、新たな政策が打ち出されるたびに行われる。通常、新たな政策案では、「二万人の警察官を新規に採用する」「刑務所の収容人数を二〇〇〇人増やす」「教育のために一〇億ポンド（約一六一九億円）の予算を追加する」というように、目標が数字で示される。そして、新たな政策を提案する際に最も重要なのは、その案には「支払う金額に見合うだけの価値」があると証明することだ。それは結局のところ、この変化を起こすためにかかる費用と、それによって将来得られる利益や削減できる費用とを比較検討することになる。

あるものの費用対効果を数値化する試みでは、科学的な手法を用いても正確な結果が出づらいものだ。なぜなら、通常は、提案した政策が実施された場合に、どんなことが起きてどんなことが起きないかについて、いくつもの予測を立てなければならないからだ。さらに、さまざまなシナリオを思い描いたり、自身の政策がもたらしかねない連鎖反応や意図せぬ影響などを想定したりしながら、起こりうる問題を検討することも求められるからだ。

でも、たいていの場合、結局はお金に行き着く。なぜだろうか。もしかしたらそれは、重要性を判断するために使えそうな手段が、ほかにないからかもしれない。もしくは、あるものに価値があるかどうかを判断するための手段もお金しかないのかもしれない。それとも、結局のところ何が最善かを決めるために役立つ方法は、ほかにあるのだろうか？

たとえば、特定の政策変更に関して、各々にもたらす幸福度の大きさによって重要性が測られている社会で暮らしているとしよう。そこでは、人々は政策変更前と変更後に渡されるアンケート用紙に、そのときの自分の幸福度を記入する。さらには、政策変更の影響を受けない集団を当初からつくっておくという「対照実験」で効果を測定することもできるだろう。だが、この章で取り上げたとおり、幸福度を測るのにはいくつもの問題がある。しかも、これまでの章で見てきたように、人々に対して正しい方法で標本調査を行うのは難しい。そのため、読者のみなさんは当然ながら、政策変更の効果を幸福度で測るという方法には無理があることを、すでによくわかっているはずだ。

政策の変更によって負け組が出るのは、珍しいことではない。そして、負けた側に立たされてしまったのが、不満の声を最も大きく出せる人々だったというのもよくあることだ。そんな場合、純粋にお金の観点から状況を説明するというのは、彼らの怒りや不満を和らげるために役立つ方法だ。

熱意にあふれていても、じつは単に推論を述べているだけの説明よりも、自分自身の主張の正しさを純粋に数字だけで示そうとするほうが客観的に思える。だが、統計データの客観性は、当たり前のように見えてじつは幻想にすぎない場合もある。このあとの例からもわかるように、もっと細かく調べてみると、数字に基づいた大胆な主張にはなんの根拠もない場合もある。

政府は実施する政策の正当性を、費用がいくら削減できるかというかたちで証明しなければならないと思っている。だが、政府の予測はたいてい間違っているし、しかも現実離れしていることが多いため、かえって墓穴を掘ってしまうはめになる。

二〇〇一年九月一一日、米国同時多発テロが起きた。英国内務大臣のデイヴィッド・ブランケットは、見るからに神経を尖らせていた。「同様のテロ攻撃が英国内で起こらないようにするために、内務省はどういった対策をしているのか」と、繰り返し尋ねられていたからだ。内務省ではさまざまな案が飛び交い、激しい議論が繰り返されていた。

案が書かれたメモの嵐のなかには、書類棚の奥から誰かが見つけて引っ張り出してきた昔の案もあった。それは、英国に居住するすべての人に国民ＩＤカードを持たせるというものだった。

ブランケット内務大臣は、その案を推し進めることにした。国民ＩＤカードを導入すれば、個人情報窃盗《せっとう》という「商売道具を手にするためのテロ集団のお家芸」を防げて、テロ活動との戦いに役立つのに加えて、薬物犯罪、人身売買、売春の阻止にも効果がある、というのが大臣の主張だった。また、政府によると、テロ集団以外の犯行も含めた個人情報窃盗への国の年間対策費用は一三億ポンド（約二四六一億円）にものぼっていて、国民ＩＤカードはそれらの犯罪の防止にも役立つという。さらに、年額およそ五〇〇〇万ポンド（約九五億円）にのぼる給付金詐欺のみならず、不法就労、不法入国、国民保健サービスでの無料医療を目的とする入国および、資金洗浄の防止にも効果が期待できる（毎年発生していた三億九〇〇〇万ポンド（約七三八億円）の損失を防げる）ということだった。[29]

国民ＩＤカードの構想が初めて持ち上がったのは、はるか昔のことだ。だが、この政策を推進するにあたって、これほど多くの利点がうたわれたのは初めてのことだった。英国では第二次世界大戦中、人々が国民ＩＤカードを携帯するよう義務づけられていたが、戦後まもなく廃止された。その後、再び国民ＩＤカードの導入が検討されるようになったのは、一九八〇年代に入ってからだった。そのときの理由は、「暴力的なサッカーファン」と「一般的な犯罪」に対処するためだった。一九八九年に、ある議員が提出した議員法案での主張は、「国民ＩＤカードを再導入することで、犯罪、薬物、学校のずる休み、未成年者の飲酒、不法入国、テロ行為の問題に対処できるようになる。そしてもちろん、暴力的なサッカーファンたちにも」というものだった。[30]

一九九〇年代初め、国民ＩＤカード導入の問題についての政府内での意見は分かれていた。ジョン・メージャー首相をはじめ、安全保障上の利点から導入に傾いていた派もあれば、国民ＩＤカード導入は不要な欧州統合をますます促進することになるとみなす派もあった。[31]そして一九九六年になるころには、内務省特別委員会なども国民ＩＤカード導入を熱心に支持するようになっていた。同委員会では、議員法案で挙げられた利点に加えて、「公務員を騙《かた》った偽電話、詐欺ではない軽犯罪、未成年者に対する酒類や煙草《たばこ》の販売への対処や、選挙の事務手続き、旅行の手続きの円滑化にも有効である」と判断された。[32]ところが、一九九七年に首相になったトニー・ブレアが、国民ＩＤカード導入に賛同しなかったため、構想は途絶えた。

今回の賛成派の意見をまとめると、国民IDカードとは、「多くの細菌に有効な『広域抗生物質』のようなもの」だそうだ[*33]。彼らにとって国民IDカードの導入は、社会のほぼすべての悪(少なくとも内務省が対処すべき範囲内のもの)に対する万能の解決策に見えた。二〇〇六年、政府は「国民ID登録簿」の作成に取りかかるための法を成立させた【このときの首相もトニー・ブレア】。これは、対象者全員に個別の番号が与えられ、希望者にはカードも発行されるというものだった。

だが、この導入計画は、結局のところたいして進まず、二〇一〇年に同法が廃止された時点で発行されていたカードは、わずか一万五〇〇〇枚程度だった。英国のあらゆる問題の解決策と期待されていたものが、とりたてて成果を出さないままごみ箱行きになってしまったのはなぜなのだろうか。その責任の一端は、「バッドデータ」にあった。

成りすまし犯罪による納税者の負担が、年間一三億ポンド(約二七八六億円)にものぼっていたことは推計されていたが、うたわれていたほかの利点に関することについては、どれも一度もきちんと数値化されていなかった。それらに対して政府はインパクト評価を行わなかったため、たとえば「不法就労者や国民保健サービスでの無料医療を目的とする入国者を減らせたことによって、将来的にいくら損失が防げるか」について、世間が状況を把握したり批判したりできるような具体的な情報は何もなかったのだ。

また、国民IDカードの導入計画の支持者たちは、住民全員が一つずつ番号をもつことで実現する「完全な住民登録簿」には、データを国民保健サービスや国民保険といったほかの記録システムに紐づけられるという、きわめて大きな利点があることを強く訴えなかった。第一章で取り上げたとおり、英国ではいまなお、正確な出入国者数も把握できていなければ、すべての大都市に加えて一部の市の人口さえも、まったく摑めていないのだ。「より効率的なシステムがあれば、どんなことがどれくらい軽減できるか」について、なぜ数字を出せなかったのだろうか。公務員たちは、日々の管理業務においてさえも、統合されていない各システムから大量のデータを、きわめて多くの時間をかけて苦労しながら拾い出さなければならない。「その作業が不要になることで、労働時間を毎年どれほど削減できるか」について、なぜ数字を出せなかったのだろうか。

一方、実際に議論の対象になりえたほぼ唯一の具体的な数字は、国民IDカード制度自体を立ち上げるための費用だった。当初の見積もりでは、一三億ポンド（約二四四三億円）から三一億ポンド（約五八二六億円）のあいだに収まるはずだった。[34] ところが二〇〇七年には、一〇年にわたる制度立ち上げ費用の概算は五七億五〇〇〇万ポンド（約一兆三五四八億円）になっていた。すでに評判が下がっていた国民IDカード導入計画に、年間およそ六億ポンド（約一四一四億円）もの税金が使われていることが判明すると、政府は大打撃を受けた。

政府には、導入計画の有効性を示すために打てる手が一つも残されていなかった。大雑把な

＊『*The Blunders of our Governments*（我々の政府が犯した失態）』の著者であるアンソニー・キングとアイヴァー・クルーによるたとえ。

計算による、個人情報窃盗への対策費用の金額以外に、政府が出せたデータは世論調査の結果のみだった。初期のころの調査は、世間が国民ＩＤカード導入案を強く支持していたことを示していた。二〇〇三年九月の調査では、回答者の八〇％が国民ＩＤカードの導入に賛成していて、さらに、「国民ＩＤカードの導入は、国民保健サービスでの無料医療を目的とする入国、犯罪、不法入国、給付金詐欺の防止につながると確信している」と答えた人も同程度だった。[35]そして、二〇〇六年の調査では以前ほどの盛り上がりはなかったが、それでも五二％が導入を支持していて、ほぼ六〇％が「国民ＩＤカードは当初の目的を達成する」と信じていることが明らかになった。[36]

とはいえ、二〇〇三年においてさえ、疑問の声は多少なりともあった。「個人情報は機密として保持され、政府外の人々と共有されることはない」との説明について、回答者のほぼ半数（四九％）は、「信じない」と答えていた。[37]二〇〇六年の調査では、三分の二が「どんな政党による政府も、個人情報を機密として保持できるとは思えない」と回答した。[38]また、「国民ＩＤカードは、テロ行為の脅威を減らすためになんらかの役に立つ」と答えたのは、五人に一人程度にすぎなかった。さらに、五人中四人が「英国は『監視社会』になりつつある」と回答していて、「この国は独裁者による監視国家へ向かっている」という人権擁護運動家たちが蒔《ま》いた不安の種が、かなりの影響をもたらすようになっていることも示された。[39]

結局のところ、この国民ＩＤカード導入計画は奇妙な出来事だった。政府はこの構想にそれほど乗り気ではなかったにもかかわらず、その一方で計画を推し進めようとする意欲はあった。

そして、実施した世論調査の結果から、世間が国民IDカード導入を大いに求めていると判断し、それを何十億ポンドもの費用を正当化するための拠り所にした。

二〇〇五年、国民IDカード導入計画の擁護に努めていた内務省委員会の議長は、「『この計画がすべての問題に対する万能薬でないのなら、やる価値がない』という極端な意見ばかりで、話し合いが進まない」と嘆いた。[40] しかし残念ながら、とうてい果たせないほど壮大かつ漠然とした公約を掲げたのは、そもそも議長自身が所属している政党と政府だったのだ。

政府は根拠の薄いお粗末なデータを利用して、壮大な費用対効果の見積もりを出す癖がある。そうしてしまうおもな理由は、公約に掲げようとすることが、数々の予測のみでつくられた将来のシナリオ（モデル）にすぎないからだ。そうした内密かつ危険なやり方については、第六章でさらに詳しく取り上げる。ここでは、「非常に具体的な約束をするということは、叩かれるための棒を野党に与えることでもある」と言うに留めておこう。

すべてを得ることの価値と、すべてを手放すことの代償

政策の導入にかかる費用の見込みを立てる「政策原価計算」は、データを本来の目的を超えた用途で使おうとする点において、誤ったデータ利用法の事例の宝庫と呼べるものだ。

二〇一三年、連立政権は再犯防止の問題に取り組もうとした。「現行の制度では、社会復帰がうまくいかずに、刑務所で一生を送ることになる人があまりに多い」というのがその理由だ

った。この新たな再犯防止策にかかる費用の見込みは、年間一五〇億ポンド（約二兆二九〇五億円）だった。

民間企業に委託するほうが効率的だという考えに基づいて、「保護観察サービス」は一新された。この変更は納税者にとって、今後七年間で「一〇四億ポンド（約一兆五八八一億円）」の費用削減になるとされていた。私と同じく、読者のみなさんがこの数字に疑問を抱くのは当然のことだ。政府がどのようにしてこの巨額の費用削減見込みを算出したのかは、はっきりしなかった。だが、これほど途方もなく大きい数字を提示するということは、いちかばちかの賭けに出たということでもある。そしてそれは、期待されていた結果をもたらさなかったのだ。

二〇一九年には、改革は後退の一途をたどっていた。保護観察サービスは再度公営化された。民間企業との契約を予定より早く打ち切ったことによって、結局、納税者にとっては当初の計画より四億六七〇〇万ポンド（約六五〇億円）の負担増となった[41]。ただし当然ながら、この数字を当初の約束である「一〇四億ポンドの費用削減」とすぐに比べるのは早計であり、計測可能な効果があったかどうかを、まず判断しなければならない。とはいえ、あのようなきらびやかな見込みが世間に示されていたのだから、比べてしまうのは無理もない。結局、司法省は二〇一九年に、再犯防止策の年間費用の見込みを一八〇億ポンド（約二兆五〇六七億円）に上方修正した[42]。

ここでの問題は、この政策が優れたものであったかどうかではない。「再犯防止策の費用」の定義があまりに大まかすぎて、費用対効果を管理しようがないことが問題なのだ。たとえこの政策が計画どおりに進んでいたとしても、それがいくらの費用削減につながったのかを証明できる手立ては何一つない。というのも、保護観察サービスによってできることの範囲をはるかに超えた、あまりに多くの要因が犯罪率に影響を及ぼしているからだ。

ちなみに、内務省は犯罪に関連する費用の総額を推計している。最新の情報では、個人における総額は年間五〇〇億ポンド（約七兆三七〇五億円）、企業での総額は年間九〇億ポンド（約一兆三二六七億円）となっている。[43] 簡単にいえば、これらの数字は「犯罪防止のための費用（防犯ベルなど）」「犯罪の被害に遭ったことでかかった費用（盗まれた物品の補償、負傷の治療など）」「犯罪に対処するための費用（警察や刑事司法制度）」を合計したものだ。

これは確かに意欲的な取り組みであり、内容自体は興味深い。だが、こうした数字を使って政策の有効性を示そうとするのは、どう考えてもおかしい。「五〇〇億ポンド」という数字を目の前に突きつけて、「犯罪対策を支持しないのなら、これだけの『費用』がかかってしまいますよ」と言うのは間違っている。「犯罪が『ゼロ』になったから、最後の一つの裁判所も閉鎖されたし、最後の一人の警察官も解雇された」という社会は、地球上のどこにおいても決して実現されることはないと思われるからだ。

それでも、聞く側に強烈な印象を与えたいがために、問題を巨額の関連費用と結びつけて語りたくなる心理は、どうしようもないのかもしれない。精神疾患は経済的コストをより大きく見積って、関連費用は年間一〇五〇億ポンド（約一三兆四三三一億円）にのぼると推計されている。[44] 二〇一三年、各家庭の電気とガス使用量をデジタルで測定する通信機能つき「スマートメーター」を普及させることによって、今後二〇年間で六七億ポンド（約一兆二三一億円）の純利益をもたらすことができると予測された。[45] まさか二〇年先のことまで語るとは！　とはいえ、その七年後の状況を見ると、世界が新型コロナウイルス感染症パンデミックの影響を受ける前でさえ、スマートメーターの普及は技術的な問題ですでに遅れていた。

睡眠不足の労働者は、英国の経済にとって国内総生産（GDP）の一・八六％に相当する年間四〇〇億ポンド（約五兆九〇四八億円）の損失を与えているという。[46] これは単に、朝寝坊をするための口実ではないだろうか（私個人としてではなく、あくまで仕事上の見解だが）。また、「人工知能（AI）は二〇三五年までに、英国に八一四〇億ドル（約九一兆円）の経済効果をもたらす可能性があり、それによって同国の年間成長率は二・五％から三・九％に上昇する」との予測もある。[47] この「可能性」というひと言を加えるだけで、じつに壮大な話を語れてしまう。

しかも、壮大な（なおかつ当てにならない）予測をしはじめると、タガが外れたように突拍子もない話になってしまうのは、なにも金額に関することだけではない。二〇一六年、独立系の運動推進団体「女性のための予算案作成団体」の研究者たちは、すべての幼児に無償保育を提供するための費用を推計した。それによると、年間の総費用見込みは五五〇億ポンド（約八兆一一九一億円）だが、その八九％から九五％は、両親がフルタイムで働けるようになることで増える税収でまかなえるという。さらに、この策によって、保育関連のフルタイム雇用が新たに「一七〇万件」創出されうるという見込みまで出された。[48] これらのシナリオには未知の要因がとにかくあまりに多いため、実現はまずありえないだろうし、それどころかもはや滑稽《こっけい》にさえ思える。このシナリオに基づいた政策の実施を唱えるのは、あまりに誠意に欠けているのではないだろうか。

二〇一六年春。イングランドでは、曲がりくねった生け垣に左右を挟まれた道を進んでいく、目立つ赤色の何かがあちこちで目撃された。それは胸のあたりが赤い野鳥のロビンでもなければ、子狐でもなかった。「英国はEUに毎週三億五〇〇〇万ポンド（約五一七億円）支払っている。そのお金を国民保健サービスに回そうではないか」と車体に書かれたバスだった。

「EU離脱の是非を問う国民投票」は、全国民が「離脱か残留か」に無関心ではいられなかったため、対立を生んだ。しかも、「EUに加盟している」というあまりにスケールの大きな事実がもたらしている恩恵を明確にするのは難しいため、「バッドデータ」が巷《ちまた》にあふれる結果となってしまった。重要な存在ではあるが、もしかしたら高いリスクを秘めているかもしれないEUに残留することについて、「そうする価値があるかどうか」を国民が判断するための、明快で分かりやすい基準は一つもなかった。

問題となったのは、「英国はEUに毎週三億五〇〇〇万ポンド支払っている」という主張が、明らかに間違っていたことだ。この金額は、英国がEUに払い込んだ「拠出金」の大まかな額ではあったが、そこにはさまざまな用途のために英国に払い戻される「リベート」も含まれていた。「EUに毎週三億五〇〇〇万ポンド支払っている」という訴えのなかでリベートについて言及されなかったことは大問題となり、この明らかな嘘に対して私人訴追しようとする動きも国民投票後には実際あったが、結局は失敗に終わった。ただし、リベートについて説明しなかった件は、じつはさほど重大なミスではなかった。それを考慮して再計算したところ、「毎週支払われた金額」は二億七六〇〇万ポンド（約四〇七億円）に下がった。それでも、「この程度下がったところで、例の主張の威力は本質的には変わらない」というのが、大半の感想だった。

それよりも大きな問題は、このわずか一行の訴えが、「英国のＥＵとの金銭的関係はすべて一方向の取引である」と端的に指摘したかのように見えたことだ。ＥＵに「お金を支払う」ことはあくまで等式の片側なのだが、もう片側については何も語られなかったのだ。

リベートを別にしたこの二億七六〇〇万ポンドの大半も、「地域援助」「農家への支援」「大学の研究資金」といったかたちで、英国にすぐに払い戻されていた。こうした支援金は、もしＥＵからの払い戻しがなければ、結局は英国が「自腹で」払うことになったであろうものばかりだ。また、残りの一部は海外開発援助に向けられたが、それについても「ＧＤＰの〇・七％に相当する金額を、毎年国際支援に充てる」と当時の英国が約束していたことを考えれば、結局は英国が支払うお金であることに変わりはなかった。

それに、ＥＵに支払うお金が、本当にすべて「無駄金」なのだろうかという問題もある。投票運動において、ＥＵ離脱派はＥＵとのあらゆる結びつきを解消すると主張していたわけではなかった。そしてその後、離脱に向けた交渉が進められるなかで、ヨーロッパ単一市場に参入するのは高くつくことが明らかになっていった。「ＥＵ圏と好条件で貿易できる」という紛れもない特権をすべて維持するために、なんらかの支払いが発生することは、離脱したところで決して避けられなかったのだ。

じつは国民投票当時、EU非加盟国であるノルウェーがEU市場に参入するために国民一人当たり年間約一〇六ポンド（約一万五六〇〇円）に相当する金額を支払っていることが、各種推計からすでにわかっていた。当時の英国が加盟国としてEUに支払っている金額は、ノルウェーより約二一％多い程度で、国民一人当たり換算では年間約一二八ポンド（約一万八九〇〇円）だった。[49]だが、「国民一人当たり年間二二ポンド（約三三〇〇円）の費用削減」というわずかな金額をうたうよりも、「毎週三億五〇〇〇万ポンド」という数字を出すほうが、離脱を推進するためにははるかに効果的だったのだ。

「三億五〇〇〇万ポンド」という数字が人々の脳裏に焼きつけられるようになってからおよそ一カ月後、英国統計理事会は、「英国がEUに毎週三億五〇〇〇万ポンド支払っているという訴えが、いまだ続いているのは残念である」との声明を出すという異例の措置を取り、その数字は「誤解を招くものである」と述べた。[50]さらに、英国統計理事会は離脱派のボリス・ジョンソンに対して、「例の三億五〇〇〇万ポンドの主張は、公式統計データの明らかな誤用」と公に指摘した。[51]だが、英国統計理事会の激しい怒りをもってしても、状況は変わらなかったようだ。イプソス・モリ社が国民投票の一週間前に実施した世論調査によると、回答者の七八％が例の訴えを聞いたことがあると答え、そのなかの四七％が「あれは本当だと思う」と答えたのに対し、「あれは誤ったものだと思う」と回答した人は三九％に留まった。

「EU離脱の是非を問う国民投票」に向けた各派の運動について事後の批判的分析を行うのは、決して楽しい作業ではない。だがこれは、「統計データは世間に出た瞬間に独《ひと》り歩きする」ことを如実《にょじつ》に示した事例であり、ここで述べないわけにはいかないのだ。あるいは、この事例では「データは死後の世界でも生きつづける」と言うほうが正しいかもしれない。この三億五〇〇〇万ポンドという数字は、葬《ほうむ》り去られるべきものであるにもかかわらず何度も復活しつづけてしまう、いわゆる「ゾンビ統計データ」と化してしまったのだった。

とはいうものの、投票を呼びかける運動では、記憶に残るキャッチフレーズを考え出すことがきわめて重要であり、そういったコピーに数字を使うと大きな効果が得られる。しかも、次の章で詳しく取り上げるが、統計データは利用する側のほぼどんな主張にもぴったり合った使い方ができるのだ。

残留派の投票運動でも、「貿易、投資、雇用、低価格商品をはじめ、ヨーロッパとの経済連携によって実現しているあらゆるものの価値の総計は、一世帯当たり年間三〇〇〇ポンド（約四四万二九〇〇円）に相当している」といった、出所がよくわからない数字を用いた主張がなされていた。この「三〇〇〇ポンド」は、異なる時期に異なる手法で測られたさまざまな数字を継《つ》ぎ合わせてできたものだった[52]。これはゾンビではないが、いわば「フランケンシュタイン統計データ」とでも呼ぶべきものであり、経済学者たちは「信じがたい」と指摘した[53]。この数字に「三億五〇〇〇万ポンド」ほどの説得力がなかったのは間違いないが、それでも、残留派が自分自身を棚に上げて相手を批判していたことを示すには十分だ。

政策の費用対効果を最も簡単に数値化する方法は金額で示すことだが、世間がお金を最も重視すべき事柄と思っているかどうかは別問題だ。

離脱派も残留派も、金銭面での大いなる希望を与えることで国民を味方につけようと奔走したにもかかわらず、「離脱」に投票した人々のおもな理由は「英国についての判断は、英国で行われるべきだから」というものだった。[54] 有権者たちにとって、「大規模な移民受け入れ問題」に対する自分自身の考えに加えて、「主権問題」もきわめて重要だったことが、この調査によって明らかになった。とはいえ、こうした問題に関する政策の費用対効果を数値化するのは、一筋縄ではいかないのだ。

一般的な政策案の場合、型どおりのインパクト評価を行ってしまうと、費用面のみを重視しようとする流れになりがちだ。だが、政治家たちが常々目の当たりにしてきたとおり、世間の関心はお金のことだけではない。

＊

二〇〇〇年代初め、政府は賭博業界に目を向けた。委託した調査報告書で最終的に推奨されていたのは、「あらゆる種類の賭け事の賭け金や賞金の額を無制限にする」「飲酒と賭博を同時に行わないための規制を撤廃する」「クレジットカードを使用しての賭け事を許可する」といった、賭博業界での自由化の推進だった。これらの内容を政府が大幅に薄めて作成した賭博法案が、二〇〇四年に国会に提出された。

政府は、人々が責任をもって賭け事をするのであれば、賭博はほかの娯楽と変わらないと確信していた。また、賭博業界には非常に大きな経済的ポテンシャルがあることも確信していた。政府自身が行ったインパクト評価によると、賭博業界は英国に五億ポンド（約九九一億円）のさらなる経済効果を毎年もたらす可能性を秘めていた。

しかも、経済的な恩恵を見込んでいたのは政府だけではなかった。ある調査では、賭博法によって税収が年間三〇億ポンド（約五六七八億円）増加し、新たに一〇万件の雇用が生まれると予測された[55]。別の調査予測では、同法による新規雇用の創出こそは二〇〇〇件に抑えられていたが、カジノによる収入の見込みは二〇一〇年までに約四倍（七億ポンド（約一三八七億円）から二九億ポンド（約五七四五億円））になるとされた[56]。世間の八割が、こうした変化を支持した[57]。とはいえ、「切り札」や「成功への確実な賭け」といった、それらの調査報告書の題名を見れば、その公平性を疑いたくなるのは当然ではないだろうか。実際、調査を依頼したのは、政府、あるいは最大の利益を得る立場の業界ばかりだったのだ。

一方、一部では当初から不満の声が上がっていた。その多くは、カジノ、さらには「スーパーカジノ」【「地域カジノ」とも呼ばれ、当時設置予定だった最大規模のカジノ】なるものを、新たに一〇〇カ所以上建設する計画に対してだった。反対者たちにしてみれば、ゲームセンターで楽しむことと「海辺のラスベガス」をつくることは、まったく別物だった。

最も論議を呼んだ案の一つは、スーパーカジノの建設数を無制限に認める計画に伴って、カジノを建設できる場所の規制を緩和することだった。そうして、『デイリー・メール』紙、教会指導者、多数の政党の国会議員たちが率いた粘り強い運動の結果、スーパーカジノの計画数はまず四〇カ所、次に八カ所、そして最終的にはわずか一カ所に縮小された[58]。

賭博法が成立した二〇〇五年には、変化に対する世間の支持はすっかり冷めてしまったようだった。そのころユーガブ社が行った世論調査によると、賭博法に反対する人（四六％）のほうが賛成する人（三九％）よりも多かったし、しかも回答者の三分の二は「この法律はギャンブル依存症や、日常生活に支障をきたしかねない『問題あるギャンブリング』の増加につながると思う」と答えていた[59]。

賭博業界の年間総収入は、二〇一九年までには少なくとも四〇億ポンド（約五五七〇億円）増加したことから、この自由化の目的であった経済効果は確かにもたらされた[60]。だが、規模の大きなカジノの建設計画や、ブラックプールなどにおける地域再生計画は実現しなかった。一連の計画を盛り上げようとする「誇大《こだい》広告」を、世間の大半は信じていなかった。二〇〇七年の世論調査では、回答者の多数がスーパーカジノ計画を「まずい案だと思う」と答えた[61]。

建設予定だった唯一のスーパーカジノは、許可が下りてからほんの数カ月後に計画中止となった。これは政権交代で新たに首相の座に就いたゴードン・ブラウンが、計画が立てられた当時の財務大臣だったにもかかわらず、首相就任後にこの政策が不人気だと見て取ると、あからさまに計画から距離を置こうとしたことが原因だった[62]。

国民感情はどう変化したのだろうか。マスメディアを使った強気の反対運動は、一部の計画に確かに影響を与えただろう。最初のころは、国民は賭博を道徳的に容認できるかどうか迷いながらも、ブラックプールのようなさびれた海辺の町で再び仕事が増えるという計画には乗り気だったのかもしれない。だが最終的には、国や地域社会への影響を懸念する気持ちに傾いていったようだった。

政府は当初の計画で、学問的な観点から賭博の「マイナス面」に触れていたし、「問題あるギャンブラー」の推計数がすでに三五万人を超えていることも示していた。だが、賭博の社会的リスクや、公衆衛生上のリスクを数値化しようという気はあまりなかったようだ。賭博法成立後に賭博がもたらす社会的影響について、当時の文化・メディア・スポーツ省は「研究不足」だったと述べた[63]。そのせいで、本来必要なデータが入手できずに欠けてしまった。さらに、たとえ政府が調査しようとしていたとしても、おそらく数値化するのは無理だったものもある。それは、英国の一部をラスベガスそっくりにするという発想に対する、世間の嫌悪感だった。

当時の文化大臣は、世間のそうした懸念は紳士気取りと反米感情が合わさったものにすぎないとして退《しりぞ》けた。世間の嫌悪感が理にかなったものだったのか、それともエリート意識丸出しの地域住民のエゴによるものだったのかはともかくとして、この一件で明らかになったのは、カジノの重要性を純粋に経済面だけで決めることを、世間はどうしても受け入れられなかったという点だ。

「バッドデータ」から生じる問題には、発生するのを避けられるものもある。たとえば、何かについてのデータを集める手段を、現行よりも優れたやり方に変えるという方策が使えるときもある。だが、決して逃れられない問題もある。「貧困」「平等」、あるいは両者と同じぐらい重要な物事に関する完璧な定義を思いつくことは、誰にとっても（それゆえ経済学者にも）絶対に無理だ。なぜなら、それらは定義の仕方によって捉え方が変わる概念だからだ。私たちは、すべての答えを知っているというふりをするのはもうやめて、不確かさを受け入れるほうがいいのではないだろうか。

第四章
変化

手短に言えば

二〇一九年六月一五日早朝。米国大統領のドナルド・トランプは、ツイッター【現「X」】に次のような投稿をした。「ロンドンには」と、大統領は喚《わめ》く。「大至急、新たな市長が必要だ。サディク・カーンは最悪であり、しかも、ますますひどくなる一方だ！」。トランプ大統領は、前々からロンドン市長のサディク・カーンに激しい怒りをぶつけていたが、今回はいったい何があったのだろうか。

その直前、ロンドンで二四時間のあいだに五人が刺され、そのうち二人が死亡し、もう一人も致命傷を負った。[1] マスメディアが大きく報道し、世間も憂慮せずにはいられない相次ぐ残虐な犯行が、またしても起こってしまったのだ。刃物による犯罪が明らかに増加していた。報道によると、刃物を使った犯罪の件数は「記録的な多さ」となり、「史上最多」でさえあるという。[2]

とはいえ、「刃物による犯罪」とは、どこまでをそう呼ぶのだろうか。人が刃物で刺されたり、脅《おど》されたりした場合のみを指すのか。あるいは、刃物の所持も含まれるのか。そもそも、何をもって「刃物」とみなされるのか。悪人の手にかかれば、尖った物であればどんなものでも刃物同然になってしまうのではないだろうか。じつは、「刃物で刺す」あるいは「刃物の所持」でさえ罪名としては存在せず、それぞれ「暴行」と「凶器の所持」に分類されている。つまり、記録の管理という観点からすると、刃物に関する犯罪が何件発生したのかを警察が把握するのは、かなり大変な作業だった。「刃物による犯罪」についての体系的なデータの収集と公表を警察がようやく行うようになったのは、二〇一一年のことだ。そこから二〇一九年までのわずか八年間を「史上」と呼ぶのは、無理があるのではないだろうか。

二〇一九年の刃物による犯罪の件数は驚くほど多かったが、それが過去最多かどうかを知る手立てはなかった。それを知るには、これまでの犯罪の状況全般をなんらかの方法で調べなければならない。

長期的に見るには、「イングランドおよびウェールズにおける犯罪調査」【以下、「犯罪調査」】の記録を調べるのも一つの手だ。多少の曖昧な点はあっても、この調査で毎年推計されている犯罪率のデータは一貫性が最も保たれている。それによると、二〇一〇年代の終わりと比べた場合、二〇〇〇年代初めのほうが犯罪率ははるかに高い（およそ二倍）。したがって、刃物による犯罪件数も多かったと推測できる。また、一九九八年から記録されている、「尖った物で暴行を受けた患者の入院件数」というデータも参考になる。それによると、尖った物で刺された患者の緊急救命科への入院件数が二〇一九年を上回った年が過去に三度あった。[3]

また、「二〇一八年の刺殺件数は、内務省による記録が開始された一九四六年以来、最も多い」と報道したＢＢＣも、もっと広範な視点が必要だったのではないだろうか。[4] 一九四六年以降に英国の人口が飛躍的に増加した点を考慮して、殺人件数ではなく殺人率で見ると、二〇〇〇年代初めのほうが現在よりはるかに高かったのだ。

一貫性が保たれているデータは、記録されるようになってからあまり年月が経っていないものが多いため、物事の経時的な変化をたどろうとすると厄介だ。さまざまな項目のデータを集めようとすると、それぞれの「ゼロ年」が異なったものになってしまう。「凶器による殺人件数」のゼロ年は、上述のとおり一九四六年だ。一方、警察犯罪認知件数で最も古い記録が残っている種類の犯罪のゼロ年は、一八五七年までさかのぼる。また、経時的な変化を追うのにはるかに適している、「犯罪調査」の犯罪率推計データのゼロ年は一九八二年。出入国や移住に関する統計データの作成が始まったのは一九六一年で、そのうちオンラインで簡単に入手できるデータは、運がよければ二〇〇四年からのものもあるが、大半は二〇一〇年からだ。国民保健サービスの統計データの多くは、業務での数値的な目標達成が政策上重視されるようになった一九九八年から始まっている。一方、社会福祉給付金に関する統計データの大半は、一九四八年がゼロ年になっている。英国が現代福祉国家としての記念すべき第一歩をこの年に踏み出したという点を考えれば、これはおおむね納得のいく話だ。

何かについての一連の長期的なデータがあったとしても、それらがすべて公表されているとはかぎらない。近年の政府統計データはすべてオンラインで公開されていて、しかも無料で手に入る。それが実現できたのは、じつにすごいことだ。だが、二〇〇〇年代初めには、紙の統計データをデジタル化する作業はなかなか進まなかった。また、以前の政府のウェブサイトから、二〇一二年に開設された新たなウェブサイト「GOV．UK」へのデータ移行作業も、決して円滑ではなかった。一部のデータはアーカイブ化された。そのなかには、少なくとも一般の人は永久に見ることができなくなってしまったデータもある。

紙の記録を体系的にデジタル化するにあたって、政府による指針は一つもなかった。そのため、ほぼ完璧にデジタル化を達成した部門もあれば、役所の各職員の裁量に任されていた場合もある。海洋漁業についての過去の統計データを探している人なら、デジタル化されてオンラインで無料入手できるデータが一八六六年のものからあることに驚くはずだ。これはすべて、当時の農漁業食糧省グレート・ヤーマス支部に配属されていた、一人の男性職員の手によるものだった。この職員は、なんらかの依頼を受けると、記録紙のコピーを取って郵送しなければならなかった。さらに、そうした作業を後任者が面倒がって後回しにするのではないかと懸念して、毎週、紙の記録を一束ずつスキャンする作業を開始した。そして定年を迎えるころには、保有する全記録のデジタル化を完了させていた。この話を知って大いに感激した英国下院図書館の統計職員たちは、国会議事堂内のテムズ川に面したテラスで一杯やりませんかといって、当の職員を誘った（ただし、いくら釣り好きのその職員でさえ、あの汚れたテムズ川に釣り糸を垂《た》らす気にはとうていなれなかったそうだが[5]）。

オンラインで入手可能で比較的見つけやすいという観点で見ると、教育関連の統計データはゼロ年が二〇一五年のものが多いようだ。そのなかで「一学級当たりの平均生徒数」や「教員一人当たりの生徒数」といった項目に、一九六九年までさかのぼって比較できるデータがあること（もしかしたらもっと前のものも）を示すには、各種データベースをかなり掘り下げて探す必要がある。実際、国会にデータを提供する統計職員としての私の仕事のなかで重要な部分を占めているのは、各統計データがどこにあるのかを把握することなのだ。

というのも、古いデータを見つけられないと、世界について「歪んだ」印象を与えてしまいかねない。どういう意味かというと、全体像がある程度見えなければ、「物事がどれくらい変化したのか」、また「物事がどれくらい『悪く』、あるいは『よく』なっているのか」について、不正確な図を描いてしまう可能性があるのだ。ただし、この「歪み」は政治的に有利に働く場合もある。多くの統計データのゼロ年が二〇一五年、二〇一〇年、または一九九八年【いずれも英国で政権交代があったころ】であるのは決して偶然ではなく、これらの年から世界が始まったかのように見える統計データを、大喜びで利用する政治家もいる。とはいえ、国民への説明責任という観点からすると、与党や政権が変わるたびに過去の出来事がなかったことにされるという状況は、理想からはほど遠い。

政府は、統計データをじつに短い周期で公表しようとする。そうすることが、自分たちが何かに取り組んだことを示すための最も簡単な方法だからだ。また、速いペースで活動し、新たな統計データの補給を常に必要とするマスメディアにとっても、それは好都合だ。三カ月ごとの「経済成長率」「国の借金」「犯罪率」「検挙率」「移民数」について、マスメディアは毎回、必ず大騒ぎする。これは、経済が動いていることをジャーナリストたちが三カ月ごとに思い出して寝床《ねどこ》から飛び出てくるからではなく、この周期で新たな統計データが公表されるからだ。だが、新しい統計データが公表されたからといって、そこに「本当に伝えるべきこと」が必ずしも毎回あるわけではない。

経済成長率予測が四半期で〇・二％から〇・三％へと変化したのは、大喜びすべきことなのだろうか？　おそらくそうではない。ＧＤＰ予測の不確かさの度合いを考慮すれば、その程度の動きでは「明確な変化があった」とは言えないからだ。そもそも、これほど短い周期で予測のわずかな変化を公表すること自体、無責任ではないだろうか。なぜなら、結果として、たいした意味もないことを誰かが大げさに取り上げて自分の手柄にしようとしたり、逆に、誰かに責任を負わせたりしようとする事態を招く恐れがあるからだ。小さな変化が長期的な流れの一部である可能性はもちろんあるが、本当にそうなのかを確認するのは根気のいる作業であり、短い周期で次々とニュースを送り出す必要のあるマスメディアは、そうした根気とは無縁だ。

ダドリー【イングランド中部の都市で、産業革命が起きた場所の一つ】で失業手当を受け取っている人が四半期で六五人増えたことには、報道する価値があるのだろうか。二〇一九年一二月、『エクスプレス＆スター』紙は明らかに「ある」と判断している。[6]だが、この増加が、何十年も続いている受給者の減少傾向でのごくわずかな振れであることを考慮すると、同紙とは逆の判断をしてもいいのではないだろうか。一方、その翌年、新型コロナウイルス感染症パンデミックの影響によって、ダドリーにおける失業手当受給者数は八四〇〇人から一万四五〇〇人へと一・七三倍に跳ね上がった。[7]これは間違いなく報道に値する。

二〇一二年、英国は、「ここ一〇〇〇年近くにおける最大の移民の波」を目の当たりにしていた。少なくとも『デイリー・メール』紙の報道によればそう言える。[8]確かに、二〇〇四年から二〇一一年までの英国への移入民の数は、記録が残されている過去のどの時期より多い。これは、一九六一年から連続してとられているデータにおいても同様だ。あるいは第二次世界大戦時、さらには迫害されて大量に亡命してきたフランスのユグノー教徒の時代にまでさかのぼったデータを合わせてもそうだ。

だが、同紙の主張について問題だと思われるのは、移入民の数の変化を長期的に見るために適切と思われるゼロ年がまだ定まっていない点のみならず、一〇〇〇年以上前の「移住」は今日とは異なる意味合いをもっていたという点だ。一〇六六年のノルマン征服時にやってきた人数は正確には把握されていないが、歴史学者は「およそ一万人」と推測している。当時の人口からすると、その数は多いとはいえない。それより前にやってきたバイキングのほうが人口に大きな影響をもたらした、という説もある。そのときの定住者はおよそ三万五〇〇〇人と推測されていて、当時の人口の約八%に相当する。[9]それに、もっと前にやってきたローマ人だっているではないか。

これらを現代と比べるのは、ばかげている。ノルマン征服やバイキングの上陸は、土地を征服して価値あるものをすべて略奪することを目的とした暴力的な侵略だった。それは、今日における「移住」の意味と照らし合わせると、とうてい移住と呼べるものではなかった。富のバランスの変化に伴って、中所得国や高所得国の普通の人がみずからの意思で国を移動できるようになった。そうした大規模な移住が行われるようになったのは、人間の何千年もの歴史のなかでここ五〇年ほどのことなのだ。それ以前の「移住者」の大半は、侵略目的でやってきたか、よその土地から逃れてきた人々だった。

生活というのは、とりわけ社会や文化の面で世代ごとに大きく変化するため、ほぼどんなものについても、長期的な変化をたどろうとすると問題が生じる。本書のここまでの章でも、回答者の意見や姿勢がその年代特有のものである質問の例を取り上げてきた。一九三〇年代の世論調査では、「国際連盟についてどう思いますか」という質問があった。今日、その後身である国際連合（国連）についてどう思うかを尋ねても、ほとんどの回答者は「別にどうも思わない」と答えるだろう。今日では、国際連合の存在は当たり前のものと思われるようになっているが、一九三〇年代の人々は、国際連盟が約束したような世界の安定を待ち望んでいたのだ。それでも、私たちが国際協力の重要性に気づき、それが必要だと感じている気持ちは、当時の人々と変わらないほど強いはずだ。

異なる年代の経済を比べるのも、「リンゴをリンゴと比べる《アップル・トゥ・アップル》」という同一条件上の比較でなく、いわばリンゴと「リンゴのホログラム」を比べるようなものだ。産業全体でサービス産業が占める割合は、一九七〇年は五六％だったが、二〇一六年には八〇％にまで増加した[10]。インターネットとグローバリゼーションによって、通信、仕事、売買の方法はすっかり変わった。今日では、コンピューターを所有している人なら誰でも、基本的には全世界の市場にアクセスできる。ただし、インターネットは全世界の闇市場の拡大にも、驚くほど大きな役割を果たしてきた。

かつての「よいこと」が「悪いこと」になる場合もある。昔の政府は、国民に食べ物が十分に行き渡っているかどうかを気にかけていて、食事に含まれる油脂の量を増やそうとまでした。一方、今日の政府は、食べる量、とりわけ油脂と糖分を控えるよう呼びかけている。さらにいうと、政府は今日では禁煙も推進しているが、過去には喫煙を積極的に勧めていた時代があったことを覚えている高齢者もいる。もし一九四〇年代の統計学者が、遠い未来に菜食主義者（ベジタリアン）や完全菜食主義者（ヴィーガン）が増加し、人々の食事で摂取する油脂が減っていることを知ったとしたら、世の中の状況はさらに悪くなっていると結論づけるかもしれない。

一九四六年に回答者の経済状況を知るためになされた質問の一つは、「この四週間で洗濯《せんたく》物を洗濯屋に出しましたか？」だった。当時はお金を払って洗濯を外注するほうが、自宅で洗濯するよりも贅沢《ぜいたく》だったのだ。洗濯機が比較的安価になった現在、同じ質問をすれば、いまだにコインランドリーに頼っているのは最も貧しい層であることが示される可能性が高い。

経時的に数えたり測ったりされている物事については、その計測の正確性はずっと変わっていないとみなされることが多い。だが、本当にそうなのだろうか。そうやって得られたデータには実際の変化が反映されていると思われがちだが、そこに本当に示されているのは、使われている指標が現実からますます乖離しているという事実なのかもしれない。

特に他国と比較するうえで、英国で最も重視されている経済指標はＧＤＰだ。一九三〇年代に考案されたこの指標は、おもに「人の手によって生み出された、形ある生産品」、つまり、生産工場で生産された製品や各地でつくられた農作物を数えたり測ったりすることによって、生産高を算出する方法だ。ただし、（おもに）女性による無償の家事労働によって生み出されたものは、これまで一度も計上されたことがない。経済学者たちは、それをGDPに含めることもできたはずだ。実際、GDPが考案された当時、その可能性について長時間の議論が行われていた。だが、キャロライン・クリアド＝ペレスが前述の著書『存在しない女たち』で解説しているように、家庭内での労働生産に関するデータを収集するのは難しすぎるという理由で、結局、意図的に除外された。[11] 確かに、家庭内の労働に値段をつけるのは、とても困難な作業だ。ただし、当時の経済学者たちが家事労働を除外することを問題視しなかったのには、「女性の居場所は家庭」という状況が将来どれほど変化を遂げるかについて予想すらできなかった、という理由もあったのかもしれない。

　実際、女性の居場所は大幅に変化した。一九七〇年代になると、多くの女性が外で働くようになり、それに伴って家庭で過ごす時間が減っていった。そのため、比較的安い布地を買って服を縫《ぬ》ったり、材料を買って食事を一からつくったりする代わりに、既製服や出来合いの料理を買うようになった。その結果、女性による「目に見えない労働」によって生まれていた「付加価値」が、「目に見える経済」に移行された。GDPは急激に伸びていった。だが、労働による「生産品」は実際に増加したのだろうか。それまでだってずっと、誰もが服を着ていて食事もしていたではないか。これは単に、それまで家庭内でつくられていたためにGDPに含まれていなかったものが、外で購入されるようになったことによって、生産高が増えたかのように見えただけだ。このように、戦後のGDPの伸びには、以前に数えられていなかったものが数えられるようになったから増えたように見えるという、「幻想」も含まれている可能性がある[12]。ただしこれは、実際には何事もよくなっているわけではない、ということを意味しているのではない。戦後、生活の質は確かに改善した。ただしそれは、さまざまな指標を総合して初めてわかることだ。

『幻想の経済成長』（早川書房）の著者であるデイヴィッド・ピリングが指摘しているとおり、GDPが考案されたのは、労働で生み出されるのが、鋼鉄材、煉瓦《れんが》、石炭など、おもに形があるものだった時代だ。そういったものは、数えるのも、価値を評価するのもかなり楽だった。だが、「『散髪』『精神分析療法のカウンセリング』『音楽のダウンロード』といったものをGDPに含めようとすると、見るからに不明瞭なものになってしまう[13]」。

GDPが今後も、国家の健全性や国民の生活の質の経時的な変化を見るための代理変数としての役割を果たしつづけられるかは、よくわからない。消費者の生活をいっそう便利にする技術革新のなかには、GDPを縮小させてしまうものもある。旅行代理店に頼らなくてもいいオンラインでの旅行予約、さらなる省エネを実現した電化製品、株式仲買人を通さなくても株式市場に投資できるオンラインツールの登場は、どれも消費者にとってはよいことだが、紙の記録として残るGDPにとっては不都合なことなのだ。実体経済が変化するにつれて、過去のものとはまったく異なる「生産」という概念を捉える方法を、統計学の専門家は常に考えつづけなければならない。

近年になって国連は、国家の天然資源の価値を評価し、自然界を破壊したことによる損失を示すための勘定体系を定めた。[14] それに従って、英国は自国の自然資本会計についての報告書を毎年作成している。そこには、「再生可能エネルギー生産量」「木材の伐採量」「都市部で『暑い』と判定された日数」といった指標に基づいたモニタリング結果が示されている。[15] また、ヨーロッパの国々では、支払われたものだけが反映されるのではなく、現状を映し出す理想的な「GDP」へとどうやって移行していくのかについて、真剣な議論が行われている。この目標に向けた英国の取り組みについては、本章の後半で取り上げる。

二〇一九年に刃物による犯罪に対する世間の関心が高まったのは、凶悪犯罪全般が増えていたからだ。二〇一八年四月、内務大臣のアンバー・ラッドは、新たな「深刻な暴力行為への対策戦略」を公表するにあたって、「深刻な暴力行為、とりわけ近年増加している刃物による犯罪、銃犯罪、殺人への対処に断固として取り組む」と明言した。[16] そして二〇一九年五月、英国政府は深刻な暴力行為の発生件数が最も多い一八の地域警察に対して、合計一億ポンド（約一三九億円）の予算を新規に計上すると発表した。そのなかには、新たに「暴力行為削減班」を設立するための三五〇〇万ポンド（約四九億円）の予算も含まれていた。とはいえ、犯罪の増加に関する証拠は、実際にはどのようなものだったのだろうか。

警察の記録によると、凶悪犯罪は確かに増えていた。増加が始まる直前の二〇一四年と比べると、以降の「被害者に傷害を負わせた暴力行為」は一・七倍になっていて、その大半は「被害者に傷害を負わせた暴行」によるものだった【「暴力行為」には「脅迫」なども含まれる。「暴行」は「身体への攻撃」があることを意味する】。

だが、この時期の凶悪犯罪全般の件数も二・六四倍になっていた。その最大の要因は、「被害者が無傷の暴力行為」と「ストーカー行為および迷惑行為」の増加であり、それらは「被害者に傷害を負わせた暴力行為」の増加よりもはるかに大きかった。[17] 実際に、警察の活動内容の比率で見ても、「被害者に傷害を負わせた暴力行為」への対応が全犯罪の一〇％前後で推移しつづけたのに対して、「被害者が無傷の暴力行為」と「ストーカー行為および迷惑行為」への対応は、全犯罪の九％から二三％に増えていた。[18] 公共政策の観点からすると、優先すべきなのは「被害者が無傷の暴力行為」への対処ではないだろうか。

ここまで見てきた例は、数え方を変えることが実生活にどれほど重大な影響を及ぼしかねないかを示している。当たり前のことだが、犯罪とみなされる行為の種類が増えれば増えるほど、警察の仕事量も増える。また、前章で取り上げたとおり、警察における犯罪記録の方法が変われば、記録される犯罪件数も変わる可能性がある。二〇一五年以降、「迷惑行為」や「悪意ある通信」に関する犯罪認知件数が急増したが、これはおもに法律の改正や、従来の記録方法からの変更によるものだ。[*] そうした変更がなされたのは、「オンライン犯罪」に関する記録をさらに詳細にし、一貫性が保たれるものにするためだった。

英国では、二〇〇六年ごろになってようやく、ソーシャルメディアの利用が広まりはじめた。フェイスブックが英国で軌道に乗ったのもこの時期であり、同じ年にツイッター【現「X」】も広まった。そして、二〇〇七年にはタンブラー、二〇一〇年にはインスタグラム、二〇一八年にはティックトックがあとに続いた。二〇〇〇年代半ばになって報道機関がオンラインに参入しはじめると、誰もが本名を隠した「分身《アバター》」を設定するようになり、記事に対してある程度自由にコメントをつけられるようになった。こうした新たな世界の出現とともに、新たな危険も生じるようになった。たとえば、コンピューターウイルス、フィッシング詐欺、個人情報の窃盗。虐待や迷惑行為、憎しみをかき立てたりするための新たな手段。薬物や盗品、さらには人間自体を不法取引するための新たなプラットフォームさえ登場した。そして、子どもたちをも対象にした、性的搾取《さくしゅ》の新たなやり口まで。

オンライン上で行われたと考えられる犯罪の認知件数が増えても、特に驚くべきことではない。驚くべきなのは、その増え方だ。警察で認知されたすべての犯罪のうち、「詐欺」と「コンピューター不正使用」が占める割合は、二〇〇二～二〇〇三年度は約三％だったのに対し、二〇二〇～二〇二一年度では一五％を占め、この手の犯罪が毎日二〇〇〇件以上記録された[19]。

さらに、認知件数が経時的に大きく増えている犯罪では、増加理由に物の見方の変化がかかわっている場合もある。「性的暴行」の犯罪認知件数は、二〇一三～二〇一四年度以降で倍増した。さらに二〇〇二～二〇〇三年度以降でみると、「性的暴行」の犯罪認知件数は四倍にな

＊　この法改正とは、具体的には「相手に苦痛や不安を与える目的で、私的な性的画像や動画を公開すること」が二〇一五年刑事司法及び裁判所法によって、そして「親密な関係にある相手、または家族の一員の行動を支配したり強制したりすること」が二〇一五年重大犯罪法によって犯罪と定められたことを指している。

り、すべての性犯罪の総認知件数は倍になっている。犯罪認知件数と「犯罪調査」のどちらにおいても、二〇〇〇年代初めは、今日よりも全般的に犯罪件数がかなり多かったことが明確に示されている点から考えると、性犯罪の認知件数の増加が単純に犯罪の増加によるものだけとは思えない。性犯罪認知件数の増加に関して考えられる理由の一つ（というよりおもな理由）は、警察に届け出る犯罪被害者が増えたことだ。さらには、配偶者に対する性的暴行が間違いなく犯罪であることが二〇〇三年になってようやく法律で認められたのも、件数増加の一因になっていると思われる。[20]世の中の考え方に左右される物事は、変化に時間がかかるものだ。

警察犯罪認知件数のうちのヘイトクライムの件数も、毎年増えつづけている。ただし、統計学の観点からすると、同犯罪の経時的な変化について指摘できることはほぼ何もない。二〇一〇年平等法で、人種、民族、宗教、性的指向などを「保護特性」とする考え方がようやく正式に認められ、二〇一二年になってようやく、警察はヘイトクライムを犯罪として記録しはじめた。ヘイトクライムの件数が「ここ五年で倍」になり、それが「過去最多」なのは確かに事実かもしれないが、それは驚くべきことでもなければ本質をついた分析でもない。[21]統計データの記録の一貫性を保つという点では、新たな種類の犯罪が起きたり、犯罪の記録方法に変更があったりした場合は、「軌道に乗る」までに通常数年を要するからだ。また近年、人種や宗教差別といった問題に対する世間の関心が高まっていることから、それらが犯罪であると気づいて届け出る犯罪被害者が以前より増えているとも考えられる。

変化を変化とみなすべきではないのは、どのような場合か

では実際のところ、犯罪は増えているのか減っているのか、どちらなのだろうか。記録方法の変更や、新たな種類の犯罪が加えられることによって、統計データが「人為的な変化」を遂げてしまいかねない点については、すでに見てきたとおりだ。では、真の経時的な変化を調べるには、どうすればいいのだろうか。

そうした変化を見るために役立つ資料の一つは、「イングランドおよびウェールズにおける犯罪調査」だ。そこには、一九八〇年代以降の比較的一貫性が保たれたデータが揃っている。* ただし、警察に届けられていない犯罪を捉えるのにこの標本調査が優れている、とは断言できない。それでも、この「犯罪調査」の結果は警察犯罪認知件数より変動が小さいので、回答者から得られるデータの一貫性がかなり保たれていることがわかる。

問題は、経時的な変化において、犯罪の減少傾向が続いている「犯罪調査」と、警察犯罪認知件数での傾向が真逆になっている点だ。過去にさかのぼると、一九八〇年代を通じて「犯罪調査」での犯罪は増加傾向にあり、一九九五年に最多の件数に達した。この年の「犯罪調査」

* この年代までさかのぼれるのは、イングランド、ウェールズ、スコットランドにおける犯罪調査のみだ。北アイルランドの「北アイルランドセーフコミュニティ調査」が開始されたのは一九九四年のことである。

による推定犯罪件数は一三〇〇万件を上回っていたのに対し、警察犯罪認知件数は六〇〇万件以下だった。[22]「犯罪調査」と比べたときの「不足」は、どの種類の犯罪でも見られたが、最も差が大きかったのは「凶悪犯罪」と「窃盗」だった。一九九五年以降、「犯罪調査」の推定犯罪件数と警察犯罪認知件数の差は縮まりつづけ、二〇一九年には件数の差がわずか一二〇万件程度になった（それでも差はまだ大きいように思えるが）。

二〇一六年以降は、「犯罪調査」の推定犯罪件数も毎年わずかに上昇しつづけていて、その傾向は警察犯罪認知件数と一致している。しかし、この事実から、どちらか、あるいは両方の件数集計の正確さが高まったと結論づけるのは早計だ。どちらも、犯罪に気づいて届け出るという世間の意識の高まりの影響を受けているかもしれないからだ。現時点での最善の策は、短期間での比較を絶対にしないことだ。

「今日の英国に、貧しい子どもがまだ一人でもいれば、貧しい年金受給者がまだ一人でもいれば、そして人生でチャンスを与えられない人がまだ一人でもいれば、彼ら全員がその状況から解放されるまで、一人の首相と一つの政党は休みなく働き、決して何かを成し遂げたなどとうぬぼれず、決して自分の使命が完了したなどとは思わない」[23]。一九九九年にこの誓いを立てた「一人の首相」とはトニー・ブレアであり、「一つの政党」とは労働党だ。だが、彼らは貧しい子どもを減らすことができたのだろうか。次の二つの選択肢から、思ったほうを選んでみてほしい。「わからない」または「見方による」。

一九九九年から二〇一〇年にかけて、子どもの絶対的貧困率は三五%から一八%に減少した[24]。つまり半減した。だが、同時期の「相対的な」貧困率は二六%から二〇%への減少だった。つまり、四分の一程度の減少に留まった。前述したように、「相対的貧困」とは、所得の中央値の一定割合に満たない金額で暮らしている状態を意味している。

ところが、住居費も考慮に入れると、子どもの絶対的貧困率の減少は三分の一程度、相対的貧困率の減少は一〇%強となる。そのため、二〇一〇年に行われた政権交代の直前の労働党政権末期には、貧しい子どもが当時の推定より一〇万人も多くいた可能性がある。少なくとも、二〇一〇年に首相の座に就いたデイヴィッド・キャメロンはそう主張していた[25]。

新首相は、相対的貧困状態にある人が一〇万人増えた二〇〇五年から二〇一〇年の期間を「労働党政権末期」として、この数字を出したのだった[26]。

二〇二〇年六月まで時間を進めると、またしても同じような光景が繰り広げられていた。保守党のボリス・ジョンソン首相と、野党第一党である労働党のキア・スターマー党首は、貧困に関連する数字の食い違いについて、国会で二週続けて衝突していた。労働党党首は、「貧しい状況で暮らしている子どもは、政権交代直前の労働党政権時代よりいまのほうが六〇万人多い」と主張した。首相はそれに異議を唱え、「絶対的貧困状態の子どもは一〇万人減った」と訴えた[27]。どちらの主張も、政府の公式な数字に裏づけられていた。

同じデータに基づいているにもかかわらず、人によって異なる結論が導かれる第一の原因は、どの年のデータをもとに比較するかで結果が大きく変わる点にある。二〇一〇~二〇一一年度と二〇一八～二〇一九年度で比較すると、相対的貧困状態の子どもの数、絶対的貧困状態の子どもの数はどちらも増加している（指標によって数字は異なっていて、その幅は一〇万人から六〇万人のあいだとされている）。だが、二〇〇九～二〇一〇年度と二〇一八～二〇一九年度とで比べると、絶対的貧困状態の子どもの数は減っているのだ。[28]

両者の主張が異なる理由は、比較する年の選び方にあった。連立政権への政権交代が二〇一〇年五月だったことから、「政権交代直前の労働党政権時代」を二〇〇九～二〇一〇年度か二〇一〇～二〇一一年度のどちらとするのかは、それぞれの解釈しだいだった。[29] こうしたたぐいの曖昧さは、特定の何かを主張しようとしている人にとっては、非常にありがたいものだ。

また、さらにややこしいことに、非政府機関による貧困関連の推定値のなかには、政府のものとはまったく異なる状況を示しているものもある。その一例は、独立系機関の「社会指標委員会」によるものだ。同委員会は、貧困に関する現実的な指標の考案を目的として、二〇一八年に設立された。その推定値では、世帯の収入のみならず貯蓄なども考慮されている。同委員会の二〇一九年の報告書によると、英国において貧困状態で暮らしている人の数は、ここ一〇年間で六〇万人以上も減少している。[30]

貧困に関する統計データは、基本的には「好きなものだけを選んで合わせる」ものだ。つまり、よい状況に見せたいか、または悪い状況に見せたいかに応じて、好きな取り合わせを選べばいい。前章で取り上げたとおり、「貧困」には確立された定義がないため、さまざまな貧困の指標（公式なものもあれば非公式なものもある）から好きに選ぶことができる。選び方しだいで異なる結論にたどりつく場合もあるだろう。減少または増加を主張したい場合も、それがよく表れるような年を選んで比較すればいい。あるいは、子どもの貧困、すべての年齢層における貧困、世帯における貧困のデータのなかから、自分が訴えようと思っていることの最も強力な裏づけとなるものを選べばいい。

だが、これは、本当に適切な方法といえるのだろうか？　貧困の議論では、相反すると思われる主張のどれもが真実となりうるため、本当の意味で勝てる人は誰もいない。統計学の専門家にとっての最善の策は、貧困の代理変数を一つだけ選び（どれも完璧ではないことを忘れてはならない）、徹底してそれだけを利用することではないだろうか。問われているのは、「物事を経時的に比較するための、完璧ではないが一貫性が保たれている方法を確立させること」と、「たとえ経時的な比較ができなくなっても、数えたり測ったりする方法を常に改善しようとすること」の、どちらが有益かという点だ。

「失業者数は三〇〇万人を記録し、今後さらに増える見通し」という見出しが第一面に躍《おど》った、一九八二年一月二七日の『タイムズ』紙では、英国の失業者数がこの記録的な数字を初めて超えたと報じられた。その前日、国会でこの数字を公表したマーガレット・サッチャー首相が、「改善の兆《きざ》しはある」といくら言い張っても、やじが飛びつづけたという。[31]

「マギーの何百万もの失業者たち」【「マギー」はサッチャー首相の愛称】と呼ばれた失業者の数は、一九八七年ごろまで三〇〇万人を下回ることはなく、一九八〇年代に最も激しい論争を巻き起こす問題の一つとなった。国会議事堂と川をはさんでちょうど向かい側に本部を設けていた大ロンドン議会も含めた一部の労働組合評議会は、管轄地域における最新の月次総失業者数が書かれた横断幕を、市役所に掲げる行動に出た。夜のニュースでは、「本日の失業者数」というコーナーができ、世間はまるでこの数字に囚われたかのようになった。それは、二〇二〇年の新型コロナウイルス感染症パンデミック時に発表されていた感染者数への世間の反応とよく似ていた。

政府に批判的な人たちは、失業者数のわずかな上昇さえも見逃さず、この政府は国を危うくしていると責め立てた。一方、数字が下がると、政府は野党に得意げに見せびらかした。

だが、一九八〇年代が進むにつれて、公表される失業者関連データの算出方法が何度も微調整されていることに、人々が気づきはじめた。さらには、ある計算によると、微調整どころか、「どういった人を失業者数に含めて、どういった人を外すか」といったかなり大きな変更（外すほうがより頻繁に行われた）も含めて、一九九六年までに計三一回以上の変更が行われたという[32]。

そうした変更のなかには、うわべだけのものもあった。一九八一年一一月、失業中で補足給付金（所得補償）を受け取っている六〇歳以上の男性に対して、今後は失業手当を受け取らなければ、代わりに補足給付金を増額するという条件が提示された。この変更によって、約三万七〇〇〇人の男性が失業者として数えられなくなったが、それでも彼らが給付金を受け取っていたことに変わりはなかった[33]。さらに、一九八三年にはこの制度がさらに拡大され、失業手当を受給している六〇歳以上のすべての男性に対して、今後は失業手当を受け取らないことにすれば、代わりに事実上の引退を認めると提示された【引退すれば年金が支払われる】。この変更では、一六万二〇〇〇人が失業者数から除外された。一九八九年にも同様の変更が行われた。余剰鉱山労働者年金制度から手当を受け取っていた元炭坑作業員たちは、失業手当を受け取らなくても給付金が支払われると告げられた。

これらの変更は、記録を整理することを目的とする場合もあったが、それによって失業者数が減少するという、うってつけの結果につながるときもあった。当時、失業手当の小切手を受け取るには、地域の失業手当事務所に本人が毎週または二週間ごとに行かなければならなかった。一部の公共職業安定所では、登録して実際に手当を受け取っている人だけでなく、登録者全員を失業者として数えていた。失業者を「なんとかする」ために政府がまず取り組んだのは、各地域事務所の業務を標準化し、全事務所で、登録者すべてではなく受給者だけを失業者として数えるようにしたことだった。その結果、月次失業者数は約一九万人減少した。

その一方で、単なる見せかけではない変更もあった。一九八八年社会保障法が施行されると、国民保険料の納付額が不足している場合は失業手当が受けられなくなった。その結果、約三万八〇〇〇人が失業手当受給者数から外された[34]。だが、これは単なる統計データ上の変更ではなかった。これらの人々は手当が打ち切られたからだ。

さらに、今日では失業手当受給のための重要条件となっている「積極的に仕事を探している姿勢をはっきりと示す」「紹介された仕事を、自分には向かないという理由だけで断らない」

などが導入されたのもこの時期だった。この条件を満たせなかったために失業者と認められなくなり、結果として手当が打ち切られたと思われる人が約五万人いたと推測されている。[35]

政府に批判的な人たちは、こうした変更は政府の取り組みを実際よりもよく見せようとするためのものであり、世間を小ばかにした数字の改ざんにほかならないとみなした。何百万人もが失業しているという、きわめて現実的な問題をなんとかしなければならないという政府の重圧は計り知れないほど大きかった。そのため、こうした変更を行う判断をする際に、「早い段階で多少なりとも成果を出しておきたい」という意識が裏で働いたのではないかと疑わざるをえない。それでも、これらの変更に、もっともな理由によるものがあったのは間違いない。定年となる年齢に近づいている元炭坑作業員が、炭鉱の跡地に次々と建設される大型ショッピングセンターで新たな仕事に就ける見込みはほぼなかった。再雇用の当てもないまま、毎週、彼らに失業手当を延々と受け取りに来させるのは、誰にとっても有効な時間の使い方ではなかった。失業手当に関する事務手続きの見直しとコンピューター化は、タイミング的にうってつけだったから行われたものにせよ、正しい方向へ進むための歓迎すべき（かつ必然的な）一歩になった。

ただし、短期間にこれだけ多くの変更が行われた結果、失業者数が本当に変化したのかどうかを見極めることが、時期によっては不可能になってしまった。英国国家統計局が調べたところ、「データに大きな影響を与える変更」は九回行われていた。それはつまり、そうした変更をまたぐ期間での経時的な比較はできないことを意味している。「失業者支援グループ」という独立系組織の代表で、政府批判という点で著名な人物の一人でもあるポール・コンヴェリーは、経時的な比較ができる「本当の失業者数」を掲載した月報を発行していた。

最終的に政府は、過去にさかのぼって、変更を行う前の失業手当受給者数を示すデータを公表した。[36] それらのデータは、何十年も前にさかのぼって当時の状況を調べたり、過去と現在の状況を大まかに比べたりするうえで、とても役立っている。

これらのデータによって、一般の人々は少なくとも「同じもの同士を比べる」ことができるようにはなったとはいえ、統計データをここまで大幅に修正するのは果たして正しいことなのだろうか。過去の変更によって失業者数から除外された人たちは、失業手当をもらうための列に二週間おきに並んでいる生身の人間だったのだ。統計データに表れるほどの大きな方針変更は、そこで起きたことの重要な部分を物語っているはずだ。

異なる手法で同じものを測るとまったく逆の傾向が示されてしまうという事態に、なぜ陥ってしまったのだろう？　同じものを数えるのにさまざまな手法があるため、どんな議論においても、自分の主張の裏づけになるような都合のいい統計データを好きに選べるような状況に、なぜ陥ってしまったのだろう？　さらには、物事を数える方法があまりに何度も変更されたために、当時実際に起きたことを数年後に振り返ろうとしても、ぼやけた情景しか描けないような事態に、なぜ陥ってしまったのだろう？

これらの原因の一つは「車輪の再発明」、つまり、すでに確立されていることを再び一からつくりなおすことと関係している。新たに発足した政権は、前政権時のことは一掃して、まったく新しいスタートを切りたがるものだ。それは、一方では「前政権の仕事ぶりはひどかったが、自分たちはもっとうまいやり方を考え出せる」と本当に思っているからでもあり、一方では、新政権の歩みを前政権のものと決して直接比べさせまいとするためでもある。

また、政府が統計データを重視する姿勢も、年代とともに変化した。この変化は政治的な周期に従って起こる傾向があり、通常は、発足直後の政権が新たな取り組みを進めていることを急いで示したいときに大きな変更が行われる。さらに、データをどう利用するかについては、政権によって考え方がまったく異なっている。

こうした変化が最も大きかった時代の一例は、マーガレット・サッチャー率いる政権が誕生した一九七〇年代の終わりだ。サッチャーは、前の労働党政権下での公的部門の肥大化を激しく敵視していた。[37] 一九七〇年代の肥大化は、労働人口の三割に終身雇用を保証し、仕事で優れた成果を上げつづけなければならないという重圧から解放した。それはもはや初期の社会主義国家と呼べるほどいきすぎたものだと、サッチャーはみなしていた。そしてその解決策として考えていたのは、このぬるま湯状態を終わらせ、代わりにビジネス界の精神を取り入れることだった。「英国の野望は『国の衰退を秩序正しく進めること』だけで十分だ」という感傷的な気分に浸っている公務員たちを目覚めさせるには、彼らに活を入れなければならない、と。[38] 生産性を向上させるには、公的部門をスリム化させなければならないと固く信じていたサッチャーにとって、ぜい肉をそぎ落とすことが使命だった。

新たに設置された「効率対策室」の室長に、当時のマークス・アンド・スペンサーの役員で、のちに会長となったデレク・レイナーが任命されたのは、まさにこの目標を達成するためだった。効率性をいっそう向上させる方法について、レイナーが提言してから わずか数年後の一九八三年には、一〇万人の公務員が削減されていた。そして、サッチャーが首相を辞任したときには、公務員の数は二割減っていた[39]【サッチャー首相の在任期間は、一九七九年から一九九〇年】。

レイナーがこの任務を進めるうえで信条としていた哲学の一つは、次のようなものだった。「統計データは政府のためのものであって、国民のためのものではない」。一九七七年以前、各省はそれぞれ独自の方法で統計データを収集していた。世の中にはデータが山ほどありそうだったが、その多くはわざわざ集める必要のないものであり、そのための収集作業を簡略化できるはずだとレイナーは考えた。そしてさらに、監視に対して開かれた政府というのは非効率だという見方もしていた。その理由は、世間に対応するのは時間とリソースの無駄であり、何事にも邪魔されずに仕事を進められるほうが効率的だから、というものだった。

そのようにして、国家を運営する仕事はまさに「ビジネス」と化した。以前は、国会が無料で手に入れることのできた政府の統計データも、一時期は有料になった。そして、英国下院図書館の職員たちは、「政府を監視するという基本的な役割を果たすために国会がお金を払わなければならないというのは、この国の政治制度に反しているのではないか」と訴えるためにも、もどかしい思いを抱えながら各省庁を行ったり来たりするはめになった。

一九九〇年代になると振り子は逆戻りした。世間から切り離された完全に不透明な体制も、物事を正しく捉えるために役立たないことに政府は気づいたのだった。

その結果、各政府機関の統計データの質を、一定以上のレベルに統一することに関心が向けられた。一九九九年、「新しい労働党」政権は、一定の品質管理が実現できたことを世間に示すために、求められた品質を満たしたデータを「国家統計データ」に指定することを提案した。それは、レイナーがもたらした秘密主義の政府と、失業者数を数える際の疑惑を呼ぶ振る舞いが過去のものになったいまや、統計データに対する国民の信頼を取り戻さなければならないという思いによるものだった[40]。

今日の統計データは、少なくとも紙のうえでは、これまで以上に一元的に管理されている。それらのデータは、英国国家統計局内の監査部門である英国統計理事会によって監視され、かつてないほど多くの官僚たちに守られている。

ところが、統計データまわりにこれほど多くの官僚を配置したことによって、レイナーの改革とは逆の事態に陥ってしまった。今度は、船頭が多くなりすぎたのだ。統計データの管理に携わる人が多いからといって、それが品質の保証を意味しているわけではない。英国国家統計局の本部が、二〇〇四年にロンドンから南ウェールズのニューポートに移転したことを嘆《なげ》く人もいた。「引っ越したくないために、同局を辞めた職員も多かった」【二〇〇〇人の職員のうち、九割が辞職した】。経済学者のチャールズ・ビーン卿は、政府に作成を委託された二〇一六年の経済統計データ報告書にそう記した。そしてさらに、「そのようにして専門知識を有する人材が失われたことにより、特にその後の英国の経済統計データや国民経済計算の作成や調整において、著しく不利な影響がもたらされる結果となった」と指摘した[41]。

こうした事情が、結果として物事を数えたり測ったりする方法に影響を及ぼした。そして、以前とは異なる方法が、競い合うかのように併行して用いられるという事態をもたらした。通常、政策上の問題が解決されるには、一つの政権の期間より長くかかることが多いため、そうした問題について一貫性を保ちながら長期間にわたって追うことのできる方法をとることが、最も理にかなっているといえる。だが、それにもかかわらず、ことあるごとに再び「ゼロ年」から始めようとする心理が働く。正当かつ現実的な理由と政治的な理由という二つの要因があることを考慮すれば、そうしたくなる気持ちは容易に理解できる。

何事も関連づけて比較する

物事を経時的に比較するのも厄介だが、物事を国同士で比べるのはさらに厄介なことになる恐れがある。「EU内で警察に被害届が出された性的暴行事件の四割以上は、イングランドおよびウェールズで起きている」。二〇一七年、『インディペンデント』紙はどうやら、この情報には記事にするだけの価値があると考えたようだった[42]。この見出しを目にすれば確かにまず衝撃を受けるが、本書をここまで読まれた読者なら、警察犯罪認知件数については少なくとも一度は疑ってかからなければならないことを、もうわかっているはずだ。警察の記録方法は国によって違うし、このデータを収集したEU統計局（ユーロスタット）自体も、「性犯罪の被害者が届け出るかどうかの傾向は、国によって異なる」と指摘している。しかも、各EU加盟国の人口も異なっている。つまり、こうした物事を額面どおりに受け取った比較が、役に立つ日は決して来ないはずだ。

二〇二〇年に、新型コロナウイルス感染症パンデミックによって最大の経済的打撃を受けたのはどの国だろう？　世界で最も裕福な国々に限って比較すると、どうやら英国がそれに該当するようだ。* 少なくとも、経済協力開発機構（OECD）はそう判断した。OECDによると、二〇二〇年末時点の先進国の経済成長を比較した結果、英国が最下位になったという。[43] では、OECDはどうやって各国を比べたのだろうか。GDPを比較したのにほかならなかった。

パンデミックの最中、どの国の経済も落ち込んだ。たとえ使える場所があったとしても、人々は外に出てお金を使おうとはしなかった。あらゆる産業が停止に追い込まれ、労働者は自宅待機や一時解雇を告げられた。パンデミックによる損害を軽減するために、国は多額の支援金や給付金を支給した。その間、医療部門は過重労働でパンク寸前だった。彼らは追加の個人用防護具に法外な料金を支払い、すでに引退した医師や看護師を呼び戻し、さらには新たな病院まで建設しなければならなかった。そして、英国政府のパンデミックへの対応は、ほかの先進国の政府と大差なかった。もし、ロックダウンの比較的遅い導入や比較的早い解除、消費を促すための各種政策の実施といった措置を講じていれば、経済的打撃による損害をもう少し抑えられたかもしれない。

現在のＧＤＰの算出方法は、物事が突如として変化した場合に奇妙な結果を生み出すことがある。通常、英国のＧＤＰの二割は「政府支出」による。これはＧＤＰの算出方法に特有のものであり、各省庁が報告する支出とは異なっている。ＧＤＰの算出における「政府支出」とは、公的部門によって生み出されたものの合計であり、そこには学校教育や医療介護といった、公的資金によって行われる活動や提供されるサービスも含まれている。[44] こうして生み出されたもののなかには、特に地方自治体によるものや、利用時は無料である国民保健サービスによる医療といった、値段をつけるのが簡単ではないものもある。

生み出されたものの価値を正確に計算するのは難しい。そのため英国国家統計局は、行われた活動自体を数えることによって価値を測ろうとしている。たとえば、「病院で行われた手術件数」「かかりつけ医の診察件数」「学校の生徒数」などである。[45] そうすることによって、使われた費用をただ単に計算するのとは対照的に、経済活動の「実際の量」を算出できる。

パンデミックの最中には、保健サービスに多くの資金が投入されたことで現金支出が増えた。一方で、「かかりつけ医の診察件数」や「手術件数」が減ったことから「生産」は減少した。[†][46]

すべての国が、ＧＤＰにおける公共サービスの寄与度をこうした方法で測っているわけではない。実際、データアナリストのサイモン・ブリスコーの指摘によると、この方法を用いていない。

＊　主要七カ国（Ｇ７）のなかで、という意味。

†　これによってＧＤＰの落ち込みが「誇張《こちょう》された」のみならず、二〇二〇～二〇二一年度にインフレ率が七％上昇したかのように見える現象が起きた。

るのは、ほぼ英国一国だけだそうだ。[47] 本章の前半で取り上げたように、GDPは経済の真の健全性を示す指標としては不備な点もあり、フランス、オーストラリア、イタリア、韓国をはじめとする先進国のあいだでは、GDPの推定値を国の実際の経済成長と再び一致させるためになんらかの手を打たなければならないという、満場一致の合意がなされている。[48] ただし、英国側からしてみれば、英国がG7中最下位とされた問題は、他国がまだ何もしていないころから、英国がすでにそうした取り組みを独自に始めていたがゆえのものだったのだ。

つまり、そうした結果、英国におけるパンデミックの影響はほかのヨーロッパ諸国に比べてはるかに大きいかのように「見えて」しまった。OECDによると、パンデミックの最中であった二〇二〇年の英国のGDPは、各四半期を前年と比較した平均で見ると一二・五%減少していて、これはフランス（九・一%減）、イタリア（九・九%減）、米国（四・八%減）といった国より悪かった。唯一、英国より悪かったのは、GDPが平均一三・二%減少したスペインだった。[49]

ただし、OECDは国別の公的部門における経済生産高に関するデータも公表している。それは、英国の数え方がただほかの国と異なっているだけだということの裏づけになっているようだ。パンデミック中の公的部門の生産高は、EU全体では一・八%、スペインでは三・七%増加し、わずかではあるがフランスでも〇・五%増加した。だが、英国ではなんと一一%も減少したのだ。[50] 英国と同様に他国も、「対面での診察は基本的に行わない」といったパンデミック対策を取っていた点を考慮すれば、英国の数字だけが現実的だということは、ほぼ間違いないのではないだろうか。それとも、パンデミックの最中も、たとえば「自宅において電話で助言を受けた患者数」といった数字ではなく、あくまで「かかりつけ医による対面での診察人数」を用いての生産高の算出にこだわった英国という国が非現実的だったのだろうか。*

「どう考えてもおかしい」というのが、サイモン・ブリスコーの見解だ。英国より早くロックダウンに入ったイタリア、スペイン、ベルギーは、パンデミックによって、少なくとも英国と同じぐらい、あるいはさらにひどい打撃を受けたはずだった。「（我が国の）データは、確かに『より優れていた』。それどころか、技術的な意味ではおそらく最も優れていると思われる」と、ブリスコーはさらに指摘した。「ただし、その結果が国の姿を歪めて見せてしまうものならば、それは利用者にとって役に立つものとはいえない」[51]。

国連をはじめとする国際機関は、「国によって数え方が違う」という問題に常に直面している。本書の読者のみなさんのなかには、「ミレニアム開発目標」と呼ばれる世界レベルの壮大な目標を覚えている人もいるかもしれない。これは、国連がすべての加盟国に対して二〇〇〇年に設定した目標のことだ【「極度の貧困と飢餓《きが》の撲滅《ぼくめつ》」をはじめとする、八つの国際的な目標】。これらの目標達成に向けて定められていた期間が二〇一五年に終わりを迎えたことによって、「持続可能な開発目標（ＳＤＧｓ）」という新たな目標が設定された。「これは、人々と地球に

＊　実際には「電話による診察」も生産高データに含まれてはいたが、肝心な点は、それらは通常の診察と同じ方法では加重されたり数えられたりしていなかったことである。

とっての『やるべきことのリスト』であり、成功への青写真でもあります」。当時、国連事務総長だった潘基文《パンギムン》は、高くそびえ立つニューヨーク国連本部ビルで、この新たな目標を発表した際にそう説明した。[52] このSDGsでは、「貧困をなくそう」「飢餓をゼロに」「ジェンダー平等を実現しよう」「エネルギーをみんなに、そしてクリーンに」といった、世界のすべての国が実現に取り組むべき一七の壮大な目標が、それぞれ異なる鮮やかな色で示されている。

　こうした壮大な目標の達成に取り組むことは確かに大きな挑戦だが、国連にとっては、それらの目標への到達度をすべて測ることもまた別の大きな挑戦だ。一九三の加盟国は、世界で最も貧しい国から最も裕福な国までに及んでいる。しかも、統計データの収集という点では、各国が独自の手法を用いている（なんの手法もない国さえある）。どのようにして到達度を測ればいいのだろうか。また、どういった指標を使うべきなのだろうか。

　そうした違いを受け入れるために、国連はあまり厳密な指示を出すのは控えた。指標のなかには、「初等教育修了率」のように、解釈の余地がほとんどないものもある。だが、「情報通信技術（ICT）スキルを有する若者や成人の割合」や、「役人と少なくとも一度は接触して、賄賂《わいろ》を渡したことがある人の割合」のように、国同士で比べることがほぼ不可能なものもある。「ICTスキル」とは、正確にはどんなもので、何をもってしてそれを有しているといえるのだろうか。「賄賂」とは、どういったものを指すのだろうか。「役人」とは、どういう立場の人のことなのだろうか。[53] しかも、これまで見てきたとおり、貧困に関する各種指標がそれぞれまったく異なる状況を示す場合がある点を考慮すると、すべての国に対して比較可能な方法で貧困を測るよう求めるのはとうてい無理だ。

前にも述べたとおり、「貧困状態にある」のと、そうでない状態とを、はっきりと分けられる境界線は存在しない。それは、開発や進歩に関する指標の多くについても同様だ。ギャップマインダー財団の「ドル・ストリート」プロジェクトでは、そのことがわかりやすく示されている。[54] このプロジェクトの推進役であるアンナ・ロスリングと同僚たちは、五〇カ国において、家やその居住者、彼らの生活状況を表しているさまざまな場面を写真やビデオに収めた。そして、このために作成されたウェブサイトの「ストリート（通り）」に順番に並べていった。最も貧しい家から最も裕福な家へと左から順に並んでいるこの「ストリート」を眺めると、ベッドや調理器具といった、どの家庭でも同じように必要とされるものが順に変化していって、しだいに似ても似つかないものになっていくのが見て取れる。ある家では、ベッドとは、地面がむき出しの床の上に転がっているずだ袋のことだ。また、ある居住者にとっての家とは、防水シートをロープと棒で張ってテントのようにしたものだ。「ストリート」を右へ進んでいくと、人間が生活で望むものは状況によって大きく異なっていることがわかる。人がまず必要とするのは、食べ物と住む場所だ。居心地のよさや、威厳ある生活を望むのは、それよりずっとあとだ。さらに、ある人にとっては不十分だと感じられるものでも、ほかの人にとってはまったく問題ない場合もある。

人の暮らし向きがいいか悪いかを判断するための、明確かつ普遍的な基準を探すのは、きわめて難しい。特に、国連の加盟国すべてといった、さまざま状況を含む広い範囲で使えるような基準を求めるなら、なおさらだ。ということは、世界的な開発目標の達成に取り組むプロジェクト全体が、そもそも無意味ということなのだろうか。いや、そうではなく、プロジェクト自体はそれでも進めるに値するものだ。ただし、プロジェクト終了時に、形式がある程度定められたスコアカードで各国に成績をつけようという発想は、進歩することの本来の意味を見失っているように思える。

何かを比べるときは、別の何かと関連づけることが役立つ場合が多い。経済学者たちが国同士を比較するとき、彼らはただGDPを見るのではなく、人口と関連づけられている「一人当たりGDP」も見る。これは相対的な富を示すうえでGDPより優れた指標だ。なぜなら、人口が多い国では総じて経済規模も大きく、それによって生じる統計処理上の歪み、つまり「バイアス」を、一人当たりで計算することによって排除できるからだ。国際貧困ラインの本来の趣旨も、この理由に基づいている。富がどのように分配されているかによって変動する相対的貧困とは対照的に、国際貧困ラインは国同士の状況を測るための確固たる物差しとなる。

また、物事を経時的に比較するとき、特に金額を用いる場合は、それを固定するための何かをつくっておくと役立つ。一九〇八年の年間平均収入が約七〇ポンドだと聞いたら、読者のみなさんは驚くだろうか。[55]おそらく驚かなかったのではないだろうか。というのも、「当時の七〇ポンドは、現在とは価値が異なるはずだ」と思ったはずだからだ。経済学者たちは、基準として定めた年からインフレの影響を排除しながらさかのぼっていき、過去の年におけるお金の

「本当の価値」を計算する方法を用いている。これは「指数化」とも呼ばれている。要は、「ゼロ年」を定めて、それに関連づけられたことをすべて再計算すればいい。そうすると、一九〇八年の七〇ポンドは、現在の八六〇〇ポンド（約一三九万円）に相当すると推測できる。[56]

だがそれでも、「この八六〇〇ポンド相当とは、本当に現在のものとまったく価値が同じなのだろうか」と思う人もいるだろう。なぜなら、現金がどの程度あるかだけでなく、それで何が買えるかという点も重要だからだ。生活必需品の価格も変化する。その理由としては、「特定の商品に対する税金が上がった」「生産や輸入の費用が安くなったことによって、特定の商品の価格が下がった」「サプライチェーンに障害が起きた」などがある。さらには、「金融市場の動きの影響を受けた」といったものまである。こうした状況を考慮するための方法の一つは、収入と物価の両方を測るための第三の指標を用いることだ。たとえば、牛乳一パイントの価格は、一九一〇年代においては約一〇分間の労働で得られる平均賃金に等しいのに対し、二〇一〇年代においては約二分間分の労働の平均賃金に等しい【英国の一パイントは五六八ミリリットル】。また、ビール一パイントの価格は、現代では約一五分間分の労働の平均賃金に等しいのに対し、税金が高く供給量も制限されていた一九四〇年代や一九五〇年代においては、三〇分近い労働での平均賃金に等しかった。[57]

ただし、注意してほしいのは、新たなものの見方を提供してくれるすべての方法が、統計データをより筋が通ったものにするために役立つわけではない点だ。「一五秒ごとに、一人の子どもが飢えで亡くなっている」という訴えは、慈善運動のスローガンとしては一時期効果があったのかもしれないが、こうした伝え方は、いまとなっては現実味に欠けていて、心に響かない陳腐《ちんぷ》な決まり文句と化している。それに、この種の訴えに出てくる数字は、感覚として具体的に捉えにくい。たとえば、たいていの人は、一年が何秒なのかわかっていないので、こうした訴えを耳にしても、「一年間での数字はとても大きいに違いない」ぐらいにしか思えないだろう。しかも、いうまでもないことだが、秒や分の単位を尺度とする物事が、実際に等間隔で起きることはない。子どもたちは凶作や、保存していた食糧が異常気象でだめになったといった事態のあとに、いっせいに飢える場合がほとんどだ。インターネットで広く共有されているある動画では、ニュースキャスター風の人物がカメラに向かって次のように語っている。「アフリカでは六〇秒ごとに」と、彼は厳《おごそ》かにニュースを続ける。「一分間が経過します」。それは確かに信じられる情報だ。

また、二〇一五年には、「空爆を一度実施したときに、英国が支払う費用は五〇万八〇〇〇ポンド（約九三九七万円）です【当時、英国はシリアで空爆を行っていた】。この費用があれば、これだけの人を新規採用できます。救急隊員二〇名、または警察官二〇名、または教員二〇名……（と、リストは続く）」という訴えを掲載したインフォグラフィックス【視覚化された情報】が、ソーシャルメディアで広く共有されていた。これも、偽りない算出結果を知らせるという目的よりも、世間に対して衝撃的な「比較」を示すためによく使われる手法の一つだ。無理からぬ理由で、国防省が空爆の費用を細かく公表していないという事実はひとまず置いておくとして、この訴えの問題は、五〇万八〇〇〇ポンドで救急隊員または教員が何人「買えるか」の計算方法があまりに安易な点だ。もちろん、この数字をこれらの職業の平均収入で割れば人数は出るが（おそらくこの方法が用いられたと思われる）、それは本質的には、彼らをきっちり一年間だけ雇おうとしているのにすぎない。しかし、いうまでもなく、人を雇う場合にかかる費用には給与以外に年金関連の負担も含まれ、研修や備品のための費用といった、職員が大幅に増えたことで発生するかもしれない諸経費もある。

新型コロナウイルス感染症パンデミックの初期のころは、各国がどれくらい「うまく」対応しているかに多くの関心が寄せられ、それはおもに感染者数で比較されるようになった。だが、各国の感染者数を比較するのは当初から不可能だった。なぜなら、検査での判定基準が国によって異なっていたからだ。各国の陽性率がわかれば、なんらかの新たな視点が得られたかもしれないが、通常それらは公表されなかった。

それに、検査での陽性率といった指標さえ、国同士で比べるのは同様の理由で無理だった。つまり、対象者を広げて大規模な検査を行っている国の陽性率は、症状がある人に絞って検査を行っている国より低くなるはずだからだ。重要なのは、この世にはどうしても比べられないものがあるという事実に気づいて、それを認めることだ。

本書は、英国で使われているデータに山ほど見られる欠陥について書かれたものではあるが、世界基準からすれば、英国にはきわめて優れたデータも確かに存在している。出生と死亡を記録する制度が整備されていない国は数多くあり、そうした国は自国の人口の正確な推定値を出すことにさえ取りかかれないでいる。国連児童基金（UNICEF）によると、全世界の子どもの四人に一人は、出生時に登録されなかったために「存在していない」という。[58] つまり、どんな公的なシステムにもデータが存在していない五歳以下の子どもが、一億六六〇〇万人もいるということだ。また、死亡記録が存在していないために、新型コロナウイルス感染症パンデミックをはじめとする大惨事におけるすべての死亡数が永久に判明しないであろう国もたくさんある。国連によると、アフリカの五四カ国のうち、完全に正確と呼べる死亡数記録を有しているのは、わずか八カ国だ。[59] こうして見ていくと、町や村の正確な人口が摑めていない英国の状況も、さほどひどいものではないのではないかと、にわかに思えてくる。

情報が計画的に更新されたり確認されたりしていないために、どこに誰が住んでいるかについての公的な記録がない国もある。英国には行政記録情報があるが、それらは統合されてもいなければ、ほかのシステムと連携されてもいない。それでも、情報の統合や連携が実現できる可能性はある。そのためのリソースはあるのだから。ただし、実現に向けての政治的な意欲には欠けているかもしれないが。

たとえ「バッドデータ」しかなくても、私たちは比較を行うべきなのだろうか。

その答えは、間違いなく「いいえ」だ。似ていないもの同士を比べても、なんの役にも立たない。それどころか害を及ぼす恐れもある。たとえば、権力の座にある人が、貧困状態の人が実際には増えたのかもしれないのに減っていると誤解してしまうと、「問題は解決された」と早とちりしかねない。また、単に集計方法が変更されただけなのにもかかわらず、失業者数が大幅に減ったと誤解してしまうと、まだ仕事が見つからなくて困っている人が忘れられたり、見落とされたりしかねない。さらには、単に統計データの操作によるものだったにもかかわらず、ある地域の犯罪件数が増えていると誤解してしまうと、同地域への投資がおろそかになり、結果的に住民たちは「よくない地域の人々」とみなされてしまう。

問題は、政治家やマスメディアが常に新しい話題を求めていることである。そんな彼らに対して、「それについては、増えているのか減っているのか見当もつかない」などと伝えても、決して納得してくれない。また、人は特定の物事について、「常に悪くなっている」と信じて疑わない傾向が強いことが証明されている。しかも、そういった思い込みを否定できるような裏づけとなる、一貫性が保たれた長期的なデータが存在しないために、事態は改善されない。一八〇〇年代においても、社会学者、弁護士、裁判官といった有識者たちが、「増えている犯罪」に対処するための議論を頻繁に行っていたが、今日では、当時の犯罪件数は実際には減少していたことがデータによって裏づけられている。[60] 人というものは、みずからが置かれている状況や時代を歪めて捉えるよう宿命づけられているかのようだ。もう少し待ち、一定の間隔を置いてからのほうが、より正しく判断できる場合が多い。

英国の長期的なデータセットのなかには、たとえデータ自体に欠陥があっても、物事をかなり正確に比較できるものも確かに存在する。「イングランドおよびウェールズにおける犯罪調査」は犯罪率についての大まかな印象しか与えてくれないが、それでも計り知れないほどの価値があることは証明ずみだ。もし、使えるものが警察犯罪認知件数しかなく、そのデータの内容を額面どおりに受け取っていたとしたら、単に統計データの歪曲によって生じた「増加」や「減少」が、何十年間も判断材料にされていたはずだ。欠陥のあるデータセットは決して歓迎すべきものではないが、少なくともその欠陥自体が経時的な一貫性を保っているのであれば、そうしたデータもなんらかの傾向を摑むのに役立つだろう。

間違った結論を出さないよう備えるには、「長期的な比較」や「国同士の比較」を額面どおりに受け取らないことだ。どちらの場合も、比較したときに読み取れる差のなかに、状況や条件自体による差も含まれている可能性が高いからだ。ここで考えられる別の対策として、「方法論的複眼《トライアンギュレーション》」がある。これは、出所が異なるさまざまな情報を調べることを意味する。それによって真実に到達できるかもしれない。この手法は、必ずしも出所が異なる「数値データ」だけを利用するわけではなく、日記や写真といったものまでを含むあらゆる種類の記録を用い、それぞれをほかの記録から読み取れる情報の裏づけにするものだ。

「持続可能な開発目標（ＳＤＧｓ）」のいずれの目標についても、どの程度達成できたかを示すために必要な、信頼できる確かな証拠を、国連が二〇三〇年までに手に入れられる見込みはまずない。だが、少なくとも、各目標に関する状況がよくなっているのか悪くなっているのかの感覚が摑める程度には、出所の異なるデータを各国から十分多く集められるはずだ。入手したデータに欠陥があることを利用者が認識してさえいるのであれば、なんのデータもないより、なんらかのデータがあったほうがいい。次の章で見ていくとおり、データがない状態は、それはそれでまったく別の問題を引き起こすことになる。

第五章
データなし

無知は至福、ではない

調査チームはロビーで待機していた。なるべく足音を立てないようにしつつ急いでいる気配や、ひそひそ声が、建物じゅうから伝わってくる。慌《あわ》てふためきながら別室に逃げていった受付係からは、そのままロビーにいるように言われていた。だが、調査官たちは、この状況を細かく調べるという任務に取りかかった。何か変わった点がないかを確認していくなかで、調査官の一人が戸棚を見つけて扉を開けた。すると、「調査官が突然訪《たず》ねてきたときにすること」という指示書が、扉の内側にテープで貼りつけられていた。リストのいちばん上に書かれていたのは、「弁護士に電話する」だった。そしてリストの下のほうまでたどると、「子どもたちを退避させる」と書かれていた。[1]

このチームは、「違法学校」を調査するために教育監査局から送り込まれた調査官たちだった。[*] 彼らはこうした団体を年間何百カ所も調べていて、「一〇代の若者たちが、ただひたすらコンピューターゲームをしている」「子どもたちが、宗教書を何時間も繰り返し読まされている」といった、さまざまな実態を目の当たりにしてきた。そうした学校のなかには「避難計画」を作成しているところもあり、弁護士が急きょ呼ばれているあいだに、子どもたちをあらゆる出入り口から逃亡させ、職員たちは不利な証拠になりそうなものを慌てて隠そうとする。

教育監査局は、今日までに調査された違法学校で教育を受けていた子どもの数は、約六〇〇

○人と推計している。だが、これは実際の総数よりも少ないと思われ、しかも違法学校がいったいどれくらいあるのかもわからない。

このように、必死になって隠そうとする人がいるために、数えられないものもある。発覚を避けるためや、見た目で中身がわからないようにするためなら、人間は驚くほどの知恵を発揮するものだ。前にも取り上げたとおり、「飲酒量」「食事量」「セックスパートナーの数」といった、特に罪に問われそうにないことでも、人は嘘の報告をする。たわいない嘘をつくのは簡単だし、偽りない真実とは異なることを、そう気づかないまま口にしてしまうことだって十分ありうる。ただし、統計データに関する意図的な隠ぺいは、そういった嘘とはまったく別の問題だ。

英国の全国的なデータには、抜けている箇所が多々ある。その究極の理由は「隠ぺいされている」ことだ。数えるのが難しかったり、数えるために必要な意欲やリソースに欠けたりしているために、数えられていないものもある。また、数えられてはいるが、連続性や一貫性に欠ける方法で数えられてしまったために、それを用いて国の全体像を捉えるのは総じてほぼ不可能だという例もある。一方、適切な方法で数えられているにもかかわらず、データが公表されない場合もある。それはつまり、世間は自分たちでは確認できずに、政府の言葉をうのみにしなければならないということだ。

＊　この場合の違法学校とは、学校活動を行っているにもかかわらず、教育省に登録されていない団体のこと。

二〇一九年、政府は学校に通っていない子どもたちの問題に、真剣に耳を傾けるようになった。そのなかには自宅教育《ホームスクーリング》を受けている子どもたちや、違法学校に通っている子どもたちも含まれていた。ちなみに、ホームスクーリングは合法であり、親は国が定めているカリキュラムに従って教える必要はない。* 親は「今後は自宅で教える」と学校に連絡しさえすれば、いつだって子どもを学校に通わせないようにできる。法律上は、その子どもは引きつづき教育を終日受けなければならないが、それを強制できる制度は存在していない。管轄の役所が「非公式な調査」を行って、自宅での教育状況を確認することは可能だが、そうした調査は必ずしも体系的に行われているわけではない。しかも、役所はそういった非公式な確認さえ、すべての対象者に行うことはできないのだ。というのも、子どもにホームスクーリングを受けさせていることを、親が管轄の役所（あるいはどんな中央政府機関に対しても）に報告する義務はないからだ。

その結果、英国では、ホームスクーリングを受けている子どもが何人いるかを摑めていない。実際には、親が管轄の役所で登録手続きをしている場合もあるので、二〇一八〜二〇一九年度には少なくとも六万人の子どもがホームスクーリングを受けていたことがわかっている（ただし、全国ではなくイングランドのみの数字）[2]。この数字は、学校裁定局（ＯＳＡ）が、「この一年のあいだにホームスクーリングを受けていたことがわかっている子どもの総数」を各役所に尋ねて算出した年間総数だ。

しかもこの数字は、二〇一五年の三万五〇〇〇人や、二〇一七年の五万二〇〇〇人と比べて、近年上昇しつづけている。[3] 二〇一九年、教育省は「普通学校以外で主要教育を受けている子どもの数が増えている」との懸念を示し、さらに「『ホームスクーリング』をきちんと行っているると認められる場合も確かにある。だが実際には、未登録の私立学校といった不適切な教育環境や、短い時間単位で複数の施設をかけもちするという教育環境に、子どもをおもに、または完全に委《ゆだ》ねてしまうようになる場合が大半だ」と指摘した。[4] つまり、ホームスクーリングは、子どもたちを違法学校に通わせるための口実になりかねないということだ。

ただし、教育省のこの指摘には、間違った点が一つあった。「ホームスクーリングを受けている子ども」の数が増えているかどうかは、実際にはわからない。なぜなら、「ホームスクーリングを受けているが、管轄の役所に報告されていない子どもの数」については、見当もつかないからだ。「ホームスクーリングを受けている子ども」の数が、「未報告者の割合が毎年同じぐらいにもかかわらず増えている」のか、それとも「学校に通わずにおそらく家で学んでいる子どもたちの数を、役所がより正確に把握できるようになったから増えている」のか、どちらであるかはわからない。物事の程度を知るには、その全容を摑まなければならない。それが無理なら、少なくとも全体を代表するものについて知りたい。第一章で取り上げた、自己選択による標本の問題点を思い出してみてほしい。自分自身の情報を自発的にくれる人の集団は、情

＊　ここで明確にしておきたいのは、たとえば新型コロナウイルス感染症パンデミックの最中に自宅でオンライン授業を受けていた子どもたちは、このなかには含まれていないという点だ。普通の学校に通う子どもたちは、たとえ学校が閉鎖されてオンライン授業に切り替わったとしても、通常どおりのカリキュラムに従って学ばなければならない。

報を出すことをわざと避けている人の集団とはまず間違いなく似ていないので、前者の情報から後者を推測することはできないのだ。

また、これらの統計データでもう一つ注意しなければならないのは、ホームスクーリングを受けていると思われる子どもの総数が、一年間のある時点における情報に基づいて算出されているという点だ。どうやら、「停学処分を受けた」「いじめられた」「身体的または精神的な健康問題がある」「親が入学手続きの締め切りを逃してしまった」といった理由で、子どもが一時的にホームスクーリングを受けるのは、決して珍しいことではないようだ。二〇一九年のある役所の報告によると、ホームスクーリングを受けることに関して、学校の年度中に約一〇〇〇件近い登録が新規に行われたが、そのうちの約三分の二（六〇％）については子どもたちが通学を再開したことで、すでに「終了案件」扱いだという。これはおそらく国全体を代表する事例ではないが、それでも、約三分の二の子どもたちがわずか数週間または数日以内に学校に戻ってくる点を考慮すれば、「ホームスクーリングを受けている子どもの数は六万人」という数字は、少し意味合いが違ってくる。そしておそらく、「ホームスクーリングを受けている子どもの数」が増えつづけているのは、先ほどのような短期の場合が増えているからだ。だとすれば、この数字は政府にとって、「ホームスクーリングを受けている子どもの数」の記録を役所に義務づける新法の提案を正当化する有効な理由になるのだろうか？

ホームスクーリングを受けている子どもの数は、数えられていないのでわからない。だが、そうした子どもの数がわからないために、彼らを数えるためのまったく新しい法律や制度を導入する価値があるかどうかがわからないのだ。

重要な物事のなかには、数えられる（あるいは少なくとも推測できる）ものもたくさんある一方で、数えられないものもある。そのなかには、予想外のものもある。刑務所に入れられる人は、個人に関する基本データが司法省のデータベースに記録される。それゆえ、受刑者たちの性別、年齢、国籍、民族は明らかになっている（少なくとも、そういった事実が正確に申告されているのならば）。しかし、受刑者に要扶養の子どもがいるかどうかについての記録はない。[5] 事例報告で取り上げられた女性受刑者のほぼ全員に子どもがいることから、要扶養の子どもの有無は女性受刑者たちの状況を把握するうえで、とりわけ重要な項目であることが以前から指摘されてきた。[6] 母親が刑務所に入っている子どもの数についての実際のデータがないため、さまざまな推定値が出されてきたが、それらの数字は年間およそ二五〇〇人から一万七〇〇〇人以上までと、大きくばらついている。[7] しかも、受刑者全体における女性受刑者の割合は二〇人に一人であることから、「両親のいずれかが刑務所に入っている子どもの数は、年間三〇万人」という推定値もある。[8] だが、実際の数を把握できるほうが、そうした子どもたちのためになるのではないだろうか。それに、受刑者たちが文字どおり「囚われの身」であることを考えれば、この件についての実際のデータを集めるのは、かなり容易なはずではないのだろうか。

受刑者のメンタルヘルスは、ますます大きな問題になっていると考えられている。ここであえて「考えられている」としたのは、二〇二一年に司法特別委員会がこの件を調査が必要なほど重要な問題だと捉えたにもかかわらず、その調査報告書の導入部には「刑務所における精神障害の程度や性質、治療にいくら使われているのか、それらの治療費が有効に使われているかどうかについては、明確に把握できていない」という一文があったからだ。[9]確かに、この報告書には、残りの三八ページが埋まるだけの情報量はあったが、それでも導入部で示されたとおり肝心な部分のデータが抜けているため、受刑者のメンタルヘルスが本当に深刻な問題になっているのかどうかは、まだはっきりしていない。

英国の家畜数についての情報はたくさんあるが、ペットの数についてはほぼなんの情報もない。国勢調査や全国レベルの標本調査ではペットの所有に関する質問はほとんど行われていないため、手に入れられる最も詳細な推定値は、ペットフード会社が行った市場調査に基づいたものだ。とはいうものの、政府も二〇一六年に「一平方キロあたりの犬の数」の推計を試みたことはある。[10]その結果のなかには、ロンドン中心部の郵便番号「W1A」が「地域に基づいていない」郵便番号であるにもかかわらず、「『W1A』内の犬の数は一・四匹」とされているものもあった。*また、その一・四匹の犬の「五分の二はダックスフンドではない」ともされていた。要は、この犬の数のデータは、研究者たちが動物病院やペットフード販売店からの情報を用いて機械的に算出したものだったのだ。

犬の数を気にするなど些細《ささい》なことに思えるかもしれないが、じつはこれは政府が進めている政策には欠かせない情報なのだ。「子犬農場」での繁殖業や、高価な犬種の密輸は儲かる非合法ビジネスであり、政府は取り締まりを強化する策を近年導入した。[11]一九八七年以前は、英国で犬を飼うには許可を取らなければならなかった（ちなみに北アイルランドでは現在も許可が必要だ）。なぜこの許可制が廃止されたかというと、ほとんどの人が制度に従っていなかったのに加えて、申請を強制するのは現実的ではないと判断されたからだ。それでも、マイクロチップといった技術が発展している今日においては、収集可能かつ役に立ちそうな新たなデータがあってもいいのではないだろうか。

次に、鶏《にわとり》についても見てみよう。二〇二〇年一二月、ノーフォーク州の農家での鳥インフルエンザ発生を受けて、政府は感染拡大を防ぐための思い切った措置として、すべての家禽《かきん》飼養者に対して屋内飼養を法的に義務づけた。[†12]では、自宅の裏庭で鶏を飼っていた人々は、その規則に従っただろうか？　そうしたとは信じがたい。当時は新型コロナウイルス感染症パンデミックの最中でもあり、人間だって厳格なロックダウンを命じられていた。自宅でのビデオ会議中に、鶏に突かれるのは誰だってごめんだ。『デイリー・メール』紙によると、英国では五〇〇万羽の鶏がペットとして飼われていて、それはペットのハムスターの五倍に相当するという（ハムスターたちよ、ざまをみろ！）。[13]だが、これは政府が出した公式データではない。なぜなら、そういったものは存在していないからだ。この推定値は、自社の製品を「世界最高の鶏小屋用扉自動開閉装置」とうたっている、チキンガード社が実施した標本調査によるものだ。

＊　この郵便番号は私書箱とＢＢＣ本社専用だ。もしかしたら、この犬の数とは、ＢＢＣの子ども番組『ブルー・ピーター』内で飼われている犬のことだろうか？

†　この制限は二〇二一年三月に解除された。

もし、鳥インフルエンザの感染状況が当時さらに深刻化していたら、庭で飼われている雌鶏《めんどり》がどこに何羽いるのかを政府がもう少しきちんと把握するために、同社のデータが役立ったかもしれない。

あることについて、「それはあまりにも『些細な問題』だから、数えるに値しない」と思ってしまいそうになるときは、「数えはじめようと誰かが思ったからこそ、発見された事実もある」と自分に言い聞かせよう。クリミア戦争で看護師として英国陸軍病院に従軍していたフローレンス・ナイチンゲールが、「この病院のきわめて不衛生な状態が、異常に高い患者死亡率の原因の一つではないか」という疑問を初めて提起したときには、誰もまともに取りあおうとしなかった。それでも、病院じゅうを徹底的に清掃する前とあとに集めた死亡率のデータをナイチンゲールが提示すると、疑い深い人々さえも彼女が正しいことを認めざるをえなかった。不潔な汚れ（今日ではそれが細菌であることがわかっている）が、患者の死を早めていたのだった。当時は、床にモップがかけられているかどうかは、些細なことにすぎなかったのだ。

大事なことであれば、問いかけるべきなのは「数えはじめるべきなのか？」ではなく、「いつ数えはじめればいいか？」だ。

二〇一五年以前の英国は、出国者のデータを集めていなかった。厳密にいえば、出国者と入国者を確認して、彼らが実際どれくらい滞在したのか（あるいは出国せずにずっと滞在しているのか）を調べていなかった。それより前についての入手できるデータといえば国際旅客調査のものしかなく、第一章で取り上げたとおり、同調査ではまったく見当外れの推定値が出てしまうことが多かった。たとえば、何万人、もしくは何十万もの人が短期の学士課程を履修するために英国にやってきて、しかも滞在しつづけているという的外れな数字が、同調査の結果で示された。この数字によれば、英国で学んでいるすべての留学生のほぼ半数もが、半永久的に英国に住みつづけていることになる。だが、前にも述べたように、ようやく出国者の管理データがとられるようになって、それを入国者の記録と照らし合わせたところ、留学生の九五%が課程を修了ししだい出国していることが判明した。[14]

政策においては、データを集めないということは、物事がうまくいっているかどうかを把握できないことを意味している場合もある。企画立案の段階では徹底的なインパクト評価が行われる政策が多いにもかかわらず、そうした政策がいざ実施されると、その後、インパクト評価が体系的に行われることはきわめて少ない。その理由としては、評価を行うには多大な費用がかかることや、実際の影響を測るのは難しいことが挙げられる。とはいうものの、「この保護観察改革を実施すれば、納税者にとって一〇四億ポンド（約一兆五八八一億円）の費用削減につながる」と果敢にも主張するのであれば、政府は自身の約束を果たしたことをなんらかの方法でのちに示すべきではないだろうか。そして、世間もそれを要求すべきではないだろうか。

ロンドン・スクール・オブ・エコノミクスとサリー大学の研究者たちは、二〇〇〇年代と二〇一〇年代に政府が行った評価のうちの三五件について細かい検証を行った。[15] 研究者たちは、「『因果関係による影響』を推定した」と述べられている評価に特に注目した。誰もが知っているとおり、「因果関係」の一般的な意味は、「あるものが原因となって、ある結果をもたらす」ことだ。だが、これを統計学的に測るためには特別な手法が必要となる。研究者たちはこの検証で、「政策が実施されたあとの状況」と、「政策が実施されなかったと仮定した場合に、どういう状況になっていたか」を比較しなければならない。この手法については、のちほどさらに具体的に取り上げる。

検証の結果、政府の評価では政策アウトプット（たとえば、訓練を受けた労働者数や、支援を受けた企業数など）についてはきわめて細かく測定されていたのに対し、評価全般では、解決を目指していた問題に政策がどんな影響をもたらしたかを示せる証拠がほとんど提示されていなかった点が明らかになった。「一人親のためのニューディール政策」や「障害者のためのニューディール政策」（ともに「新しい労働党」政権下で導入された、自発参加型の就労促進策）に対する政府の評価は、かなり限定されたものとなっていた。各対象者が職を得るのにこの政策が役に立ったかどうかを検討するための、「比較群」に関するデータがほとんどなかったためだ。「近隣地域再生のための国家戦略（ＮＳＮＲ）」に対する評価では、地方自治体の予算がどこに割り当てられたのかに関する基本的なデータさえ、評価担当者は把握していなかった。それに加えて、二〇〇一年に導入されたこの戦略の目的が「一〇年から二〇年後には、すべての人が、住んでいる場所によって著しい不利益を被《こうむ》らないようになること」であった点も、評価を難しくしていた。[16] それでも、目標はあくまで高いに越したことはないのかもしれない。

ただし、ここで挙げた例は、これらの政策が、あるいはその他の政策も、目的を達成していないということではない。要は、実施された政策が効果をもたらしたことを少なくとも統計学的に証明できるような「確かな証拠」を、政府が示せるのは稀だということだ。

政策がもたらした影響を、たとえ完璧に評価する気はなくても、政府はできるだけ多くのデータを集めておくのが望ましい。そうすることによって、思いも寄らなかった重大な事実が明らかになるかもしれないからだ。

二〇一八年と二〇一九年のイングランドの地方選挙において、投票所で投票者に身分証明書の提示を求めるという政策が、特定の地域で試行的に実施された。その後、「少数民族は必要な身分証明書を提示するのが難しいと思われることから、投票できなくなるのではないか」という推測に対する回答を求められた政府は、「試行結果によると、人口統計上の特定の集団に対する影響は見られなかった」と主張した。[17]だが、それは正確には真実と呼べるものではなかった。この試行ではなんと、対象者がどの民族に属しているのかについてのデータは集められていなかったので、前述の推測が正しいかどうかを検証するのは、そもそも不可能だったのだ。[18]

その一方で、一部の地域でたまたま集められていた、各住民がどの民族に属しているかに関するデータは、新たな事実が浮かび上がるほど十分詳しいものだった。それらのデータから推測できたのは、アジア系の人口が多い地域では、選挙人名簿から漏れている人数がほかより多いということだった。この結果が、国全体に当てはまるとはいえない。だがそれでも、誰が身分証明書を持っているかのデータのみならず、そもそも誰が選挙人名簿に登録されているかについてのデータにも民族に関する情報が必要であることを、この結果が証明しているといえるのではないだろうか。

二〇二〇年春に、「新型コロナウイルス感染症で死亡する可能性は、『黒人、アジア系、少数民族（ＢＡＭＥ）』が最も高いのではないか」という憶測が広まった際、それを検証できるようなデータは存在していなかった。イングランドでは、どの民族に属しているかという情報は、出生証明書にも死亡証明書にも記載されていない。そのため、英国国家統計局はそうした疑問に答えるために、死亡証明書の名前を二〇一一年の国勢調査の名前と照らし合わさなければならなかった（当然ながら、当時まだ生まれていなかった九歳以下の子どもと、二〇一一年以降に英国に移住した約二三〇万人の移入民は対象外だった）[19]。これは骨の折れる作業であり、もしも、より詳細かつ統合された人口データがあったら実施しなくてすむものでもあった。

尋ねる自由

この大ばか者。この幼稚で、愚かで、無責任なとんま野郎。どんなに激しい言葉であろうと、自分のばかさ加減を言い表すにはまったく足りない。とにかく、自分の愚かさに震えるばかりだ。

トニー・ブレアは、自身の回顧録にそう書き綴《つづ》った。情報公開法（ＦＯＩ）を成立させたという、あの「首相としての自分の最悪の過《あやま》ち」を振り返りながら。[20]

この法律は、「政府の透明性をよりいっそう高める」というブレアの公約を実現する手段の一つとして、二〇〇〇年に制定された。それによって、国民は一〇万以上の公的機関に対して、ほぼどんなデータについても開示請求できるようになった。請求を受けた機関は、「データを取り出すのに費用がかかりすぎる場合」「個人のプライバシーの侵害や、国家機密の漏洩《ろうえい》に当たる場合」といった、かなり多い適用除外項目のどれかに当てはまるデータ以外は開示しなければならない。

成立当時、ブレアは同法を「政府と国民との新たな関係を築くもの」と褒《ほ》めちぎっていた。いったい何が、彼の考えをあれほど劇的に変えてしまったのだろうか。ひと言でいえば、ジャーナリストたちだ。ブレアの言葉を借りると、情報公開法とは「棒で叩きにきた人に、木槌《きづち》を渡してあげるようなもの」だったのだ。

情報公開法は、ジャーナリストたちにとってだけ重要なわけではなかった。政府が収集してはいたが公表していなかったために欠けていた特定の種類のデータを求めていた人にとっても、きわめて重要な法律だ。また、公的機関がどんなデータを集めていて、どんなデータを集めていないのかを、国民が知るうえでも役に立ってきた。

情報公開法によって開示請求できたおかげで、国会議員たちの諸経費が初めて公開された。なかでも、「池に浮かばせる鴨《かも》用の小屋」の購入費一六〇〇ポンド（約二三万三九〇〇円）が経費として請求されていた一件は、全国民の記憶に永遠に残ることとなった。また、情報公開法に基づいた別の開示請求によって、レストランに対する食品衛生調査の点数が、初めて大々的に公開されるようになった。この調査結果の開示請求は当初は一、二件程度だったが、やがて雪だるま式に請求件数が増えていくと、国民はすべての飲食店の点数が公開されるのが当然だと思うようになり、点数を進んで掲げない店の衛生状態を疑うようになった。現在では、ほぼすべての飲食店で点数が掲示されている。

さらに、情報公開法に基づいた開示請求のおかげで、二〇一七～二〇一八年度における緊急番号999番への通報後の救急車の最長待ち時間は、イングランドのいくつかの地域では約二四時間、ウェールズでは六二時間以上だったことも明らかになった。[21] また、ロンドンの警察留置場で一晩過ごすのは、納税者にとって約四一八ポンド（約六万七七〇〇円）の負担になることも国民は知っている。ジャーナリストたちによると、これは超高級ホテル「ザ・リッツ・ロンドン」に一泊する一人分よりも高いそうだ。しかも、留置場で一晩過ごした翌日の「朝食メニュー」は「お好みの調理法の卵料理、ベーコン、ソーセージ」で、おまけに「さらに次のメニューからもう一品選べます」と書かれた下には、「ベイクドビーンズ、ベイクドトマト、ジャガイモのソテー、フライドポテト、ママレードを添えたバターつきパン二切れ」などが並んでいるらしい。[22] とてもおいしそうだが、朝からフライドポテトを食べるのはいささか贅沢《ぜいたく》ではないだろうか。

情報公開法に基づいて土地登記所に開示請求できたおかげで、非公開のオフショア会社がイングランドおよびウェールズの土地をどれくらい所有しているのか、国民はかなり正確に把握している。[23] また、ロンドンの「刃物放棄政策」に対して行われた公式評価において、同政策が

「犯罪に対して目に見える効果をもたらさなかった」と評されたことも、国民は知っている。さらに、一九九二年の「暗黒の水曜日《ブラック・ウェンズデー》」の英国経済への影響を大蔵省が算定したところ、「当初懸念されていた何百億ポンドではなく、おそらく三三億ポンド（約七三七七億円）程度」という結果が出たことも。*

情報公開法によって、根拠に基づかない行動や奇妙な振る舞いも明るみに出た。二〇〇六年、『サンデー・タイムズ』紙の記者たちは、一九七〇年代にネス湖の怪獣「ネッシー」の真実を突き止めようと固く決意した環境省職員たちの通信記録を入手した。[24]「この湖に住むとされる伝説の怪獣が発見されれば、観光業に有益となる」という意見を聞き入れた同省職員の一人は、「カメラとストロボ照明を装着したイルカに、湖の深いところでネッシーの形跡を探させるため、バンドウイルカ二頭の調達を検討している」と、スコットランド家庭・保健省に通知するほど熱を入れていた。

もう少し現実的な例では、元首相のゴードン・ブラウンが、二〇一五年に国会議員を引退する前にボールペンの替え芯代として七三二ポンド（約一三万五四〇〇円）も散財して、それを

＊　これはブラック・ウェンズデーに大蔵省がポンドの買い戻しに使った総額のこと。定められている変動制限ラインを超えたので、英国はポンドを欧州為替相場メカニズムから離脱させなければならなくなった。このときにかかったとされる費用の当初の推定額が、実際よりもはるかに高い「一三〇億ポンド（約二兆九〇六三億円）から二七〇億ポンド（約六兆三六一億円）」だった。このことも、ブラック・ウェンズデー後、英国民のＥＵ圏に対する不信感がますます増大した大きな要因だ。

経費に計上していたことが情報公開法によって判明した[25]。しかも、どのボールペンの替え芯（クロスのボールペン用のポーラス芯）で、何本購入されたのかまで明らかにされた。開示請求によって手に入れられる情報の細かさは、じつに驚くべきものだ。それに、ある意味で覗き見的な感じもする。そのため、公的機関の職員たちは、すべての業務について「情報公開法の対象になってもいい」ようにするための作業基準を、早い段階から取り入れていた。要は、自分の仕事内容が公になってもまったく問題ないかどうかを、常に自問自答するということだ。

情報公開法は国民にとって大いに役立っているが、それでも完璧なツールであるとはいえない。開示請求に関して、すべての公的機関を統括的に監督している部門がないため、各機関の職員の対応にはばらつきがある。また、開示請求が棄却された場合に、請求者が苦情を申し立てる先もない（裁判に持ち込むという最終手段はあるが）。また、開示請求に応じるうえでどれくらい詳細な情報を出すべきかについては、提供する側の判断に委ねられている。そのため、開示されたものが、すでに公表されている一般的な統計データのたいした足しにならない場合もよくある。さらに、情報公開法に基づいた開示請求に適切に対応するには、多大な労力が必要だったり費用がかかったりすることも多い。国会議員たちの経費申請の詳細を世間の目にさらされまいとする長い戦いに敗れた下院は、この点を痛感させられた。そうして、議員たちの経費申請やその支払いをすべてたどれるような仕組みを、新たに構築しなければならなかった。それはすなわち、透明性の向上を訴える運動家たちにとっての勝利を意味していた。

政府が保持しているデータを公にするために、なぜ国民がわざわざ開示請求をしなければならないのかという議論もある。情報公開法に基づいた開示請求に応じてデータを快く公表できるのであれば、初めから公表しておけばいいのではないだろうか。施行当初から、批評家たちは「情報公開法によって開示可能となるデータがあまりにも多いことから、権利を乱用した請求がいくつも行われるという事態を招き、その結果、国民のお金が無駄遣いされる」と指摘してきた。たとえば、「ロンドン警視庁の警察官に呼び止められて、所持品検査を受けた幼児は三〇〇人」といった煽情《せんじょう》的な見出しの記事を書くために、ジャーナリストたちが情報公開法を利用するのは、間違いなくこの法律の精神に則《のっと》っていない。しかも、前述のような情報公開法批判をますます大きくすることになる。[26]

とはいえ、情報公開法の利用に関する政府全体としての統計データは存在していないため（前述のとおり、開示請求可能な公的機関は一〇万以上もある）、請求の対応にどれだけの費用がかかっているのかや、厄介な問題を引き起こしそうな請求が何割程度あるのかを把握することはできていない。ある研究での算出によると、二〇〇五年に情報公開法に基づいた開示請求への対応にかかった総費用は、およそ三五五〇万ポンド（約七一億円）だった。[27] その年の開示請求の件数は一二万一〇〇〇件と推定されているので、一件につき二九三ポンド（約五万八七〇〇円）かかったという計算になる。ちなみに、近年、中央政府の省庁が対応した開示請求の件数は、二〇〇五年当時より約二五％増加している。[28]

政府が有するデータに対して、国民にはどんな権利があるのだろう？　自分のものであるかのように、自由に手に取って利用できるデータだとみなすべきなのだろうか。というのも、そうしたデータの少なくとも一部については国民の税金が充てられているのだから、国民が所有しているともいえるはずだ。だが、その一方で、国民のために物事を進めてくれる人を選挙で選んだということは、国を動かすための権限と責任を彼らに委任したという意味ではないだろうか。政策の実施という公務に全力を注がなければならない人々に対して、世間は入れ代わり立ち代わりデータを求めにいくべきではないのではないだろうか。

すでに見てきたとおり後者の考え方は一九八〇年代の政府のものだ。このとき、「統計データは政府のためのものであって、国民のためのものではない」とされ、統計データの公表件数が大幅に縮小された。一九九〇年代になると、政府に対する国民の信頼の低下が懸念されたことで、ある種の「情報公開《グラスノスチ》」が起こり、それが最終的に情報公開法へとつながった。ただ、ブレアが後悔したのは、何年ものあいだ閉じられていたカーテンを開くに留めておけばよかったものを、近所の人々に自宅の鍵まで渡してしまったことだった。

穴だらけのパッチワーク

情報公開法に基づいた開示請求が（とりわけジャーナリストたちによって）これほど多く行われている理由の一つは、地方自治体や地方分権政府レベルでそれぞれ保持されている数多くの興味深いデータを、国全体のものとしてまとめて照合できないことだ。たとえば、警察権の行使に関する情報は、イングランドおよびウェールズの四三の警察と、スコットランドと北アイルランドの国家警察がそれぞれ所有している。少なくともイングランドとウェールズのデータについては、内務省が中央政府のデータ用にかなりの件数を集めてはいるが、すべてを収集しているわけではない。そのため、政府ができるにもかかわらずやっていない作業、しかも間違いなく政府がやるべき作業を、結局ジャーナリストたちがやらされるはめになっているのだ。公共空間保護命令がどのように行使されているかについての情報をつなぎ合わせる運動が二〇一五年に開始されるまで（その結果、「ぶらぶら歩く」「屋外フィットネス教室の開催」「鑑賞用の噴水で犬を遊ばせる」などが禁じられている地域もあることが判明した）、この権限の行使についての概要は政府さえも摑めていなかった可能性が高い。[29]

英国のデータにはきわめて雑然として不完全なものがあることを明らかにした優れた例は、ガイ・シュラブソールとアンナ・パウエル・スミスによるプロジェクト「イングランドを所有しているのは誰なのか？」だ。[30]「イングランドの各土地を誰が所有しているのか、政府はほぼ把握しているだろう」と思うのは当然のことだが、この二人の研究者が所有者の情報を地図で示そうとしたところ、そうではないことが判明した。二人はケビン・カーヒルが著書『*Who Owns Britain?*（英国を所有しているのは誰なのか）』のために行った作業をさらに進め、土地登記所、王室関連の特殊法人である「クラウン・エステート」、政府省庁、その他の公共団体および民間団体の記録をつなぎ合わせていった。そうして、情報公開法に基づいた開示請求によって各土地の正確な場所を突き止め、詳細なオンライン地図を完成させた。それらのデータは、一般人でもすべて入手可能だった。ただ、これだけのデータを手に入れるのは大変なことであり、集めようとするには相当な覚悟が必要なのだ。

　この地図で示されている情報で最も奇妙に感じるのは、イングランドの土地のおよそ一五％が未登記だということだ。シュラブソールはそれらの土地について、「土地登記所に行って『ここの土地は誰が所有しているんですか？』と尋ねても、『わからない』と言われてしまう。この国のかなり大きな部分を占めている土地だというのに」と解説している。それは、その土地が誰にも所有されていないということではなく、ただ土地登記所に登記されていないという意味だ。考えられる最大の理由は、王室、貴族、イングランド国教会が所有しているか、あるいは何十年も売られずに所有されつづけているかだ。イングランドとウェールズでは、一九九〇年になってようやく、土地売却時に登記をすることが義務づけられた。この国はパッチワークのようなものであり、しかもつなぎ合わされている布の一部は、穴があいているのだ。

　何百年ものあいだ所有者が変わらなかった土地もあるのだから、どの土地が誰のものかを政府がすべて正確に把握できないのは、しかたがないことなのかもしれない。それに政府も、「英国の約二二〇万ヘクタール分の土地を誰が所有しているのか突き止めようとするより、やらなければならないもっと大事なことがほかにある」と反論するのは目に見えている。[31]確かに、この情報が人の命にかかわることはまずないだろう。それでも、乱雑かつ非連携なシステムによるデータ管理のなかには、命にかかわるものもある。

　各管轄地域の診療委託グループが管理している国民保健サービスのシステムは、いまなお、あまり連携が取れていない。かかりつけ医の診療所は、一元管理されている患者記録データベースを共有できない。これはデータを保護する目的で、あえてそのようにされている。だがそれによって、記録管理の質にばらつきが出かねない。さらに、病気にかかっていないときはプライバシー保護のために納得できると思っていた方針でも、その後もし入院したときに、必要な医療記録があちこちの診療所や病院でばらばらに保管されている紙のものしかないといったことになってしまうのなら、その方針は自分の命にかかわるものになる恐れがある。

また、国民保健サービスのシステムが管轄地域単位で管理されていることによって、新型コロナウイルス感染症パンデミックの発生当初、個人用防護具の在庫数を一元管理できるようなデータベースは存在しておらず、そのため全国レベルどころか地域レベルでも情報を共有できなかった。国民保健サービス（NHS）の「N」は「national（全国）」の略だが、どうやらそれは英国全体を指しているわけではないようだ。社会福祉サービス従事者数が地方自治体レベルで一元管理されたデータも以前はなかったが、パンデミックによってその必要性が認識され、データが集められるようになった[32]。

公共サービスの提供が民間部門に外部委託されたり、完全に民営化されたりした場合にも、政府のデータが欠けてしまうことが多い。通常、民間企業は情報公開法に基づいた開示請求に応える必要はないため、公共サービスの提供が民間に委託されると透明性が保証されなくなるからだ。しかも、国民は情報公開法を通じて精査することができなくなる。たとえ公共サービスを提供していても、民間のサービス提供企業は公的機関とは違って、国民の問いに答える必要は必ずしもないことから、これはより広範囲における説明責任の欠如の一例とみなされる場合もある。[33] つまり、データを扱う観点からすれば、刑務所、保護観察、病院、社会住宅【低所得者などの社会的弱者を支援するための公営や民間の住宅】、社会福祉、公共調達全般に関するデータに大きな欠落部分が生じているために、英国の統計データの多くが不完全であることを意味している。

当然ながら、「公共の利益のため」や「必要に迫られたため」といった理由で運営されているあらゆる民間団体についても、同じことがいえる。詳細なデータの公表を求められる公立学校とは違って、私立学校はそういった要望に応える義務はない。民間の医療機関も同様だ。

英国におけるばらばらな仕組みの特徴的な例をもう一つ挙げると、総選挙の結果を公表する責任を公式に担っている公的機関は、どの省庁をはじめいっさい存在していないという点だ。各選挙区での結果は、選挙管理官によって公表される。だが、それら六五〇の全選挙区において、もしBBCをはじめとする報道機関が中継して結果を放送していなければ、国全体としてどんな結果になったのかを世間が多少なりとも掴めるようになるのは、かなり先のことになる。

BBCやほかのキー局も、自宅でテレビを見ている何百万もの視聴者に選挙結果を生中継することに力を入れているため、報道内容は信頼できると当然みなされるだろう。だが、選挙結果が簡潔にまとめられて次々と表示されるような政府の公式ウェブサイトが存在していないということは、国民はマスメディアを通じて選挙結果を知るしかないという意味だ。二〇一九年の総選挙では、投票日の夜の強風のせいでシリー諸島の投票箱が現地で足止めされてしまったため、セントアイヴス選挙区の結果が公表されたのは翌日の午後だった。そのころには、大半の人はテレビのチャンネルを変えてしまっていた。

「誰が登院するのか」「誰の名前で事務室を用意すべきなのか」を正確に把握するために、下院の職員たちは総選挙直後の週末も出勤して、選挙結果のデータを集めて整理する。その最中には、人の手による確認作業が多数発生し、場合によっては特定の選挙区の選挙管理官に連絡して、同区の有権者数、投票率、各候補者の得票数といったことを確認しなければならない。修正（理由はおもに、数字の入力や報告での単純なミス）があまりに多いため、公式な結果が承認されるまでには何週間もかかる。そのころには、独立系機関の「選挙管理委員会」も、会員たちから集めた独自の最終結果をようやくまとめ終えている。地方選挙については、中央政府が結果を入手できるような仕組みさえ存在していない。

投票結果に関する詳細かつ公のデータが存在していないことは、二〇一六年の「EU離脱の是非を問う国民投票」後にも問題となった。結果の公表が求められたのは地方自治体レベルまでだったのだが、下院の選挙区レベルまで細かく公表されていれば、非常に役立つものになったはずだ。

国会議員たちは、自分に投票した人々が「ブレグジット」、すなわち英国のEU離脱についてどう思っているのかを知りたがった。だが、たいていの場合、わからないとしか答えようがなかった。四分の三の選挙区が、投票結果を公表していなかったからだ。代わりに入手できるなかでの最良の推定値は、イーストアングリア大学のクリス・ヘンレッティーが、ある地域の人口動態統計データに基づいて、起こりそうな結果のモデルをつくって算出したものだ。[34]

もし、ある選挙区における推定値が、「『離脱』が七〇％、『残留』が三〇％」であれば、離脱支持が多かったと自信をもっていえるだろう。だが、両者がほぼ半々なら、どちらともいえない。具体名は控えるけれども、自分の選挙区の有権者たちの投票結果について自信満々に語っていた下院議員も何名かいたが、その結果はあくまで本人の推測であって、実際には両者の差はほとんどなかった場合もあった。

数えられないものを数える

この章では、「数えられるけれど、数えられていないもの」を取り上げてきた。また、「数えられてはいるが、その結果が世間の役に立つレベルで照合できなかったり、公表されなかったりしたもの」についても見てきた。

では、まったく数えられないものについては、どうすればいいのだろうか。教育監査局の調査官が違法学校の疑いがある建物の呼び鈴を鳴らしたとき、彼らが目的としていたことの一つはデータを集めることだった。もしここが無認可校なら、子どもたちは何人いるのだろう？　こうした学校を見つければ見つけるほど、より多くのデータが手に入る。しかしながら、調査官たちが数えようとしているものは、数えられまいと必死に隠されようとしているものだ。それゆえ、調査官たちは建物に入るのを拒《こば》まれたり、学校側は活動内容をごまかそうとしたり、子どもたちは本気で逃げて隠れるよう命じられたりする。違法な行為に関係しているものはみな、データ収集に支障をきたす恐れがある。

見つかりたくないと思っている人以外で数えるのが難しい事例に、数える対象がただあまりに多い場合がある。

たとえば、軽犯罪。英国のどんな繁華街《はんかがい》の通りでも、端から端まで歩けば「ゴミのポイ捨て」「公衆の面前で悪態をつく」「自転車で歩道を通行する」「散歩させている犬の糞《ふん》を片づけない」といった、決して通報されることはない犯罪を途中でいくつも目撃するはずだ。もし金曜の夜だったら、酔っぱらっていたり、ひどいときには人前で立ち小便したりする人々まで見かけるかもしれない。これらは厳密にいえば犯罪行為だが、それらすべてを通報して記録に残そうとするのは現実的でも効率的でもない。しかも、その記録が役に立つわけでもない。そんなわけで、「公表された統計データが示しているものは、犯罪と呼ばれるものすべてを網羅《もうら》しているわけではない」と肝に銘じるしかない。

デイヴィッド・キャメロン首相が、防刃ベスト姿の国境部隊員二人を両脇に従えるようにして、スラウ【ロンドンの西約三五キロに位置する、多様な民族が暮らしている都市】の住宅のがらんとした台所のカウンターにもたれかかっている写真が公表されたのは、二〇一四年の夏のことだった。のちに首相は、あの写真は「世間に向けた『悪趣味な』宣伝行為」だと一部の筋から批判された。問題の台所は、あの写真の直前に行われた、不法滞在者の一斉検挙を目的とした強制捜査で拘束されたアルバニア人男性四人が住んでいた家のものだった。

翌年首相に再任されたキャメロンは、不法入国者を厳重に取り締まると宣言した。そして、「新たな移民法案が成立すれば、家主は賃借人の在留資格を確認することを義務づけられ、不法就労は犯罪とみなされます。この法案は、この国に不法滞在している人々の一掃につながります」と明言した[35]。こうした政策はのちに、「英国に不法滞在している人々にとっての、『過酷な環境』をつくりだすことを目的とした政策」と称されるようになった。

ちょうどそのころ、フランスのカレーでの大騒動がマスメディアの注目を集めていた。英国への密航を試みようとする何千人もの難民たちが、英仏海峡トンネルやフェリーターミナルに入り込もうとする騒ぎが幾夜にもわたって続いていた。近辺の砂丘では、「ジャングル」と呼ばれるその場しのぎのテントの群れが、あちこちに広がっていた[36]。

とはいえ、不法入国の問題にどれほど多くの関心が寄せられていたとしても、英国内の非正規移民の数を尋ねられて、多少なりとも確信をもって答えられる人は誰もいなかった。読者のみなさんもすでにおわかりのとおり、数えられるのを避けようとしている人々を数えるのは難しい。それでも、内務省は数えようと試みた。

そうした試みが初めて行われたのは二〇〇五年のことであり、「残差法」と呼ばれる手法が使われた[37]。内務省の研究員たちはまず、二〇〇一年の国勢調査時の英国の総人口のうち「外国生まれの人」を数えた。次に、この数を「一九七〇年以降に、英国での一時的または無期限滞在許可を取得した人」の総数と比較した。ただし、後者の数はその後亡くなった、または他国へ移住した人を考慮して、多少調整された。

大まかにいうと、この場合の「残差」とは「国勢調査での外国生まれの人数」から、「外国生まれの『合法的な居住者』の人数」を引いた残りのことだ。この残差は約四三万人となり、英国の人口の〇・七％に相当した。

ただし、この数字には不明確な点が数多くあった。とりわけ、この方法では非正規の滞在者全員が英国の国勢調査に参加していたと仮定されていたことから、今回の取り組みの最大の目的であるこの推定値には前後に大きな幅がつけ加えられ、「三一万人から五七万人のあいだと考えられる」とされた。念のために繰り返すと、「『不法移民』とも呼ばれる人々が、英国には五〇万人以上いる可能性がある」というのが、この研究員たちの結論だったのだ。

二〇〇九年、大ロンドン庁は、これらの推定値の二〇〇七年度版を新たに算出した。その際、「亡命申請を却下されたにもかかわらず、それ以降もこの国に滞在しつづけていると思われる人」や、「居住権をもたない両親をもつ、英国生まれの子ども」の推定人数も加えられた。新しい推定値は「非正規の居住者数は六一万八〇〇〇人で、取りうる幅は四一万七〇〇〇人から八六万三〇〇〇人」とされた。[38] そのうちの七割がロンドンに住んでいると推測された。

これらの数字は、あまりにも膨大に見える。推定された下限値でさえ、ブリストルの人口に迫るほどだ。上限値にいたっては、ウェールズの全人口の四分の一、あるいは北アイルランドの全人口のほぼ半数に近い数値だ。[39] それは英国の人口の一〇〇人に一人以上、という計算になる。いったいどうやって、それほど多くの人が見つからずに暮らしていけるのだろう？　しかも、こんなに多いのなら、そもそもなぜ数えるのがそれほど難しいのだろうか。

非正規滞在者の数を正確に数えるのは不可能であるし、その数を推定しようとしても、非常に大まかな結果しか出ない可能性が高い。たとえ、人口を数えるためのより優れた手段があったとしても、あるいは国民ＩＤカードが導入されていたとしても（このカードは世の中のあらゆる問題を解決するのに加えて、非正規移民を追い払う手段にもなるとうたわれていた）、それでも数えるのはほぼ不可能なはずだ。

なぜそうなのかを説明するにあたって、まずは「非正規な滞在」にはどんな場合があるのかを整理しなければならない。一つ目は、許可なく入国してきた場合だ。たとえば、カレーの難民のなかで、砂丘のジャングルから海を渡って英国への密航に成功した一部（必ずしも全員が成功したわけではない）の人が該当する。二つ目は、合法的に入国したが、ビザが切れたあとも滞在しつづけている場合。三つ目は、亡命申請が却下されて英国での滞在許可の効力が失われても、それでも滞在しつづけている場合。四つ目は、非正規の滞在者を両親として、英国で生まれた場合。英国は米国とは違って、英国内で生まれたからといって必ずしも国籍が与えられるわけではない。そのため、生まれたときからすでに「不法」になっていて、しかもその事実に長年気づかないことも十分にありうる。*

五つ目は、滞在許可の条件に違反したため、法律上では非正規になってしまった場合だ。たとえば、学生ビザで滞在しているのにフルタイムで働いた場合や、犯罪を行ったとして有罪になった場合がそうだ。この五つ目の場合を数えるのが最も難しいため（しかも間違いなく、彼らはこの五つのなかで世間が最も気に留めない非正規の滞在者だ）、推定値の算出においては無視されがちだ。

一つ目のグループ（不法入国した人々）を見てみると、彼らを数えようとしたときに明らかな問題があることがわかる。彼らのほとんどは、必死になって見つからないようにしている。国境部隊の懸命な取り締まりにもかかわらず、見つからずに国境を越えてくる人はあとを絶たない。そのおもな手段は大型トラックに隠れた密航者として、英仏海峡を渡ってくることだ。そういった方法で何人入国しているのか、彼らがその後どうなっているのかを把握するのは、どうやっても無理だ。

二つ目と三つ目のグループは、英国での滞在を一定期間法的に認められていたが、その後権利を失ってしまった人々だ。そのなかには、国外退去処分を恐れて、関係当局に見つからないよう必死で逃げて回っている人もいるはずだ。関係当局がそうした人を探すのに苦労するのは、もっともなことだ。デイヴィッド・キャメロン首相がかつて視察したような強制捜査を国境部隊が行っているのは、これらのグループの人々（と一つ目のグループも）を「発見」しようとしているためだ。

＊　過去にこうした例が実際にあったのは、欧州経済領域（ＥＥＡ）加盟国以外の国の国籍保有者の場合がほとんどだった。こうした推定値を算出する場合、ＥＥＡ加盟国の国籍保有者は、みな合法的な居住者とみなされている。なぜなら、彼らには移動の自由に関する権利が保障されているため、彼らが不法滞在者とみなされる場合のほうがはるかに少ないからだ。

四つ目のグループに属している人を見つけ出すのは、つい最近まではおそらく最も大変だった。なぜなら、彼らの多くは自分が「非正規の滞在者」だとは夢にも思っていないからだ。また、このグループの人々は間違いなく、実質的には非正規ではない。なぜなら、このグループの人々の在留資格の問題に関する認識が高まれば、英国に留まれるような、なんらかの法的権利が彼らに与えられると思われるからだ。

何十万人もいるかもしれない、英国に滞在する権利がない人々が気づかれない理由を突き詰めれば、結局のところ「バッドデータ」のひと言に尽きる。英国に合法的に暮らしている人が何人いるかについての正確な「グッドデータ」さえないのだから、ましてや違法に滞在している人々に関する正確なデータなど、あるはずがないではないか。英国の入国者と出国者の記録は、かなり最近まで連携されていなかった。しかも、いまなお、それらのデータは非正規滞在者数を推計するために必要な正確さに達していない[40]。英国の出入国者数に関する最良の推定値は、過去六〇年間にわたって標本調査に基づいていた。そのため、出入国者数の推計データのなかで最も信頼性が高いと思われていたものさえ、ときとして何十万人もが抜け落ちてしまっていることがあった。

それに加えて、アイルランドとの陸の国境から入るという、入国審査なしに合法的に英国に入国できる手段もある。入国者と出国者の記録で同一人物を一致させようとする内務省の懸命な取り組みにもかかわらず、いまだに正確さが向上しない理由の一つは、米国や中国の観光客が観光バスで英国からアイルランドに出国してヨーロッパ巡りを続け、そのまま英国には戻ってこないために数字が合わなくなってしまう場合が多いからだ。

さらに、リソースの問題もある。滞在者のビザが切れた当日、最後に住所登録された居住地へ内務省が出向いて、本当に国を出て行ったかどうかを確認する作業を全対象者について行うなど無理だ。それゆえ、なんとしてでも滞在しつづけると決心していた人物なら、ビザが切れているにもかかわらず出国していないようだという事実がようやく確認されたころには、もうとっくに「身を隠して」しまっているはずだ。

二〇一二年、英国の統計データが修正不可能なほど救いようのない状態になっていることを懸念した学者のジョナサン・ポルテスは、非正規滞在者数を数える方法について次のように提案した。

理論上の最善策は、英国に合法的、またはそうでない方法で住んでいる英国人と外国人の大きな無作為標本をつくり、彼らを捕まえて（必要ならば強制的に）在留資格があるかを確認することだ。それですべてうまくいくはずだ。だが、幸か不幸か（それはあなたがどんな立場なのかによる）、この方法を実行するのはとうてい無理な話だ[41]【ここでの「在留資格がある人」には、「英国人」も含まれる（以降も同じ）】。

不思議なことに、内務省も同じようなことを考えていた。ポルテスが理論上の思考実験とみなしていた方法は、二〇一三年に本物の施策となり、ロンドン警視庁は国境部隊と組んでロンドンのすべての留置場に出入国管理官を一時的に配置し、逮捕者の在留資格を確認した。「照合作戦」と呼ばれた、五週間にわたって実施されたこの策によって、そのあいだにロンドンで逮捕された二万五九六八人の在留資格に関するデータを入手できた。そのなかで外国人が占めた割合は四分の一強（二七％）だった。これはロンドンの人口から推計された外国人の割合と一致する。

ただしこれは、「母集団を代表する標本である人々に、自分の在留資格を明らかにするよう強いる」というポルテスの構想が採用されていた場合なら可能だった理想的な「無作為標本」ではない。逮捕される人々は、全居住者の代表とは呼べないからだ。彼らは若く、男性に大幅に偏っていて、しかも特定の社会集団に属している可能性が高い。とはいうものの、ロンドン警視庁が逮捕した人物のなかで外国人が占める割合が、ロンドンの人口全体のものとほぼ一致したことから、「照合作戦中の逮捕者のなかで、在留資格がない人の割合を調べてみるのはどうだろう？」という案が出た。

すると、結果は驚くべきものとなった。逮捕者約二万六〇〇〇人のうち、「出入国関連の問題で英国国境局（UKBA）にその場で拘束された」人数は一五五名、つまりわずか〇・六％程度だったのだ。この割合をロンドンの全人口に当てはめると（本来なら、間違いなく絶対にやるべきことではない）、ロンドンの非正規移民数はおよそ五万人という計算になる。

二〇〇九年に政府が委託した調査では、英国の非正規移民の七割はロンドンにいると推測されていた。したがって、全国の非正規移民数は、およそ七万人となる。これは、それ以前の公式推定値より大幅に少ない（一〇分の一だ）。

ただし、この種の推定値を額面どおりに受け取らないよう、ポルテスも警告している。この件で見ると、非正規移民が逮捕される可能性が低い理由があるのかもしれない。たとえば、彼らの多くは関係当局に見つかりたくないと思っている。逮捕されれば当局への通報につながりかねないため、捕まらないよう気をつけているはずだ。また、逮捕者が非正規移民かどうかを確認する今回の作業が具体的にどのように進められたのか、世間にほとんど明らかにされていないという問題もある。非正規の滞在者であるにもかかわらず、在留資格がある人物だと出入国管理官が誤認したかもしれないし、非正規かどうかはっきりしなかった場合も数多くあったのかもしれない。いずれしても、「非正規移民の公式推定値」の一般的な見解は、七万人から八六万三〇〇〇人と大きくばらついてしまった。

そのようななか、二〇一六年に成立した新たな移民法によって、家主に賃借人の在留資格を確認することを義務づけたのをはじめ、非正規の滞在者が関係当局に見つからずに英国にいつづけることをますます難しくするための手段が導入された。

すぐに、過去の事例から、この法律に対する懸念の声が上がった。二〇一五年、ある女性が内務省から「あなたには英国への入国記録もなければ、このままこの国に滞在しつづけられる資格もない」と告げられ、移住者収容施設に送られた。その後、ヒースロー空港の入国者収容施設に移されたが、彼女の選挙区から選出された国会議員の口利《き》きが唯一の助け舟となって、ジャマイカへの強制送還は中止された。この女性は六一歳で、孫もいた。英国に来たのはまだ子どものころの一九六八年であり、過去三四年分の納税記録も提示できた。しかも、その納税期間の大半は英国の下院で働いていたという[42]。

また、六歳のときに両親とともにジャマイカから英国に移住してきた男性の例もある。あるとき、ジャマイカで休暇を過ごしたのちに英国に再入国しようとすると、そうする資格はないと告げられた。そうして、どう対処すればいいかわからないまま、彼はジャマイカに滞在しつづけるしかなかった。現地での生活手段がなかったため、鶏小屋に寝泊まりしなければならないこともあった。その後、一三年間にわたって国外退去処分を命じていた内務省は、この男性には在留資格があったことをようやく認め、英国への再入国を許可した。

こうしたかたちで国外退去させられた人々は、仕事を失い路上生活者になった。家族から引き離されて、海外で亡くなった人もいた。戦後のまだ小さかったころに英国にやってきて、それ以来ほかの国には一度も住んだことがなかったにもかかわらず、不法移民だと告げられ、その後何年も仕事にも就けずに混乱した気持ちと恥ずかしさを抱えて生きなければならなかった人もいた。少なくとも、八三人が誤って強制送還させられた。

これらの不当な扱いは、現在では「ウィンドラッシュ事件」として知られている、政府の不祥事の一例だ。この問題は、一九七三年以前に英国連邦加盟国から合法的に入国した人々に起きていた（おもにカリブ諸国からの移民に多かったが、南アジアやアフリカからの移民にも見られた）。また、そうした移民たちの、英国生まれの子どもが巻き込まれた例もあった。第二次世界大戦後、英国は自国の経済を再建して再スタートしなければならなかった。とりわけ、製造、建設、公共交通の各部門で労働力が不足していたため、人員補充活動が積極的に行われるようになり、植民地の人々に「本国」に来て働くよう呼びかけた。[43] 当時英国の植民地だった国の国民は、英国本国の国民とまったく同じように英国に住む権利が与えられていた。*

ところが、一九七三年に新たな移民法が施行されると、事態が急転した。それ以降、英国連邦加盟国からの入国者はビザが必要となった。ただし、この時点ですでに移住していた人は、それまでどおり英国の永住権が認められた。† とはいえ、政府が委託したウィンドラッシュ事件の調査報告書で、ウェンディ・ウィリアムズは次のように指摘している。「政府は彼らの永住権を証明する書類を、いっさい出していなかった。記録にも残していなかった。要は、これが『ウィンドラッシュ世代』にとっての罠《わな》になってしまった」。

そのため、該当する人の多くは、一九五〇年代や一九六〇年代に入国したことや、それ以降継続して英国に住んでいたことについて、内務省から要求された証拠を出せなかった。学校の成績書、納税証明書、国民保険料納付証明書といった、継続的な居住を示す一連の書類を提出

＊　これは一九四八年英国国籍法が成立してから、一九六二年英国連邦移民法が成立するまでの期間における状況だった。一九四八年の同法では、英国と植民地が連邦内での対等なパートナーという新たな関係を目指すことを反映して、帝国全体で共通の市民権がつくられた。これは「英国および植民地の市民権（ＣＵＫＣ）」と呼ばれ、一九六二年移民法が成立するまでは、ＣＵＫＣ対象国から英国への移住人数は無制限だった（未成年者は、その後も引きつづき移住制限の対象外だった）。

†　一九七〇年代には、植民地と自治領の大半が、独立国かつ英国連邦加盟国になっていた。

しても、不十分だとされる場合もあった。「なかには、『あなたがこの国に正規に存在していた形跡は何一つない』と言われた人もいた」と、ウィリアムズは記している。

このウィンドラッシュ事件は、政府機関が法律に対して「記憶喪失」になりうることを示した事例だ。同時にこの事例は、のちに役に立つ記録、つまり「グッドデータ」を残すことがいかに重要かという教訓にもなった。政府は、一九七三年の時点で国内に居住する英国連邦加盟国の国民を登録させ、その記録を残せたはずだ。*また、納税、国民保険料納付、かかりつけ医登録、入国記録を統合した記録が残されていれば、多くの場合、継続的な居住を示す証拠になっていたはずだった。

さらに、二〇〇九年の大規模な書類整理の一環として、記録として保管されていたウィンドラッシュ時代の入国証明書を内務省が廃棄していたことも、事態をさらに悪化させる原因となった。それらの記録は、一九四〇年代や一九五〇年代に英国の港から上陸した人々にとっては入国を示す唯一のものだったので、自分の在留資格を証明するために非常に役立つものになったはずだった。[44] 学校の成績書、給与明細書、銀行取引明細書を四〇年も五〇年も保管しつづけることを個人に求めるのは、有効な出入国管理方法とはいえない。

ブレグジットの時点で英国に居住していたEU加盟国の国民に対して、政府が登録制度を導入したのは、まさに「第二のウィンドラッシュ事件」を避けるためだった。ブレグジット前から英国に「定住」している、またはそれに向けて準備を進めていたEU加盟国の国民は、ブレグジット後もビザなしで英国に住みつづけられる。この制度の目的は、もし彼らの在留資格が問題になった場合には、出入国管理官が登録内容を確認しさえすれば在留許可が一目で証明されるようにすることだ。

知らないほうがいい？

政府がとてもうまく数えているものも、たくさんある。そのなかには公表されていないものもあるが、少なくとも記録として存在していることはわかっている。つい最近のことだが、情報公開法に基づいた数件の開示請求に応じて内務省が公表したデータがある。それは、ロンドン南部、西部、東部において行われた、不法滞在者の一斉検挙を目的とした強制捜査の件数が郵便番号別、施設の種類別に示された、驚くほど詳しいものだった[45]。それらのデータには、二〇一四年から二〇一九年にかけて、スーパーマーケット、持ち帰り専門店、ホテル、一戸建ての住宅、アパート、さらには運動施設で、出入国管理官が毎年何回強制捜査を行ったかが詳細に記録されていた。

国民保健サービスのデータが一部デジタル化、一元化されたことによって、入院件数や患者管理に関するきわめて詳細なデータが公開されるようになった。研究者たちは警察犯罪認知件数データの問題点（第二章で取り上げた）を踏まえて、緊急救命科への入院件数を刃物による

＊　じつは登録制度はあるにはあったのだが、あくまで任意だったため、登録者数は少なかったようだ。

犯罪といった事件の被害者数を算出するための指標として利用することもある。二〇一九〜二〇二〇年度には、四七五七人が「尖った物での暴行」で緊急救命科の治療を受けたことが明らかになっていて、この人数は毎年少しずつ増えている。[46] さらに、もし興味があれば、「サソリとの接触」や「無重力環境に長期滞在」が理由で入院した人の数も知ることができる。*

交通事故に関する非常に詳しいデータも公表されている。たとえば、サウスヨークシャー州で馬と自転車による事故が何件あったかを知りたければ、調べられる。また、法律扶助による報酬が、それぞれどんな案件で、どの法律事務所にいくら支払われたのかも、誰もが正確に知ることができる。[47] さらに、各通りにおけるブロードバンドインターネット回線速度の平均値もわかる。[48]

では、これほど細かいデータが手に入る今日において、いまだに大量に欠落しつづけているデータについてはどう釈明するのだろうか。そうしたデータ欠落の一部は、「公表するデータは少ないに越したことはない」と省庁が指示されてきた、サッチャー政権時代の負の遺産なのかもしれない。「世間にどの程度データが公表されるべきなのか」や「十分な透明性とはどの程度なのか」という疑問は、今後も答えがはっきりしないまま残りつづけるのだろう。

それに、「約二二〇万ヘクタール分の未登記の土地の所有者」「全人口のなかで在留資格が記録されていない人」といったデータの巨大な抜けを埋めようとすることは、それを完成させるために莫大な費用が必要になるということでもある。ホームスクーリングを受けている子どもたちの登録を義務づける制度を導入するのさえ、莫大な立ち上げ費用がかかり、しかも制度の維持や登録を守らせるための必要経費も発生しつづける。したがって、費用に見合うほど役立つのかどうかを政府が疑問に思うのも当然のことだろう。

さらに、精査されるのを避けたいという理由もあるのかもしれない。データを公表しないということは、世間（それに野党も）による政府への責任追及が難しくなるということだからだ。おまけに、政府内においてさえデータが存在しないのであれば、事実究明のために情報公開法を利用して詳しく調べようとするジャーナリストたちの試みも阻止できる。

ただし、すべての問題の根本にあるのは、英国において多くの物事が混沌状態に陥っているということなのかもしれない。一七世紀のイングランドの政治家オリバー・クロムウェルは、イングランドの土地法について「とんでもなくいい加減だ」という有名な言葉を残しているが、もしかしたらそれは、この国の土地に対するこの国の人々の理解を指していたのかもしれない。[49]英国で築かれてきたものの多くは、現状にそぐわない、かなり不思議なものになっている。なぜなら、それらは何百年も昔（今日とは似ても似つかぬ時代だ）にかたちづくられたものであり、しかも本来なら全面的な見直しが必要であるにもかかわらず、あちこちをちょっとずついじられただけになっているからだ。英国には四五の地方警察に加えて、運輸警察も置かれている。不思議な話だ。スコットランドの五四〇万人の住民には、スコットランド警察という一つの巨大な警察組織が対応している一方で、ウォリックシャー州ではわずか五〇万人の州民のために

＊　公表されているデータに、本当に掲載されている。

わざわざ地方警察が置かれているのだ。なぜこうした特殊なかたちになっているのかを尋ねても、たいていの場合は、「まあ、ずっとこうやってきたから」というひと言ですまされてしまう。

結局のところ、問うべきなのは、「あらゆるものを常に数えるべきなのか？」という点だ。ものによっては、ざっくりとしたまとめで十分なのかもしれない。それに、国勢調査が提供してくれる一〇年分の概観は、現存するデータを一新する役目を果たすと同時に、その後かなり長期にわたる利用に十分に耐えるものなのかもしれない。

二〇二一年の国勢調査の結果を利用すれば、英国における最新の非正規滞在者数を「残差法」で算出できる。政府がときに恩赦を行う理由の一つは、非正規滞在者の「棚卸《たなおろ》し」をしたいからだ。一九八六年、米国のロナルド・レーガン大統領は、一九八二年以前に米国に入国したすべての非正規移民に恩赦を与える法律に署名した。その結果、三〇〇万人近い人が名乗り出て登録を行った。スペインやイタリアでは一九八〇年代以降、定期的に恩赦が行われてきた結果、新たに一〇〇万人以上が在留資格を手に入れた。また、こうして彼らの数を数えられたことは、データを集める重要な機会にもなった。

実施された政策の成功度や影響を正しく評価できる手法を編み出すのも、何を数えればいいのかを見極めるのに役立つはずだ。デイヴィッド・キャメロンは、移民法による取り締まりを強化すると誓ったが、それが成功したかどうかを測る手段は導入しなかった。[50] 政策アウトプット（たとえば、国境部隊の隊員数や、不法滞在者の一斉検挙を目的とした強制捜査の件数など）を数えるだけでは、「移民法での取り締まり強化は、そうしなかった場合と比べて不法移民の減少につながったのか？」という質問に答えられない。「グッドデータ」を手に入れるには、数えたり測ったりする回数を必ずしも増やさなければならないわけではない。要は、「グッドデータ」が手に入るような数え方や測り方をすればいいだけだ。にもかかわらず、「より多くのデータ」や「より大規模なデータ」のほうが本質的に優れていると思われている場合が多い。

すでに取り上げたとおり、英国で初めて世論調査が行われた一九三〇年代当時、一部の批評家は、それを「国民の私生活に対する容赦できない詮索」とみなした。「家を訪ねて、住人にたわいない質問をして調査を行うのは、じつは国家による監視のための策略だ」と疑う人もいた。そんな彼らが、今日の国民の私生活を覗くことを国がいかに真剣に検討しているのかを知ったら、自分たちのときはかわいいものだったと思うはずだ。

新型コロナウイルス感染症パンデミックの最中、政府は状況を把握するために、従来とはまったく異なるデータソースに注目した。たとえばイングランド銀行は、「支払いやクレジットカード決済」「繁華街の店の客数」「グーグルで検索されている、おもな経済用語や金融用語」に関するデータを利用して、人々がどんな行動をとっているのかを描こうとした。さらに、支払いデータを細かく分類して、人々がどんなものを慌てて買い占めているのかも調べていた。研究者たちは、グーグル社やアップル社の「モビリティデータ」を利用して、人々が「ステイホーム」の要請に従っているかどうかを追跡していた。このデータは、スマートフォンが記録するGPS位置情報に基づいたものだ。グーグルマップを利用しているスマートフォンから、グーグル社に位置情報が継続的に送られる。グーグル社はそのデータを使って、住宅地、公園、オフィス街、あるいは店舗に、いつもよりどれだけ多くの人がいるかを分析する。そうしたデータは結果が公開されるより前の段階で集約されて非特定化されているが、それでも個人の行動が追跡されていることに変わりはない。[51]

いまのところ、この種のデータ分析は概観を示すためだけに行われているため、平時にはさほど役に立たないだろう。また、スマートフォンからのデータやクレジットカードの利用データを通じて、政府が国民の集団動向を常に監視するのは行きすぎだとみなされるかもしれない。しかも、こうしたデータはすべて民間企業から提供されているため、費用が値上がりしたり、提供が打ち切られたりする可能性は常にある。

それでも、政府はいわゆる「ビッグデータ」がもたらす可能性にすでに気づいている。ありとあらゆる人についてのデータが大量に存在しているのだ。私たちにはみな「デジタルシャドウ」があり、そこでは自分の検索履歴、オンラインアカウント、利用しているサブスクリプションサービス、購入履歴、性別・年齢・住所といった個人情報がすべて結びつけられている。それによって、各人の好みや、どんなタイプの消費者なのかが特定される。[52]

世の中にはデータブローカーという一大産業があり、そのおもな顧客は市場調査会社だ。[53]この先、顧客のなかに政府も含まれるようになるのだろうか。国民の動向についての情報を対面による標本調査を通じて入手する代わりに、人々がキーボードで入力したり、画面をスワイプしたり、お金を使ったりしたときに残るデジタルフットプリント（足跡）から、政府も手っ取り早くデータを手に入れようとするのだろうか。

そうした予想は決して喜ばしいものではないが、人々が世の中を動き回って残す足跡が標本調査や国勢調査で得られる豊富なデータの代わりとなる可能性は低いのではないだろうか。だがそれでも、大事なのは、そんな方向に進んでしまいかねない事態に私たち自身が気づくことだ。それはつまり、物事を数えたり測ったりするうえで、人工知能をはじめとする各種テクノロジーの利用がますます増えるということなのだから。次の章では、そうしたテクノロジーの利用を政府がすでに推し進めている一方で、そこで使われるデータのなかには「中途半端」といってもいいものもある、という点について取り上げてみたい。

第六章
モデル

私たちを導いてくれる見取り図

データというのは、何かを数えたり測ったりするためだけのものではなく、その可能性は限りなく広がっている。データは、「税率を上げたらどうなるだろうか」「地球の温度が摂氏二度上がったら、どんな影響があるだろうか」といった質問に答えるためにも利用できる。また、政府が予算を、どこで、何に、いくら使うかを決めるときにも、データは役立つ。データを使えば、ある条件下で将来的に何が起こるかの予測も立てられる。それによって、私たちは歴史の新たな道のりを歩めるようになる。

複雑なことを推測したい場合、複数の情報を同時に扱う必要がある。その仕組みとは、いったいどのようなものなのだろうか。この章で取り上げるのは、統計モデリングや、経済モデリングについてである。

この場合の「モデル」とは、特定の仕組み、状況、過程を簡略化した数式で表したものであり、「理論の検証」「量の計算」「予測を立てる」といったことに利用できる。[1]

たとえば、真ん中に川が流れている町の模型をつくることを想像してみよう。大雨が降ったときに町がどのくらいの範囲で浸水するかを調べたければ、町の模型全体の縮尺が正確になるようにする必要がある。川の深さや、流れの速さも正確に調整しなければならないし、上流から流れてくる水の量を変化させる方法も考えなければならない。さらに、地面に水が浸透する度合いが現実にばらついているなら、それに合わせて町の模型の「地面」を調整する方法も見つけなければならない。材料を組み合わせてこうした物体の模型をつくるより、データを使った「モデル」をつくるほうがずっと速いし簡単だ。

考え方としては、モデルの各側面を調整し、自分が調べたいものに合わせたモデルの簡略版を利用するということになる。だが、モデルで再現を目指している現実の事象において変化する要素を、すべてモデルに反映させるのはほぼ不可能だ。とりわけ、仮説に基づいて構築されるモデルは驚くほど（そして心配になるほど）単純になる場合が多い。

使われていない寝室がある家に住んでいるとみなされた人に対して住宅手当を減額する案（一般には「寝室税」と呼ばれている）を労働・年金省が提示したときの予測は、初年度に四億八〇〇〇万ポンド（約六〇五億円）の予算削減になるというものだった。[2] 提示している政策がどんな効果をもたらすかを訴えているときの政府の自信満々な様子からは読み取れないが、モデルを利用して算出された推定値はあまり当てにならない場合が多い。モデルが効力を発揮する（つまり予測が当たる）のは、特定の前提条件が満たされたときだけだ。前提条件のどれかが満たされていない場合、正しい結果は出ない。あまりにも多くの前提条件が満たされていない場合、そのモデルは使い物にならないも同然だ。

この新たな政策が実施されてから一年後。労働・年金省が示した予測についてヨーク大学のレベッカ・タンストール教授が追跡調査を行ったところ、実際の結果は予測とは異なっていることが明らかになった。[3] まず、「初年度に四億八〇〇〇万ポンドの予算削減」という予測は、対象となった六六万世帯すべてが、「新政策が実施されても、引っ越さずに住宅手当の減額を黙って受け入れる」という前提に基づいていた。確かに、同省は引っ越す世帯が出た場合の影響を加味した予算削減の推定値も算出していたが、そこで増えた分は新政策のほかの削減策によって相殺されると結論していたのだ。

この政策が実施された直後に対象者がどう対応したかという初期のデータをタンストールが分析したところ、約五分の一の世帯が狭い家に実際は引っ越していた。転居した世帯のかなりの割合（四二％）が、総じて家賃がより高い民間の賃貸住宅を、住宅手当を使って借りていた。労働・年金省の前提条件がいくつか実際とは異なっていたことによる複合的な影響を計算したタンストールは、同省の当初の予測額の少なくとも三分の一、つまり一億六〇〇〇万ポンド（約二〇二億円）は過大に見積もられていた可能性があるのではないかと指摘した。[*4]

ただし、大局的な見地から見ると、政府のこの予想は「まだマシ」と言えるのかもしれない。少なくとも、一三七三％も外してしまった、二〇〇四年の政府の予測と比べた場合には。あのときは、次のような言われようだった。

インド（への新航路）を発見したと思い込んでいたクリストファー・コロンブスがたどりついていたのは、じつは米国だったという話は、誰もが知っている。ただし、内務省と比べると、コロンブスはきわめて正確に目的地に到達できる航海術の達人とさえ呼べる。[5]

この指摘は、第一章でも取り上げた、二〇〇四年のEU拡大を受けて東ヨーロッパから英国に移住すると思われた人の数の予測に対してのものだ。「東ヨーロッパから移住してくると考えられる人数は、ほんのわずかにすぎない」と予測していた英国の統計学者たちが、実際の移入民のあまりの多さに不意打ちを食らってしまったあの事例を、もう一度思い返してみよう。一つの仮説に基づいたモデルにおいて、前提条件が思いがけず崩れてしまった場合にどんな事態に陥る恐れがあるのかを知るうえで、あの予測には再度振り返る価値が十分にある。

ポーランドとハンガリーも含む東ヨーロッパの八カ国が二〇〇四年にEUに加盟すると、英国にもすぐさま移入民がやってくると思われた。この八カ国は、いまや同じ連合の加盟国仲間となった西ヨーロッパや北ヨーロッパの豊かな国と比べて、総じて賃金も安く、生活環境も悪かったからだ。二〇〇四年五月一日、およそ七三〇〇万人が、EU圏の他国に自由に移動してそこで働ける権利を一夜にして手に入れた。そして英国は、自国が魅力的な移住先として注目を浴びるであろうことをよく理解していた。新たにやってくる人がどれくらいになるのかを正確に把握したいと考えた英国内務省は、モデルを使って推定値を出すよう研究者たちに依頼した。

＊　使われていない寝室がある世帯への住宅手当の減額による初年度の費用削減額について、英国下院図書館が出した推定値は、（労働・年金省の四億八〇〇〇万ポンドという予測に対して）三億五〇〇〇万ポンド（約四四一億円）だった。ただし、これは社会住宅に住む世帯のみを対象にしたものだ。

その任務を引き受けたのは、クリスチャン・ダストマン教授と、ユニバーシティ・カレッジ・ロンドンの同僚たちだった。彼らは次のように推論した。自国よりずっと多く稼げる国があれば、人はそちらに移住したいと思うものだ。そして法的な障害と移動面での障害が突如として取り除かれると、両国の違いがはっきりと浮かび上がる。とはいえ、人が移住することは、開かれた水門から激しい勢いで水が流れ込むのとはわけが違う。外国に移住するという一歩を踏み出すには、そのために必要なお金を用意したり、移住先の言語の読み書き能力や売りになるスキルを身につけたりすることに加えて、自信をつける必要もある。そのため、大勢の国民がみずからの意志で動きだすには、まずその国自体がある程度の経済発展を遂げなければならない。そこで研究者たちは、「新規加盟八カ国(A8)」の経済や人口動態の詳しいデータを利用すれば、どのくらい移住してくるのかを予測するモデルがつくれそうだと判断した。

研究者たちは次に、移入民のおもな「受け入れ国」となりそうな国、つまり英国とドイツの経済を詳しく調べた。そして「賃金」「生活費」「『送り出す国』との文化的な結びつき」といった要因に基づいた両国の「吸引力」を考慮した結果、A8からの移入民が、英国には「毎年五〇〇〇人から一万三〇〇〇人」、ドイツには「毎年二万人から七万三〇〇〇人」やってくると予測した。

ところが、研究者たちにとっては不運なことに、ドイツはEU拡大の直前になって、「それらの新たなEU市民の自由な移動の受け入れを、二年間凍結できる」という自国の権利を行使することに決めた。一方、英国は、そうしなかった結果、予想よりもはるかに多い移入民がやってくることになった。
当初の予測は、「見事な間違いっぷり」だと批判を受け、ある試算では「約二二〇〇%の誤差」があったとされた。[6]「これほど桁違いに外れた予測は、ほかに見た覚えがない」と、満面の笑みで指摘する野党政治家もいた。
それから何年も経って、実際の移入民の数が二〇一一年の国勢調査データによってようやく確定すると、予測がいかに大きく外れていたかという当初の意見は、過剰反応だったことが判明した。しかも、予測の過程自体には誤った点はほとんどなく、「ドイツが移入民の三分の二を受け入れる」という、実際とは異なる前提条件を設定してしまっただけだった。そしてその三分の二の移入民が、代わりに英国に来たというわけだった。もし、ドイツが移住制限をかけることを研究者たちが知っていたら、英国への移入民の数は「年間一万三〇〇〇人」ではなく、「年間四万六〇〇〇人」程度の予測になったという。のちに英国国家統計局が公表した年間の移入民の数は実際のところ五万人だったことから（この数字をそのまま受け取るべきではないことも事実なのだが）、ダストマンの言葉を借りれば「そこまで外れていなかった」ということになる。[7]
とはいうものの、この明らかな大失態があったことによって、のちの連立政権は、EU拡大によるルーマニアとブルガリアからの二〇一四年の移入民の数を予測することについて、きわめて慎重になった。また、同じ理由によって、英国は両国からの移入民の受け入れをできるかぎり遅らせた（移住希望者たちは七年間も待たなければならなかった）。

モデルの性能は、入力されるデータの質によって決まる。欧州委員会は、ＥＵＲＯＭＯＤと呼ばれている、税金と社会福祉給付金の計算モデルを使って、特定の政策の細かい変更による影響を予測している。このモデルでは、ＥＵ加盟国と英国から提出されたデータが使われている。英国のデータは「家族資源調査」によるものだ。同調査は、英国全体の約二万世帯からなる無作為標本に対して毎年行われている。この標本が全国民を代表するものになるよう、できるかぎり注意が払われるが、結局のところそれは調査にすぎない。税制と社会福祉給付金制度に関して、対象範囲がかなり限定された変更の組み合わせを反映するモデルをつくりたければ、その変更の影響を受けると思われる標本数は、二万世帯のうちのおそらくほんの一握りになってしまうはずだ。あまりに少ない標本数では、気まぐれのような結果しか出てこない恐れがある。

また、当然のことかもしれないが、モデルの性能は設計のレベルを決して超えることはない。設計段階では誰も重要だと思わなかったために加味されなかった要因が、のちに非常に重要になることもある。税制と社会福祉給付金制度の変更による、さまざまな生活環境下における人々の金銭的負担を予測する税負担モデルは、過度に簡略化された閉ざされた世界だ。このモデルは、制度の変更を巧みに利用しようとたくらむ人々のやり口について何も教えてはくれず、制度の変更によって詐欺師が悪用できる抜け道ができても警告してくれない。

二〇〇〇年代初めに政府が税額控除《こうじょ》を導入したとき、そうしたことが実際に起こった。* 政府は、正当な請求者に控除を正しく適用することにただひたすら集中していたため、大量の不正行為が行われる可能性を見逃してしまった。従業員と雇用主とが結託して、本来なら対象ではない税額控除を受けていた例もあった。また、ある犯罪組織は、鉄道網管理会社であるネットワーク・レールの従業員のなかから、一万四〇〇〇人分の個人情報を盗んで税額控除を受けることに成功した。[8]

何を警戒すべきかについては、モデルは教えてくれない。何が重要なのかの判断、あるいは予期せぬ事態にそなえて何を監視すればいいかの判断をすべきなのは、あくまで人間なのだ。

賢さが鼻につく

予測の多くは、あるシナリオ下で人々がどのように振る舞うかという推測に頼っている。新型コロナウイルス感染症パンデミック発生当初の二〇二〇年二月。ヨーロッパ各国をはじめ、世界じゅうがロックダウンに踏み切ろうとしていた。イングランド主席医務官のクリス・ウィッティーは、「英国はなぜ同様の措置を取らないのか」という一部からの質問に対して、「問題は『措置を取るか取らないか』ではなく『いつ取るか』だ」と答えた。そして、「ロックダウン入りのタイミングは早すぎてはならない。なぜなら、しばらくすると人々はロックダウン疲

＊　この制度は社会福祉給付金制度と同様の効果があると考えられていた。違いは、当時の社会保障省を通じて給付されるのでなく、税の徴収に携わっている内国歳入庁によって控除されるという点だ。

れを起こし、新型コロナウイルス感染症が食い止められるより前に、行動制限措置に従わなくなる恐れがあるからだ」と説明した。この「行動疲労」という発想は、直感的には理にかなっている気がした。パンデミック発生当初は、少なくとも、国民一人一人がどれほど我慢しなければならないかについては、まだ何も想像がつかなかった。だが、英国医学会雑誌『ブリティッシュ・メディカル・ジャーナル』が調べたところ、「行動疲労」の科学的根拠については、ほとんど何も見つからなかったという。[9]「行動科学の観点からすれば、『行動疲労』とは、新たにつくられた、なんの根拠もない造語であり、適切な名称とはいえない」と同誌が指摘するとおり、「行動疲労」は科学的なものであるというより、「人は厄介な要求にしばらく応えたあとに、それが意味のないことだと思うと疲労を感じるようになる」という、世間一般の見方に基づいたもののようだ。

一般に、行動を予測するために用いられる理論は、それ自体が科学研究の一分野となっているほど厳密なものだ。その研究内容は、本質的には心理学だ。それでも、経済学的な観点や、進化生物学の角度から取り組む研究者がいたり、神経科学の専門家がちょっとかじってみたりと、じつにさまざまなかたちで研究が行われてきた。二〇一〇年代初め、政府は、行動科学で得られた知見を政策策定に取り入れられないか検討することにした。人々を規則や要求で従わせるのではなく、「ナッジ」する、つまり「肘《ひじ》で軽く突くように促す」ことによって、彼らに自発的に行動してもらうようにできないだろうか？　人々の自然な振る舞いを特定の方向に向けようとするだけで、社会全体のためになる行動を彼らに促す方法はあるだろうか？

こうした発想は、当時かなりの脚光を浴びた二人の米国人行動科学者によってもたらされたものだ。シカゴ大学経営大学院教授のリチャード・セイラーと、ハーバード大学法科大学院教授キャス・サンスティーンは、『NUDGE 実践 行動経済学 完全版』（日経BP）という共著のなかで、人々の行動がいかに予測可能なパターンに従っているのかを、詳しく、わかりやすく解説した。英国人心理学者のデイヴィッド・ハルパーンは、内閣府内に「行動洞察チーム（BIT）」（通称「ナッジ・ユニット」）を設置するよう委嘱された。ナッジ・ユニットは、最小限の「ナッジ」だけで特定の望ましい社会的成果が出るよう促すには、どんな方法が最適かを検証するための小規模な実験を行った。二〇一四年に民営化されるころには、ナッジ・ユニットは目に見える成果を挙げていた。たとえば、「臓器ドナーの登録者数」「裁判所から命じられた罰金を支払った人数」は増え、「大量の酒を一気飲みする人」は減少した。そして、それらは政府にとって三億ポンド（約五二三億円）の費用削減になったと大々的に伝えられた。[10]

ただし、ナッジ・ユニットの取り組みを肯定的に捉えていない人もいた。ある評論家は「こうした秘密実験はもう止めるべきだ」と訴え、ナッジ・ユニットが行っていることは「憂慮すべきもの」であり「監視社会的《オーウェリアン》」だと決めつけた。[11] 同ユニットの問題解決手法について、「世界観を変化させるものであり、真のパラダイムシフトだ」とハルパーンが説明しても、「現実の世界から、はるか遠く離れたやり方」だと思っている一部の人を納得させることはできなかった。[12]

新型コロナウイルス感染症パンデミック初期には、「ナッジ」が一般的な手法として使われていた。ナッジ・ユニットが提示したのは、「高齢者や感染リスクの高い人たちを『繭《まゆ》で包むように保護』しながら、健康な人のあいだで新型コロナウイルス感染症を流行させる」という、のちに「集団免疫の獲得」と呼ばれるようになった戦略だ。[13] 英国はこの手法を取らずに「完全ロックダウン」を選んだが、スウェーデンはナッジ・ユニットの提案と同様の策を取った。スウェーデンの戦略は、「互いに距離を取ること」「閉め切られた場所に集まらないこと」をただ国民に推奨するだけだった。それは、「新型コロナウイルス感染症があまりに拡大した場合の危険性を十分に理解すれば、国民は推奨された行動を自発的に取るようになるので、感染拡大を食い止めるための強硬策を国が取る必要はない」という考え方に重きを置いたものだった。同国のステファン・ロベーン首相は、各自が*folkvett*（フォークヴェット）【スウェーデン人特有の礼儀や常識。これに基づけば、適切な行動を自発的に取れるとされている】に従うよう国民に訴えることによって、彼らが感染拡大を食い止めるための行動を進んで取るような「ナッジ」を試みたのだった。

一方、英国の方針は、法律と「ナッジ」を組み合わせることを重視していた。旅行が禁じられた時期もあれば、禁じられてはいないが推奨もされない時期もあった。ある場所ではソーシャルディスタンスを保つことを義務づけられたが、別の場所では推奨されるに留まっていた。「ナッジ」という手法は確かに広く取り入れられているが、この手法の裏づけとなる根拠は乏しい場合が多い。そのため、「パンデミックに対処するための政策の大半が、実際のデータを使った検証がなされていない行動理論に基づいているのは問題ではないか」との声も上がった。

二〇〇八年一一月。エリザベス女王は、同年の金融危機の原因について学者たちの説明を聞くために、ロンドン・スクール・オブ・エコノミクスを訪れた。その際に彼女が抱いていた疑問は、ただ一つだった。女王は率直に尋ねた。「なぜ誰も予見できなかったのですか？」[14]。四年後、イングランド銀行の金塊保管庫を案内されていた女王は、同銀行の経済専門家の一人から突然呼び止められ、「以前のご質問の答えがわかりました」と話しかけられた。当時誰も予見できなかった理由はおもにロンドンの金融街《シティ》が「無関心」だったためだ、と説明された王室一行は、見学を続けるべく先へと進んだ。すると、エディンバラ公フィリップ殿下が振り返り、人差し指を立てて振りながら、「危機を二度と繰り返さないように」と専門家に忠告したのだった。[15]

行動心理学と同じく、経済学も、きわめて信ぴょう性に欠ける科学だ。世界の一流の経済学者の誰一人として、二〇〇八年の金融危機を予測できなかった。彼らは、終わることなき安定した経済成長、つまり、経済が熱くもなりすぎず冷たくもなりすぎない「ゴルディロックス経済」の秘密を解明したとして、金融市場崩壊の直前まで互いを称えあっていたのだ。一九九五年にノーベル経済学賞を受賞した経済学者のロバート・ルーカスは、経済不況問題は「解決済み」だと宣言し、「経済学のある方程式が解かれたことによって、今後は『景気がよくなったかと思えば急激に落ち込む』といったことは起こらない」と語って英国民を安心させた。[16]したがってその後、オイルタンカーのようにひっくり返った経済が、一九三〇年代の大恐慌以降で最も深刻な不況の引き金になると、誰もが仰天したのだった。

経済学者が金融危機を予測できなかったのは、彼らが使っていたモデルが現実を反映していなかったからだ。彼らは、「優良層より下の人々向けの《サブプライム》」ローンの価値と連動していた金融派生商品を取引している銀行が抱えるリスクの度合いを、過小評価した。それでも、どんな個人も責めるわけにはいかないのかもしれない。なぜなら、現実と完全にかけ離れた世界を示すモデルを構築したことや、それらのモデルに基づいたアドバイスを権力の座にある人たちに対して自信満々に行っていたことについては、経済学に携わっていた全員に責任があるからだ。

エディンバラ公には、政府や国会に対しても、「彼らのアドバイスを二度と聞かないように」とぜひ忠告していただきたかった。だが、経済学者たちは、二〇〇八年の金融危機や、一九八〇年代以降の数多くの小規模な金融危機を招いた中心的な存在だったにもかかわらず、生き残るためのずばぬけた才能を発揮し、権力の座にある人々に対していまなおアドバイスを続けている。[17]「経済学とは」と、経済学者のハジュン・チャンは記している。「この三〇年のあいだ、それがどう実践されたかを見てわかるとおり、人々に確実に害を及ぼすものなのだ[18]」。

二〇一〇年に選出された英国の新政権は、二〇〇八年の金融危機の影響による被害を防ぐために取られた措置が原因の一つともなった、高水準の国家債務に直面していた。二〇一〇年に財務大臣は、「最新の研究では、債務の額がGDPの九〇％の数字を超えると、それが長期的経済成長にマイナスの影響を与えるリスクがきわめて大きくなることが示された」と発表した。[19]英国の債務対GDP比率は二年後には九〇％の壁を超えると見られていたため、政府は公共支出を抑制して債務を減らすための、「禁欲的な」緊縮財政政策を急速に推進しはじめた。

そのときの発表で財務大臣が「最新の研究」と呼んでいたのは、ハーバード大学の経済学者カーメン・ラインハートとケネス・ロゴフによる、世界に大きな影響をもたらした論文のことだった。ラインハートとロゴフは、四四カ国の二〇〇年間分のデータを用いて、債務対GDP比率や経済成長率といった要因を分析するモデルを構築していた。そのモデルが示すものは何か。ひと言でいえば、相関関係だ。つまり、債務対GDP比率が九〇%を超えると、概して経済成長は損なわれ、場合によってはマイナス成長に陥る場合もあるということだった。

そうした研究結果が論文として発表された直後、マサチューセッツ大学アマースト校で学んでいたトーマス・ハーンドンは、取り組んでいた課題にいら立ちを募らせていた。学生たちは経済学の分野での発表済みの論文を一つ選び、その結果が再現できるかどうかを調べるよう指示されていた。ハーンドンが選んだのは、ラインハートとロゴフの例の論文だった。ところが、どんなに試してみても、論文と同じ数字にならなかったのだ。しかも、ハーンドンを指導していた教授たちによる計算も、やはり彼と同じ結果になった。そこで、自分たちの計算のどこが間違っているかを確認するためにラインハートとロゴフに問い合わせてはどうかと、教授たちはハーンドンに提案した。そうして、ハーバード大学の両著者から送られてきたスプレッドシートを調べていたハーンドンは、衝撃のあまり凍りついた。二人の著者は、初歩的な間違いを犯していた。本来なら二〇の列が足されなければならなかったのに対して、オーストラリア、オーストリア、ベルギー、カナダ、デンマークの分が抜け落ちていて、一五の列しか計算されていなかったのだ[20]。それらの国を加えて再計算したところ、債務対GDP比率が九〇%の境値を超えても、経済成長は決してマイナスになることはなかった。

ラインハートとロゴフはこの間違いについては認めたものの、「それでも債務対GDP比率が九〇%を超えれば経済成長率は鈍化するので、全体的な結論は変わらない」と主張した。だが、たとえ成長率が低くても成長していることには変わりないので、それは危機とはとうてい呼べるものではない。しかし、そのころの英国では、「九〇%の壁」がとっくに経済政策の要《かなめ》となってしまっていた。予算削減がすでに進められていた段階で、「禁欲的な」緊縮財政が必要だという構想を英国政府が撤回するなど、とうてい無理な話だった。経済学者たちの大半は、このような脆弱なモデルを得意げに自慢しようとはしない。彼らは、経済というきわめて複雑な装置の理解に努め、その事実を伝えようとする。だが、この事例のような困惑させられる事態が起こると、多くの経済学者たちまでもが、不当に世間の信頼を失ってしまいかねないのだ。

選出された議員たちは、ほとんどの場合、統計モデリングや経済モデリングの専門家ではない。彼らの多くは、弁護士、教師、実業家、看護師、運動家出身だ。国会議員のうちの二一人が、元炭坑作業員だった時代もあった[21]。また、政治の世界しか知らない政治家も増えている。彼らのおもな職業経験は、人を集めたり、何かをまとめたりするということだけだ[22]。そんな政治家たちに、いわゆる数学モデリングのプロたちによる主張を細かく検証するのを求めるべきではない。

また、経済学者、社会科学者をはじめとする専門家たちは総じて、専門的な用語を使ったり、高尚な理論に対して一般的な理解があることを前提としていたりと、素人《しろうと》には理解しにくいようなやりとりをする傾向が強いのも困りものだ。それはまるで、「自分たちは世間よりも優れている」ことを示そうとしているのではないかとさえ思えるほどだ。英国政府のある大臣が、二〇一六年の「EU離脱の是非を問う国民投票」当時を振り返って、「『専門家はもうたくさんだ』と、この国の人々は思ったはずです」と語ったように。[23]

ただし、社会科学の専門家たちに対して公平を期すためにひと言いっておくと、彼らが高尚な雰囲気を醸《かも》し出そうとするのは、社会科学を学問の一分野として、また科学として、世の中に真剣に受け止めてもらいたいと思っているからだ。とはいえ、ラインハートとロゴフの一件では、モデルの脆弱性どころか、世界経済の研究という「科学」がいかに信ぴょう性に欠けているかまでもが示されてしまった。うっかり計算し忘れていたわずか数個のデータポイントを加えただけで、結果ががらりと変わってしまうのであれば、そもそもこのモデルは経済政策についてのアドバイスを自信満々に行うために使われるべきものだったのだろうか。

「バッドデータ」を入力すれば、「バッドデータ」が出力される

生命、宇宙、そして万物についての究極の疑問への答えは……42。

「アルゴリズム」とは、何かを判断するときに使われるモデルの一種だ。それはおもにコンピューターを使っての問題解決や目的達成のための段階的な手順を意味する、スマートな響きの言葉である。[24]

アルゴリズムは、私たちが日々利用するオンライン検索エンジンにも使われている。賭けのオッズ、天気予報、どのオンライン広告を配信するかを決める際にも使われる。マッチングアプリやオンラインゲーム「ファンタジープレミアリーグ」でも使われている。さらには、政府の政策策定にも使われている。

アルゴリズムは本質的には数学と関係している、というのは誤解だ。確かに、一部のアルゴリズムは数式に似た複雑な一連の指示のように見える。だが、実際には単純なフローチャートのようなものが多い。この用語について混乱が生じる理由の一つは、アルゴリズムというのは足し算や掛け算と同じぐらい単純な一連の「コード」を表すために使うこともできれば、自動運転車を動かすためのプログラムを表すこともできるという点にある。どちらの場合も、一連の指示であり、前者より後者のほうがはるかに複雑だというだけだ。

政策の全般的な流れを決める際の参考として政府が統計モデルを使う場合、「政策の導入」や「制度の運営」の部分について、アルゴリズムを使える。すべてのモデルと同じく、アルゴリズムは結果をデータで出力する。アルゴリズムが優れた判断を下せるかどうかは、プログラミングがいかにうまくなされたかと、入力されるデータがいかに優れているかの二点によって決まる。

チンウェイ・アズブイケは、ひどく落ち込んでいた。自分の結婚式に出席するためにナイジェリアからやってくる予定の兄弟たちのビザ申請が却下されたことを、式のわずか一二日前に告げられたからだ。詳しくいえば、観光ビザを申請した七人の親族のうち、兄弟四人とその子ども二人の分が却下された。自分にとって特別な日に来てもらえるのは、母親だけになってしまったのだ。[25]

ビザが却下されたのは、英国にやってきた親族たちがナイジェリアには戻らないだろうと、内務省が判断したからのようだった。だが、それはチンウェイには不可解なことに思えた。兄弟のなかには一五年間も会っていない人たちもいて、彼らが自分と夫の家にずっと住もうとするなど考えられなかった。しかも、兄弟たちはみな安定した仕事に就いて、ゆとりのある生活をしている。さらには、開発用の土地までナイジェリアで購入していたのだ。[26] それに、姪のチトゥアはクラスで成績がトップだという。そんな彼女にいまの生活を捨てさせて、わざわざ英国で違法な暮らしをさせる理由がどこにあるというのだろうか。

結局、対応に疲れ果ててしまったチンウェイは、ビザの件を諦めようとした。だが、過去にも同じような話を何度も聞いてきた移民社会福祉協議会（ＪＣＷＩ）は、もうたくさんだと立ち上がった。そうして両者は、公正なテクノロジーの追求を目的とする団体「フォックスグローブ」とともに、内務省のビザ審査プロセスに対する司法審査を求めた。すると、同省の審査プロセスにはアルゴリズムの一種が使われていたことが判明した。

問題のアルゴリズム自体は公にされず、その仕組みについても内務省は詳しくは明らかにしなかった。それでも、同省がビザ申請者に不法残留の恐れがあるかどうかを予測するための判断材料として、「疑わしい国」リストを使っていることが、司法審査の過程で明らかになった。この件以外でも、さまざまな目的で他国をリスク別に「緑色」「黄色」「赤色」などと分類するのが内務省の慣例だったが、移民社会福祉協議会はそれ自体が差別的だと主張した。要は、「疑わしい国」とみなされているナイジェリアからやってくる人は、その目的が不法残留ではないことを示すどんな証拠を提示しても、「不法残留の恐れあり」と判断されてしまうのだった。

だが、この仕組みの真の問題は、ある国を「疑わしい国」リストに掲載するかどうかを判定するための要因の一つが、「その国からのビザ申請が、どれくらいの頻度で却下されているか」だということだ。内務省は、そのアルゴリズムにフィードバックループをつくっていた。つまり、そのアルゴリズムでは、「疑わしい国」の国民であるという理由でナイジェリア人の申請が却下される。それに加えて、ナイジェリア人の申請がその理由で却下されるたびに、この審査システム内でのナイジェリアの「疑わしさ」の度合いが上がっていくようになっていた。確かに、大勢のビザ申請が却下されている場合、駄目もとでビザ取得に挑戦した人が多いとみなされて「疑わしさ」が増す、というのは理解できる。だが、純粋に国籍だけに基づいて特定の人物の申請を却下するように設定されたビザ審査システムの場合は、そういう問題ではない。この恥ずべき真実を突きつけられた内務省は、法廷での争いを避けるために、問題のアルゴリズムを廃止して再度開発することに同意した。[27]

アルゴリズムは既存のパターンを誇張し、場合によっては偏見までも増幅させる。作り手が投入したものを、学習してより強固なものにする。なぜなら、アルゴリズムの判断材料はそれしかないからだ。そのため、常に人間がしっかりと見張っておく必要がある。また、こうしたアルゴリズムの管理者は、アルゴリズムが出した判断が常識に反していると思われる場合には、とりわけ注意が必要なことを肝に銘じておくべきだ。もし、人間の公務員が真っ当ではない判断や、不合理な判断をしている場合、世間はただ大目に見るようなことはしないはずだ。それゆえ、機械が同じことをしはじめたときにも、疑問を投げかけるのは当然のことだ。

前章でも取り上げたとおり、英国では、警察という制度はかなり恣意的な地理的境界線によって管轄範囲が定められている。各警察の管轄地域の人口は、それぞれ大きく異なっている。広大で豊かな地方を担当している警察もあれば、凶悪犯罪が多い都市の中心部を担当する警察もある。こうした各警察に、政府はどのようにして予算を割り当てているのだろうか。その答えは「アルゴリズム」だ。

ただ、その「警察予算算定アルゴリズム（ＰＡＦ）」には多くの問題がある。これは並外れて複雑なアルゴリズムで、多くのデータソースからのデータ入力や、データ入力後の数え切れないほどの微調整という作業が要求される。[28]

しかも、入力される内容自体がすでに要注意だ。警察が「市民を安心させる」「犯罪ではない出来事で支援を行う」「サッカーの試合の警備に当たる」ためにそれぞれ使った時間数などの入力項目は、二〇〇八年以降は収集されていないデータに基づいている。ちなみに、ベリーやウェイクフィールドでは、地元のサッカークラブが破産して解散しているので、現在それらの都市で警察が「サッカーの試合の警備に当たる」時間は以前よりずっと少ないはずだ。入力データのそのほかのおもなデータソースは、「警察犯罪認知件数」だ。第二章で見てきたとおり、犯罪を記録するのは客観的な作業とはほど遠い。「目標達成のため」といった動機づけに応じて、警察は犯罪として記録すべきものを、そうでないように変えることも可能だ。たとえば、「盗難」は「落とし物」とすればいい。「社会秩序違反」は、犯罪ではない「反社会的行動」扱いにすることもできる。一方、こうしたことはすべて、所属する警察に割り当てられる予算額とも関連している。そのため、たとえ犯罪を減らすための目標が掲げられていたとしても、よほどの大ばか者でなければ、認知件数が極端に下がることによって所属する警察の予算が大幅に減らされてしまうほど、犯罪を減らしすぎるようなことはしない。警察官の給与は、犯罪を減らすという目標を達成するよりも、自身の活躍ぶりが示せるような、（認知された）犯罪がそれなりに生じるかどうかにかかっているからだ。

こうした犯罪データが警察予算算定アルゴリズムに入力され、アルゴリズムが各警察の予算額を算出すると、結果に大きな差が出るのは当然だ。たとえば、ある警察は前年と比べて二〇％減となる一方で、別の警察は一〇％増となった、というように。そこで政府が介入し、どの警察も前年から少なくとも二・五％増の予算が割り当てられるようにする。この調整は、「振動吸収」と呼ばれている。その結果、警察犯罪認知件数が増加した警察は、本来もらえるはずだった追加予算を調整でほぼすべて削られる。そして、その分は、活躍ぶりを示せる犯罪が減ったことで本来は予算が減らされるはずだった警察に回されてしまう。

警察予算算定アルゴリズムには、「問題のある結果を入力データとして利用している」「過度に複雑」「人間の恣意的な裁量までもが含まれる」といった、悪いアルゴリズムの要素のほぼすべてが合わさって盛り込まれている。二〇一五年、政府自身も警察予算算定アルゴリズムは「複雑で透明性に欠け、しかも時代遅れであるため、目的にそぐわない」と認め、改革を提案した。[29]

アルゴリズムには、重要なものが意図的に除外される危険性が常につきまとっている。前に述べたとおり、統計モデルは世界の縮小版のようなものだ。アルゴリズムもそれと同じであり、作り手が検討するよう求めたものだけに基づいて判断を行う、閉ざされた人工的な「世界」なのだ。

二〇〇〇年代初めに、政府は給付つき税額控除制度を導入した。この控除を受ける人は、その年度の所得見込みに基づいて申請をしなければならなかった。そして、同年度末に内国歳入庁が所得見込みと実際の所得を比べて、後者のほうが多い場合は、申請者はすでに給付された金額の一部を返納するよう求められる、という仕組みだった。

給付つき税額控除が初めて実施された二〇〇三～二〇〇四年度においては、五六七万件の申請のうちの一八七万九〇〇〇件、つまり約三分の一が過大給付だったと年度末に判断された。

個人の給付つき税額控除申請者に対して「不当に」給付された金額の総計は、二〇億ポンド（約三九六二億円）近くにのぼった。[30] 内国歳入庁はこの分を回収するために、対象者に返納を求める通知を送付した。

だが、思いも寄らぬ何千ポンドもの「借金」の返済を求める返納金請求書が送られてきた人々にとって、これは計り知れないストレスとなった。また、IT面での問題に悩まされたために、事務を担っている現場が修羅場《しゅらば》のようになってしまったことも事態をさらに悪化させた。「借金」が、コンピューターのエラーによるものだったという件もあった。ある女性は、申請受理書の原本に記載された所得見込みの金額が間違っているのに気づいて内国歳入庁に何度も問い合わせたが、なんの返事もなかったために問題はないのだろうと思っていた。ところが、課税年度末に一四五〇ポンド（約二八万七二〇〇円）の返納金請求書が届いたため、当の女性は「借金をつくらないことが、私のただ一つの信条だったのに」とオンブズマンに嘆いた。[31]

市民相談協会は、「人々が自分の年収を正確に予測することを前提とした制度では、失敗が目に見えている。その結果、申請者たちに多大なストレスを生じさせることになった」と訴えた。そしてさらに、「ほとんどの場合、基本的な計算能力が低く、雇用不安を抱えて生活が不安定な人々に、この一連の手続きを正確に行うよう求めるのは現実的ではない」とも指摘した。[32]

この給付つき税額控除アルゴリズムは、理論上では与えられた役割をきちんとこなしていたのかもしれないが、実際には大きな混乱をもたらした。最大の理由は、申請者が一年後の所得を正確に予測するのは無理だったことだ。アルゴリズムは「グッドデータ」が入力されないかぎり、役に立つ判断はできない。しかも、一年後についての人々の予測をまとめたものを「グッドデータ」にするのは、とうてい不可能だ。

機械の時代における責任とは

アルゴリズムをつくりだすのは、アルゴリズム自体ではなく人間だ。* ということは、人間はそのアルゴリズムが行ったことに対する責任がある。

二〇二〇年八月一三日、「Aレベル」【一般教育修了上級レベルの通称で、高校卒業認定資格および大学入学資格。かつては一般教育修了基本レベル（通称Oレベル）もあったが、現在では中等教育修了一般資格（GCSE）に統合されている】の結果が発表されると、多くの生徒がひどく落胆した。約四割の生徒に、予測よりも低い成績がつけられていた【Aレベル合格者の結果は六段階で示される】。なかには、予測より二段階低い成績だった生徒もいた。当然ながら、結果が発表される日にはがっかりする人が多少なりともいるが、それでも今回はいつもと様子が違っていた。

じつは、二〇二〇年のAレベル試験は、英国が新型コロナウイルス感染症パンデミックの最中だったため中止されていた。その代わりに、教師は試験監査機関「オフクァル」に対して、

* アルゴリズム自身をつくりだすアルゴリズムもあるが、それはのちほど取り上げる。

各生徒の成績予測と、クラスのトップから最下位までの成績順位を提出しなければならなかった。オフクァルは、それらのデータを各学校の過去の実績といったほかの要因と併せて判断するアルゴリズムを利用し、各生徒の成績を算出した。[33]だが、成績予測より低い成績をつけられた生徒が一〇人中四人もいるのは、何だか疑わしかった。

実際の成績が予測を最も下回ったのは、恵まれない境遇の生徒たちだった。また、北イングランドの学校が提出した成績は、ほかの地域に比べて上方への調整がなされなかった。一方、最高成績のグループに占める私立学校の生徒の割合は過去最大となり、公立の総合制中等学校の生徒の倍になった。[34]

この問題への世間の激しい抗議を受けて、このアルゴリズムはほぼ完全に廃止された。生徒たちは担任教師による成績評価とオフクァルが出した成績のうち、高い方を選ぶことができるようになった。その結果、大学は予想を超える数の新入生を受け入れなければならなくなり、なかには「入学を来年以降にずらせる学生には、謝礼を支払う」と呼びかける大学さえあった。

これはいったい、誰の責任なのだろうか。当時の首相ボリス・ジョンソンは生徒たちを前に、「みなさんの成績は、突然変異したアルゴリズムによって危うく台無しにされるところでした」と同情を示した。[35]世間では、このアルゴリズムは「失敗作」「致命的な欠陥品」と呼ばれるようになった。要するに、恵まれない境遇の生徒たちの結果を歪めかねない「固有バイアス」を抱いていたとして責められたのは、アルゴリズムそのものだったのだ。

とはいえ、アルゴリズムは、つくられたとおりに機能したのだ。その結果、「成績インフレを抑えること」と「成績分布グラフの形状を維持すること」を最優先した。この二点はまさに、「政府からオフクァルに具体的に出された指示」だと、オフクァルの関係者が公にしたものだった。[36] 別の方針によるアルゴリズムをつくりだす方法は、いくらでもあったはずだ。だが、彼らは「成績インフレを抑えること」を最優先にするようにという指示にあくまで従い、その代わりに、とりわけ過去の実績がずっと悪かった学校に在籍していた、予想外に優秀な生徒たちが犠牲になったのだった。

このアルゴリズムは、突然変異体として誕生したあとで山々を越えて逃げていった、フランケンシュタインの怪物とはわけが違う。あのバイアスは、全国的な成績分布グラフを、過去数年とほぼ同じに保つのを優先する方法を選んだことの副産物だったのだ。このアルゴリズムによって、進学実績の低い学校や、貧しい地域に対するバイアスがかかったのは当然のことだ。なにせ、その位置に留めておくためにつくられたアルゴリズムだったのだから。オフクァルは、突然変異体をつくりだしたわけではない。彼らは手渡された腐った卵を、最善を尽くしてふ化させただけなのだ。

このアルゴリズムの目的を教育省が最初から明らかにしていれば、試験の結果発表日のずっと前に同省に疑問を投げかけられたはずだ。そして世間や野党は、「成績インフレを抑えること」を第一の目標とするのが正しいのかどうか、同省に問えたはずだ。

二〇二一年初め、教育大臣のギャヴィン・ウィリアムソンは、この年の中等教育修了一般資格とAレベルの成績判定方法について、「何があってもアルゴリズムは使わない」と満面の笑みで保証した。[37]「この私が見張っているかぎり、突然変異によって大混乱が引き起こされることはない」ということなのだろう。

仕組みをつくった当人に責任を負わせるのは、真っ当なことなのだろうか。この質問の答えは明らかに「いいえ」だが、そこからもう一歩踏み込んで考えるべきことがある。大臣たちは、全体的な目的は定めるが、それを目指すことによってどんな副産物が生じる恐れがあるかについては、各省の職員たちからの提言に頼っている。大臣たちは、担当する省が行っている、あらゆる技術的な作業をすべて逐一管理すべきなのだろうか。あるいは、そもそもそれは可能なのだろうか。しかも、その分野の専門家でない人物が、どうすれば効果的に管理できるのだろうか。政策のためのアルゴリズム設計とは、政治的な選択と技術的な選択のあいだを行ったり来たりして行われるべきものだ。

アルゴリズムは自分自身をつくりだすことはしないと先ほど述べたが、それは完全なる真実ではない。アルゴリズム自体がみずからをつくりだすアルゴリズム、あるいは少なくとも、何をするかの判断をアルゴリズム自体に委ねたものは存在する。通常、アルゴリズムに与えられるタスクは、与えられたデータのパターン、つまり、物事のあいだの関連性を見つけることだ。ときには、ある問題のさまざまな側面に関するデータを与えられ、どれが「重要」なのかを判断するよう指示される場合もある。

オランダ政府は二〇一〇年代に、後者のたぐいの突然変異アルゴリズムの犠牲になった。[38]一連の組織的な社会福祉給付金詐欺事件が世間の注目を集めたことによって、国税関税執行局は詐欺を根絶するためのさらなる対策を取ることにした。同局は、過去に詐欺を働いた犯人たちのデータをアルゴリズムによって分析し、結果として得られた情報から、いま詐欺を行っている可能性のある人物を選び出した。そうして、「あなたの社会福祉給付金を打ち切ります。過去数年にわたって支払われていた給付金を返納するように」という内容の通知が、政府から送られてくる人が出はじめた。なかには、何万ユーロも返納するよう命じられた人もいた。なかなか返納しようとしなかった人には罰金が科せられた。その結果、仕事を辞めざるをえなくなったり、保育料が支払えなくなったりする人が出て、しまいには家を失うことになる人まで出た。

二〇一八年、ジャーナリストたちは弁護士から聞いた数々の話や、巷で多く耳にする噂《うわさ》を詳しく調べはじめた。そうやって手に入れた情報をまとめると、非常に気がかりな傾向が浮かび上がった。要は、詐欺を疑われた人々のなかで、移民やその子どもたちの割合が不釣り合いに大きかったのだ。その後、二〇二〇年の夏にようやく真相が明らかになった。国税関税執行局で使われていたアルゴリズムは、「二重国籍」を詐欺の強力な「リスク要因」とみなしていたのだ。

近年の大規模な詐欺事件で二重国籍者が犯人だった場合が多かったことから、アルゴリズムはそれを「重要な要因」とみなすようになったのかもしれない。だが、詐欺の犯人に二重国籍者が多かったことを、単なる連想や偶然の一致としてではなくリスク要因として捉えるのは、果たして適切なことなのだろうか。たとえ、特定の移民コミュニティ内で組織的詐欺の証拠が発見されていたとしても（実際、ブルガリア人に関するそうした例があった）、その国籍であることと理由に犯人だと判断するのは、政治的に慎重な対応とはとてもいえない。しかも、「二重国籍」という要因はあまりに曖昧なため、現実的に詐欺の犯人かどうかの判断材料にはとうていなりえない。アルゴリズムが出した結果を見た同局は、オランダ以外の一九四カ国のいずれかとつながりのある人のほうが、オランダ国籍しかもっていない人より詐欺師になる可能性が高いと、本気で納得したのだろうか。

このアルゴリズムは、完全に自身の裁量に任されていたため、いわばブラックボックスのなかで働いていたようなものだった。もし誰かがときどき箱のふたを開けて、アルゴリズムが何に取り組んでいるのかを確認していたら、問題はもっと早く見つかったかもしれない。「児童手当事件（toeslagenaffaire）」として知られるようになった、国税関税執行局によるこの不祥事によって、オランダ政府は一〇億ユーロ（約一二九八億円）を超える補償金を払うことになると考えられている。人種差別、人権侵害、市民に対する「前代未聞の不当行為」を行ったとして、政府は激しく非難された。総選挙を二カ月後に控えた二〇二一年一月、この不祥事の責任を取って、首相をはじめ内閣が総辞職した。

確かに、「アルゴリズムは公平な判断に基づいて機能している」「アルゴリズムは監視しなくてもいい」と思ったほうが楽であり、「どのみち高度すぎて、一般の人には理解できないものだ」と考えるのも当然のことだ。「最初のころは、アルゴリズムは本物の魔法にしか思えない」と、数学者のハンナ・フライは記している。「だが、しだいにその仕組みがわかってくると、謎めいた雰囲気は消え去ってしまう。ほとんどの場合、あの見た目の裏に潜《ひそ》んでいるのは、笑ってしまうほど単純なもの（あるいは不安になるほど無鉄砲なもの）なのだ[39]」。

二〇一四年、ＢＢＣのドキュメンタリー番組『パノラマ』の調査員は、ロンドンのマイル・エンド駅で地下鉄を降りた[40]。彼女は、国際コミュニケーション英語能力テスト（ＴＯＥＩＣ）の受験生を装って、潜入調査を行うことになっていた。ＴＯＥＩＣとは、英国に滞在するためのビザ取得希望者が必ず受けなければならない試験であり、彼らの大半の滞在目的は仕事や留学だった。調査員がすでにわかっていたのは、今回のテストではなんらかの不正が行われる可能性が高いということだった。というのも、調査員は「高い英語力の証明保証」代として、民間の移住相談サービス会社に五〇〇ポンド（約八万七〇〇〇円）を支払いずみだったからだ。試験場に入ると、調査員はコンピューターの前に座らされ、写真を撮られた。そして次の瞬間、彼女は脇にどかされ、相談サービス会社のスタッフがコンピューターの前に座ると、代わりにすべての問題に答えていったのだった。

この組織ぐるみの不正行為の情報を入手した内務省は、ＴＯＥＩＣの運営者である米国の非営利団体「教育試験サービス（ＥＴＳ）」に抗議し、過去三年間に行われたすべての試験での受験者の解答を再確認するよう命じた。すると驚くべきことに、ほぼ全員（九七％）の解答が疑わしいという結果となった。それは、六万六〇〇〇人の受験者分に相当した。なかでも、解答に不正行為の形跡が最もはっきりと表れていた約三万四〇〇〇人については、ビザが即座に取り消された[41]。

だが、ほぼ全員が不正をしていたなど、実際にありえるのだろうか。もし本当なら、これは「英国史上最大規模の試験不正事件」だが、この規模はちょっと理解を超えている。同じくそう思った英国学生連盟は、二〇一五年に専門家に依頼して、当時の状況を独自に再検討した。それを受けて、内務省は調査で入手した証拠をもう一度調べるよう裁判所から命じられた。以前の調査では、教育試験サービスは音声認識アルゴリズムを用いて、同一人物が数回受験していると思われる解答を特定していた。だが今回は、このために音声認識の訓練を受けたおよそ七〇人の職員によって、すべての解答を手作業で再確認しなければならなかった。すると、彼らの評価は、ほぼわずかな数を除いて、アルゴリズムによる初回の評価と見事に一致した。

それでも、今回の不正疑惑のいくつかの件に関しては、真偽についてまだ疑問が残っていた。二〇一七年の司法審査での裁判所の判断は、「教育試験サービスによる確認は、不正があったことを完璧に証明したとはいえない」というものだった。不正行為で疑われた数多くの受験者たちは、マスメディアに登場して「不正疑惑は誤りだ」と主張し、申し立てを行う正式な権利がないなかで自分の潔白を証明する戦いが、いかに実りのない、悪夢のようなものであるかを訴えた[42]。

BBCは、試験時の自分の音声記録を入手できて、正式に不正疑惑を晴らせた受験者たちに取材を始めた。なかには、裁判所の承認を経てようやく潔白を示せた人もいた。一方、入手できた記録に別人の声が入っていることが判明し、愕然《がくぜん》とする人もいた。内務省は当然ながら、その事実を不正の証拠とみなした。だが、自分は誓って不正行為をしていないと断固として主張する受験者たちには、その事実は別のことを示しているように見えた。彼らは、受験者たちの音声記録が混同されているに違いないと確信した。

二〇一九年、教育試験サービスが分析したデータを調べた「TOEIC問題のための議員連盟」は、「教育試験サービスの証拠に根本的な欠陥が見つかった」と報告した[43]。「間違いのなかには、受験者記録に記載されている受験会場や国籍が実際と異なっているというものもあり、もしそういった記録が混同されたり取り違えられたりする可能性があるのなら、音声記録が混同されていないとは断言できないのではないだろうか」と同議員連盟は主張した。しかも、あるデジタル鑑識専門家による次の結論は、きわめて憂慮すべきものだった。「考えられるのは、受験者の音声記録ファイルがなんらかの原因で受験者記録ファイルと分けられてしまったことだ[44]」。自分は潔白だという受験者たちの訴えを信じるかどうかにかかわらず、もし教育試験サービスの一連の試験記録が取り違えられていたり、あるいは複製さえできたりした可能性があるのなら、それらはなんの証拠としても使えない。

同議員連盟によってきわめて重大な報告が行われたのち、政府は態度を軟化させたようだ。「現在検討中の件については、不正の明らかな証拠と併せて別の要因も判断材料に含め、検討済みの件についても再検討の希望があれば柔軟に対応する」と述べている[45]。さらに、二〇二二年初めには、「まだ解決されていない数多くの件に対応するため、『次の一歩』となる策を近々示す」とも約束している[46]。

封をされた箱のなかで物事を進めているアルゴリズムのふたを実際に開けて見た人は、何もかもがひどく乱れた状態が内部でつくりだされていることに気づいて恐ろしくなり、箱と中身をできるだけ遠くに投げてしまいがちだ。このように、コンピューターに簡単に罪を負わせてしまえることにより、自分は責任を取らずにすむという問題がある。しかも、コンピューターのせいにすることによって、本来なら向き合わなければならない不都合な真実を直視しなくなるという恐れもある。

ここまで見てきたとおり、アルゴリズムは、光合成をする植物とは違って大気からデータを吸収するようなまねはできず、人間が与えたデータを使うしかない。そしてロンドン警視庁が身をもって学んだ次の事例のとおり、「バッドデータ」を与えたのは自分自身であるという事実に、人は気づくことができる。

二〇一一年のロンドンでの暴動の直後、特定の犯罪集団の脅威に対処するために、ロンドン警視庁内に特別部隊が編成された。そこで同部隊は、警察官によって「犯罪集団の一員」「犯罪集団の周辺にいる人物」「犯罪集団の被害者になる恐れが高い人物」と判断された人物の個人情報を掲載した「犯罪集団暴力事件マトリクス」というデータベースを作成した。この情報は、広範囲にわたるさまざまな公的機関で共有できた。このマトリクスで「犯罪集団の一員」とみなされた人は、自分ではその事実を知らなくても、学校、かかりつけ医、管轄の役所、警察、移民法執行機関、さらには公共職業安定所までにも知られている可能性があった。

だが、さまざまな運動を行う非政府組織である「アムネスティ・インターナショナル」が綿密な調査を行ったところ、同マトリクスが特定の人口集団に圧倒的に偏っていることが明らかになった[47]。一〇人中九人が「黒人、アジア系、少数民族（BAME）」に属していて、七八％が黒人だった。また、一〇人中八人の年齢が一二歳から二四歳のあいだだった。この結果と比べられるような、犯罪集団内での若い黒人男性の「本当の」割合を示すデータは存在しなかった。それでも、「若者による深刻な暴力事件」の当事者のうち、一〇代の黒人は全体の約四分の一にすぎないことが警察自身の統計データに示されている点を考えれば、アムネスティの調査結果は確かに驚くべきものだった。同マトリクスに掲載されていた人物の多くは犯罪歴もなく、単に友人や近所の人とのつながりだけでデータベースに入れられていた。二〇二一年には、「犯罪集団とのつながりを示す証拠がほとんど、あるいはまったくない」という理由で、ロンドン警視庁は一〇代の黒人一〇〇〇人を同マトリクスから除外したが、それによって、「では、そもそもなぜ彼らを掲載したのか」という疑問が新たに湧いた[48]。

なぜこうした問題が生じたかというと、警察が行っていたのは本質的には「雪だるま方式」による標本抽出だったからだ。ある犯罪集団の活動に関する報告によって、その集団の周辺にいる人々が注目され、彼らに犯罪集団の一員としての活動を行っている様子が見られたら、今度はその人物の周辺の人々も疑われる。そのように、すぐそばにあるものをすべて巻き込んでいくことによって、標本数がどんどん増えていく。母集団を代表する標本のつくり方を間違えている場合、「犯罪集団のメンバーの見た目」といったことが、集めたデータから読み取れると勘違いしてしまう可能性も高くなる。

そのようにして大量に収集されたデータは、パターンを見つけるための調査用または帰納的推理用のツールとして利用することはできる。だが、そこから見つかるのは、自分が見つけたいと思ったパターンだけだ。「マトリクスに掲載されそうな人」について、自分の最初の直感に一致した人物しか浮かび上がってこない。ロンドン市長は、「そこまで深刻な疑いをかけられていなかった人々を、あまりに長期間マトリクスに掲載していたのは、ロンドン警視庁の責任にほかならない」と非難した。また、そもそも一〇代の黒人の若者を不釣り合いなほど大勢マトリクスに加えたのは、人種差別が根底にあるからだと暗に指摘する人もいた[49]。アルゴリズムは偏見を増幅させる恐れがあるため、入力するデータには細心の注意を払う必要がある。

ただし、アルゴリズムのなかには、毎回、細かく丁寧にデータを与えてやらなくていいものもある。二〇二〇年の大学入学資格を判定した例の「突然変異アルゴリズム」は、実際には突然変異はしておらず、そもそも自分自身の力で成長して能力を向上させる種類のものではなかった。だが、アルゴリズムのなかにはそういった過程をこなせるものもある。それは「機械学習」と呼ばれていて、代表例は「画像認識」だ。画像認識では、まず機械に大量の画像を読み込ませ、それぞれが何であるのか(「車」「木」「バナナ」など)を教える。次に、ある画像をたとえば「『木』ではなく『車』」と認識するために必要な要因は何なのかを、機械に考え出させる。この練習を十分な数の画像で行えば、その後、機械は与えられた画像から「車」や「木」を選び出せるようになる[50]。

とはいえ、機械学習による処理の精度は、どんなデータを使って「訓練」を行ったかに大きく左右される。ぼやけた顔画像を高解像度化して明確にするためのツール「フェイス・ディピクセライザー」の開発者たちは、明らかに特定の人口集団に偏ったデータで訓練を行っていた。ある利用者が元米国大統領バラク・オバマのモザイク化された画像で試したところ、結果として出力されたのは「三〇歳前後の白人」の画像だったという[51]。

怖いのは、（アルゴリズムが使われている）こうした機械は、封をされた箱のなかですべての作業をこなすという点だ。機械が自分自身にどんな指示を与えているのか、外からはまったく見当もつかない。この状況は、ダグラス・アダムスが『銀河ヒッチハイク・ガイド』（河出文庫）で描いた世界とさほど変わらない。そこでは、スーパーコンピューター「ディープ・ソート」が「生命、宇宙、万物についての究極の疑問」の答えを見つけるよう命じられていた。その結果、七五〇万年後にディープ・ソートが出した答えは「42」という数字だった。結果にひどく落胆した人々に対して、ディープ・ソートは「何を探すべきかをきちんと指示されたことは、一度もなかった」と不満を訴えるのだった。

統計モデリングやアルゴリズムには、計り知れない力が備わっている。正しく利用すれば、何百万個、さらには何十億個ものデータポイントを瞬時に分析できる。パターンを読み取り、因果関係を確認でき、しかも探し出すのが非常に難しいものも見つけられる。「ビッグデータ」「機械学習」「人工知能」といった技術が実現してくれそうな効率性と徹底性における改善を、うまく活用できればと政府が熱を入れるのは、当然といえば当然だ。

アルゴリズムは、公共政策面でもきわめて重要な役割をすでに果たしている。インターネットが広まり、あらゆる家庭や人々の生活の隅々にまで入り込んだことによって、犯罪者が詐欺をたくらむ可能性も高まった。警察の記録によると、毎年およそ三五〇万件の詐欺事件が起きていて、それは警察犯罪認知件数の約三分の一を占めている。そうした詐欺事件をすべて捜査するために必要なリソースもコンピューターの関連知識も、警察には不足している。そのため、「不正報告センター」という専門機関が捜査の一部を担当している。詐欺の被害届を受け取った警察は、すぐさま調書を同センターに送る。同センターは、事件が解決される可能性を評価するアルゴリズムを調書の事件に適用する。その事件が捜査に値するものであると判定されれば、今度は人間の審査官が、捜査を続ける価値があるかどうかを再度検討する。その結果、一部は「要捜査事件」として警察に戻される。

記録されている三五〇万件の詐欺事件のうち、警察に戻されて実際に捜査されるのがわずか三万八〇〇〇件であることを考えると、大半の事件はアルゴリズムによる評価という第一関門を越えられずに、不正報告センターのデータベース内で放置されているように見える。[52]だが、話はここで終わりではない。同センターは、この詐欺事件の巨大なデータベース(しかも、毎年何百万件も追加されていく)を利用して犯行パターンを読み取りつづけることによって、大規模な組織的詐欺事件計画を事前に察知する可能性を高められる。これほど大量のデータがあれば、トライアンギュレーション【一九六ページ参照】を用いて、組織的詐欺の首謀者の居所を突き止める方法を編み出せるかもしれない。さらにこの先、これらの「ビッグデータ」を使って、詐欺がどんなものであるかを機械に学習させれば、詐欺師を特定するための手がかりが見つかるかもしれない。要は、事件のデータがシステム内で何年も眠っていたとしても、事件が忘れられているわけでもなければ、絶対に解決されないわけでもないのだ。

エネルギー供給会社の「ナショナル・グリッド」も、すべての送電塔で行っている、劣化や損傷を早期に見つけるための点検に人工知能を利用しはじめた。従来の点検は、人間の技師が送電塔に登りながら調べるという、危険な作業を伴うものだった。同社が現在試みているのは、カメラを搭載したドローンを送電塔の周りで飛ばして撮影し、次にそれらの画像を取り込んだ機械に、送電塔の劣化や損傷の兆《きざ》しがある箇所を機械学習を用いて特定させるというものだ[53]。

とはいえ、それらの技術はあくまで実験段階のものだ。この分野の発展は未知数だ。そこでの技術革新の大半は、おもにシリコンバレーの企業や、小規模なスタートアップ企業といった民間企業によって進められている。彼らは、自社の開発内容を隠して独占しようとするかもしれない。企業秘密を守りたいという気持ちは十分理解できるが、もしそうした技術が政策の推進に使われるのであれば、透明性が確保されなければならない。

現在では、ドイツを本拠地とする非営利団体「アルゴリズム・ウォッチ」のような、アルゴリズムの透明性向上を訴えるための組織がつくられている。また、「オープン・アルゴリズム・ネットワーク」構想には、英国政府の代表者も加わっている。この構想の目的は、世間にとって不透明なアルゴリズムの透明性を向上させるための方法を、政府同士が共有することだ。

結局のところ、現実を反映していないモデルは、正確な答えを人間に与えてくれないということだ。現実では成り立たない仮定に依存しているアルゴリズムは、優れた判断を下せないはずだ。もし、機械に与えられたのが「バッドデータ」（特定の人口集団がそっくり除外されたデータ、時代にそぐわない古いデータ、目的との関連性が薄いデータ、当てにならない予測に基づいたデータ）であれば、出てくる結果も同じぐらい悪いか、さらにひどいものとなる可能性が高い。

私たちがモデルや機械の仕組みを理解していなければ、それらがいつどこで間違えるのかを把握できない。あるいは、なぜ間違えるのかを把握できないのだ。

第七章
不確かさ

優柔不断さが許されない国

あなた方はあと戻りしたければすればいい。でも、私という女は決して引き下がらない。

マーガレット・サッチャーの発言のなかで人々の記憶に残っているものの一つは、彼女が引き下がるのを拒否したときのこの言葉だろう。[1] たとえ「鉄の女」サッチャーの政策については意見が分かれようと、彼女を「鉄の女」たらしめていた最大の要因が、一度決めたら断固として貫こうとする強い決断力だったことについては誰もが同意している。サッチャーの前に保守党政権で首相を務めたテッド・ヒースは、炭鉱労働組合の力を弱体化させる計画で強硬な反対を受けて譲歩するという、サッチャーがやらないと誓ったようなUターンをまさにやらかして批判され、「意志が弱い」「八方美人」などと言われた。なぜ「意志が弱くてふらふらしている」とみなされたかというと、ヒースは計画どおりに物事が進まなくなったときに、自分の信念を守り抜けないからだった。

政治家の決断力のなさに対する世間の手厳しい批判は、いまなお止むことはない。媒体の種類にかかわらず、マスメディアから「Uターン実演者」と呼ばれるのは、かなりひどい侮辱《ぶじょく》とみなされる。とりわけ、第七六代首相を務めたテリーザ・メイは、在任中にそうした屈辱的な言葉をしょっちゅう投げかけられていた。「この女は引き下がる」。ブレグジットに関する国会での採決を各方面からの批判を受けてメイが延期した翌日、『デイリー・テレグラフ』紙の第一面にこの見出しが躍った。[2] また、「『意志が強くてしっかりもの』のテリーザ・メイが、首相就任後の一〇カ月間で行った、最も驚くべき一〇のUターン」という見出しの記事が、『ミラー』紙に掲載されたこともある。[3] メイの後任となったボリス・ジョンソンも、新型コロナウイルス感染症に関する政府の方針を「コロコロ変えた」として同じように非難された。「ボリス・ジョンソン政権は、八カ月で八回のUターン」「政府が行ったUターンリスト。完全版」といった見出しは、ジョンソンに投げつけられた批判のほんの一例だ。[4]

とはいえ、Uターンするのが、なぜそんなに悪いことなのだろうか。政治家が「気が変わった」ことに対して、世間はなぜ驚いたり腹を立てたりするのだろうか。政策が一八〇度転換されたら、それを喜ぶ人が絶対にいるはずなのに。なぜなら、それは政策に反対する彼らの訴えが、権力の座にある人々の耳に届いて聞き入れられたということなのだから。にもかかわらず、政治家が徹底的な頑固さ以外の姿勢を示すと、世間はなぜ指をさしてあざけるのだろうか。

じつのところ、政治の実際の中身と、それが世間にどう見えているかには、ずれがある。政策策定の九五％は、「熟考」「選択肢の比較検討」「議員や政策実施者から同意を得るための交渉」で占められる。そして残りの五％が、その政策がどういったものであり、どんなことを達成するためのものかを、国民に説明することだ。世間は、裏側で何が行われているかについて、普通はわからないし、わかろうともしない。そのため私たちは、政治というのは、人々がなんらかの決断をして、それを曲げないかどうかだと思っている。だが、政治家というのは、皿洗いをすると言いながら気が変わってやらなかったあなたのパートナーとは、事情が異なる。ここで取り上げているのは、まさしく、文字どおり生死を分けかねない決定を下すための力を与えられた人たちのことなのだ。

本書でここまで見てきたとおり、何が起こっているかを知るためのデータの多くが貧弱であることを念頭に置くと、新たな証拠が出てきたことによる政治家の思い直しに対して、世間はもう少し共感するか、もっといえば安心してもいいのではないだろうか。

マーガレット・サッチャーの場合は、悪名高い「人頭税」を導入する決断から「引き下がる」ことを拒否した一件が、結果的に彼女の政治家としてのキャリアを終わらせるきっかけとなった。一九九〇年に導入された地方税は、実質的には負担の頭割りだったため、「人頭税」と呼ばれた。同じ自治体の管轄内の住民は、収入に関係なく同じ金額を支払わなければならなかった。「公爵とゴミ収集作業員」が同じ金額を請求されるという理不尽さは、手厳しい批判や暴動へとつながり、新たな制度はうまくいきそうになかった。それでも「鉄の女」は撤回を拒んだため、同年に首相と保守党党首の座から降ろされた。

労働党のゴードン・ブラウンも、断固として意思を貫こうとするのは危ない橋を渡るようなものだと学んだ。労働党は一九九七年の選挙運動の最初から、賃金の安い仕事に就く意欲を国内で高めることで失業者問題に対処すると明言していた。同党のマニフェストには、仕事に就くことを奨励するための一策として、所得税の最低税率を二〇%から一〇%に下げるという公約が記されていた。一九九九年度の政府予算でこの公約を実現したときに財務大臣を務めていたゴードン・ブラウンは、「この新たな一〇％最低税率は、低賃金で働く人が収入を増やす意欲を失うという、貧困の罠をなくそうとするためのものである」と記した。[5]

だが、政府予算を精査しているシンクタンクの財政研究所（ＩＦＳ）は、この改正に若干懐疑的であり、「この恩恵を実際に受ける人の大半は、最低所得層ではない」と指摘した。しかし、税率の変更はすでになされ、みなが勝ち組になった。

二〇〇七年まで時間を進めよう。いまや首相となっていたゴードン・ブラウンは、「一〇％最低税率を廃止し、代わりに、一部の層に対する課税最低限度額の引き上げといった別の方法を導入する」と発表した。だが、この改正では、勝ち組と負け組が出ることになり、仕事から引退した女性たちも負け組に含まれてしまった。というのも、所得税の負担増を相殺《そうさい》するために導入された、年金受給者の課税最低限度の引き上げは、六五歳になるまでは対象外だったからだ。この六五歳というのは男性にとっての定年であり、当時の女性の定年は六〇歳だった。財政研究所が大量の複雑な計算と分析によって出した結果は、「五二〇万世帯が損をする見込み」というものだった。[6]

最低税率の変更反対派のなかでは、当時労働党所属の国会議員だったフランク・フィールドが最も雄弁だった。その後、フィールドは、低所得世帯の所得税負担増をほぼ相殺するために彼らの課税最低限度を調整するよう政府に働きかけ、やっとのことで説得に成功した。この一件によって、政府の評判は著しく損なわれた。分析が明らかに異なる結果を示していたのに、「この改正で生活が苦しくなる人は誰もいない」と首相が一年近く主張しつづけていたからだ。[7]

この政策について労働党内で激しい議論が行われていた最中、ブラウンは見るからに挑発的な態度で、「本当に生活が苦しくなったと言うのなら、給与明細書を持ってきて証明しろ」と言い放ったという[8]。

とはいえ、ブラウンは、サッチャーとは違って、世間に対して決めたことに固執しようとはしなかった。そして、次々に起きる小さな問題のすべての火消しをするために、税制と社会福祉給付金制度を、財務大臣とともに息を切らせながらあちこち調整した。

一〇％最低税率の廃止は、税制と社会福祉給付金制度の改革のための長期計画に沿ったものだ。だが、ほんの一〇年前に一〇％最低税率が「画期的な策」だと告げられていた有権者たちには、あまり革新的には見えなかった。しかも、「負け組が給与明細書を持ってくる」まで政府は何もせず、その後ようやくなんとかすると約束してくるというやり方はあまりにも受け身すぎて、有権者たちには不評だった。

『*The Blunders of our Governments*（我々の政府が犯した失態）』の著者であるアンソニー・キングとアイヴァー・クルーには、英国の政治家たちがこうした難局にたびたび見舞われる理由について持論がある。「英国の政治では、おそらくほかのどんな民主主義国家より、一方的な意思決定が受け入れられているから」というのが両者の主張だ。英国の選挙制度は、「勝者がすべてを手にする」小選挙区制だ。しかも、二大政党が他党よりはるかに大きいため、連立政権づくりに取り組む必要はほとんどない。ヨーロッパ諸国の大半は、結局は選挙のたびに、連立政権を組むことになる。なぜなら、彼らの選挙制度は比例代表制であり、政党があまりに多いため、一党で過半数を占めるのはとうてい無理だからだ。二〇二〇年一〇月時点のベルギー政府は、総選挙の四九四日後にようやく発足した、七つの政党による連立政権だ。連立を組むには通常は何カ月もかかり、そのあいだに何百もの政策課題での合意点を見つけなければならない場合もある。二〇二〇年のアイルランド共和国では、わずか三つの政党による連立政権を組むのに半年近くかかった。二〇一〇年の英国では、保守党と自由民主党による連立政権づくりの交渉は五日間でまとまった。また、二〇一七年には、保守党と民主統一党（DUP）間での閣外協力協定が約二週間半で結ばれた。どうやら英国における連立政権づくりとは、電気を消したまま手っ取り早く終わらせるのがいちばんいい、何か少し後ろめたいものとみなされているようだ。

クルーとキングによると、一党が過半数を占める単独政権が通常である英国では、「断固たる行動を取る自由」というほぼ独自の自由が与えられていて、その結果「優れた判断を行うのが容易になったと同時に、悪い判断を行うのも容易になった」という。[9]しかも、世間、マスメディア、それに野党も、政府は断固とした行動を取るべきだと強く思っているため、どんな場合でも時間をかけて熟考するのは優柔不断とみなされる。

こうしたことに加えて、英国下院本会議場の建物の造り（すべての国会議員を収容するのに理想的だと思われる大きさの半分もない空間に、緑の革張りの長い座席が向かい合って設置されている）も、優柔不断さというものがどうしても過小評価されてしまうようにできている。この本会議場は、外部の者には理解できない独自のしきたりや作法が存在する、威圧感に満ちた場所だ。名門パブリックスクールであるハロウやイートンの弁論部の部員たちならとてもくつろげるところ、といえば想像しやすいだろうか。要は、話される内容より、演説の技術的側面のほうが重視される場合もあるということだ。それに加えて、やじを飛ばしたり、「牛のように鳴いたり、猛獣のように吠《ほ》えたり」することが日常的な場所でもあり、特に毎週行われる「首相への質問」では、国民に選ばれた議員たちが「いがみ合っているゴリラの群れ」のように喚き合っていて、その光景はただ対立を招くこと自体が彼らの目的であるかのように見えるほどだ。[10]

こうした状況においては、あらゆる質問への答えを常に用意していない政治家は、恥をかくことになる。さらに、知識に抜けがあると認めると個人としての資質が欠けている証拠とみなされる場所でもあるため、たとえ「バッドデータ」であろうと積極的に利用しようという傾向が強くなる。

政治家たちは、決断のための具体的な裏づけがないときでさえも、強い決断力を発揮するよう世間から求められる。二〇二〇年六月、「新たな変異種の感染者が急増しているため、新型コロナウイルス感染症による規制の解除を四週間延期する」という政府の発表直後、野党第一党の党首キア・スターマーは、首相は明らかに決断力に欠けていると指摘し、「国民保健サービスが懸命にワクチンを注射（vaccinating）しているとき、首相は躊躇《ちゅうちょ》（vacillating）していたのだ」と痛烈に批判した。[11] うまい言い回しではあったが‘vacillating’というあまり使われない難しい言葉を知っている人が果たしてどれほどいるのかを思うと、受けを狙うにしてはずいぶんと思い切った発言だった。ただ、スターマーのこの言葉から‘vacillate’つまり「行ったり来たりする」のは、そもそもレベルが低いことだと思われているのがはっきりと読み取れる。

ちなみに、政府の対応が遅れがちになる理由として考えられるのは、要はデータがどんな結果を示すのかを待たなければならないという点だ。もちろん、本書を通じて見てきたデータの不備は、「国民保健サービスには、個人用防護具の在庫数が一元的に管理された記録はない」「各地域での社会福祉サービス従事者数が、全国レベルでまとめられた記録はない」「濃厚接触者の検査、追跡記録がない」といった人為的なもので、防げる可能性が高いものだった。だが、それ以外にも、初期段階においてはどうしても抜けが多く、なおかつすべてが集まるまでに時間がかかる場合もあるのだ。新型コロナウイルス感染症についての知識を得るには、生命科学の研究者たちによる研究結果を待たなければならなかった。あるいは、効果的な治療法や、ワクチンがどの程度効くのかといったことを知るには、医師たちによる臨床試験結果を待たなければならなかったのだ。

このパンデミックの最中に判明したデータの不備には、人為的であろうとなかろうと重大なものがいくつもあり、それらによって政治家は決断をするのが難しくなったり、決断すること自体が賢明でないようにさえ思えたりした。だが、『インディペンデント』紙が「死の危険性もある感染力の高いウイルスを前にした、政治家たちの判断の遅さや優柔不断さこそが、健康への最大の脅威だ。それはウイルス自体がもたらす脅威より大きくなることさえある」と訴えるほど、世間は政治家の強い決断力にあまりに固執していた。[12] 思慮が浅い人たちが慌てて何かに取り組もうとする危険性については、何も思わないのだろうか。

決断力の強さが世間でどれほど重視されているかというと、各政治家たちの決断力について世間がどう思うか、ユーガブ社が定期的に「追跡調査」を行っているほどだ。具体的には、約一七〇〇人の標本に対して、「〇〇〇〇（政治家の名前）は、決断力があると思いますか？ それとも優柔不断だと思いますか？」と、二カ月おきに尋ねている。二〇二一年半ばには、回答者の三分の二がボリス・ジョンソンは「優柔不断」だと思っていて、キア・スターマーについてはおよそ半数が同様に思っていた[13]。

政治家は常に手元に答えを用意しておかなければならず、しかも単純明快で補足説明が長くない答えを周囲から望まれる。下院を社会人類学の観点から分析した著作があるエマ・クルー教授によると、政治家、とりわけ大臣や「影の内閣」【英国下院の野党が組織する政策立案機関】の閣僚たちは、特定の題目についての「リフ」を用意しているそうだ。この「リフ」とは、施政方針を短くまとめて、要求に応じていつでも話せるようにしたものだ。クルーは、「あるとき、年金についての専門的な説明を求められる立場になったことから、さまざまな長さに変更できる九〇秒間のリフを作成した」という国会議員の例も挙げている[14]。国会議員は、専門家さながらの知識を披露しながら話さなければならない役割が回ってきたり、それまでまったく縁がなかった分野に関する政策を考えたりしなければならない。そのため彼らの大半が、その分野に関するデータの限界や、不備がどこにあるのかを知らないというのは、さほど意外でもない。また、政治の世界しか知らない政治家が、何事についてもなんの疑問も抱かず受け入れてしまうことも、不思議ではない。そしてときには、勉強不足を見破られないよう、重要な知識や数字をただ暗記するのが政治家にとって大事な場合もある。いまの政治家たちは、「牛乳一パイント」や「パン一斤」の値段をスラスラと答えられるよう、日常的に勉強させられている。もし数ペンスでも外してしまうと、「庶民の生活をわかっていない」という、ジャーナリストたちのチェックが入るからだ。

ただし、自分が博識であるという印象を周囲に与えようとするのは、政治家たちに限ったことではない。政府統計職員や研究者といったデータ作成者たちは、自分が作成したデータが実際より信頼性や完成度が高いかのような態度に出る。学者や経済の専門家たちは、自分の評判を上げるためか、あるいは自分の話をただまともに受け止めてもらいたいがために、強い根拠がない自説でも自信満々な態度で披露する。

そうした驕《おご》り高ぶった態度を示すのは、必ずしもわざとではない。どちらかといえば、きわめて専門性の高い特殊な分野の専門家にとって、自分自身を実際より偉く見せようとしてしまうのは、ある意味で避けられないことなのだ。特殊化された分野には独自の文化があり、しかも、みずから定めた基準を守るために、ある程度は自分たちで管理・監督をしなければならない。分野外の人が実際に精査するのは難しいからだ。おまけに、そこで使われている「ポスト実証主義」「記号学《セミオティクス》」といった学術用語は、一般の人の理解を超えている。また、世間では数字への恐怖心を抱いている人も多く、数字を扱っている専門家たちは畏怖の念を抱かれがちだ（度がすぎているときもあるが）。

政治家のなかには特定の分野での専門家（弁護士、医師、経済学者、農場主）もいるが、国会議員や大臣として常勤で働きながら、その分野の最新情報についていくのは難しい。そんなわけで、別の専門家からの情報提供に頼ることになるが、その専門家も自分の考えを過信している恐れがある。また、専門家と素人とのやりとりでは微妙なニュアンスが伝わらず、誤解が生じることもある。

学者も、政治と無縁ではない。経済の専門家だってそうだ。また、政府機関の研究員は、与えられた範囲で研究を進める場合が多く、それらは通常、政治的な領域であるため、その意味では彼らも政治と関わっている。経済学者のアンガス・ディートン卿も、「統計学は、政治と無縁とはとうてい言いがたい。それどころか、統計学の遺伝子には、政治が組み込まれていると言ってもいいぐらいだ」と指摘している。[15] 本書でも、「男女不平等をおもに経済的側面から測るようにする」「障害者や失業者の定義を変更する」「貧困が経時的に増加した、または減少したことを示すために、ゼロ年を変える」「ある物事については、決して数えないようにする」というように、優先させたい政策を推し進めるために、統計データが巧みに利用されてきた事例をいくつも見てきた。「何をどのようにして数えるか」は、常に誰かの判断によって決められてきたのだ。

一九九〇年に導入された人頭税では、別の観点からも検討するといったことが重視されていなかったために、起こりうる問題をまったく予見できなかった。この税が労働党支持層に最も打撃を与えるだろうことは政府も認識していたが、それはたいした問題とは思えなかったし、彼らを巻き添えにするのはかえって好都合かもしれないという程度にしか見ていなかった。だが、保守党を支持する中産階級の有権者の反発は想定外だった。二〇〇四年に農業用の補助金を土地の所有面積に基づいて支給する方法に変更したことによってひどい混乱が起きた事例や、ゴードン・ブラウン政権下で導入された税額控除の事例といった、本書で取り上げてきた数々の大失敗は、担当省庁がもう少し視野を広くもっていたら、防げた可能性が高かったはずだ。

さらに学問の世界には、ベン・ゴールドエイカーが「悪い科学《バッドサイエンス》」と名づけたたぐいの説を広めている人々もいる。ゴールドエイカーはそうした事実を明らかにする著書を執筆し、ジャーナリストとしてのキャリアを築いた。[16] そのなかで彼は、疑似科学的な研究をこきおろし、怪しい臨床試験を徹底的に調べ、政府の政策関連書類を手に入れるために身を削り、著名な栄養学者たちの評判を次々と地に落としていった（私は彼の血圧が心配でならない）。ただ、そんなゴールドエイカーが幾度となくはっきりと訴えているのは、「科学に基づいたものだと相手が主張しているからといって、それが信用できるものかどうかはわからない」という点だ。科学として通っているものの一部は、「完全に好き勝手に選び出された、都合のいい結果」「逸話や、一度しか起きていない出来事に基づいた結論」「完全にでっちあげの証拠や、そもそも存在していない証拠」といったものでできている恐れもあるからだ。

世に出た「バッドデータ」（そして「バッドサイエンス」）と、揺るぎない確かさを求める声を組み合わせると、大惨事が待ちかまえているという将来ができあがる。私たち全員がなんらかのかたちでこの等式に関与しているため、特定の誰かを名指しで非難しようとするのは無理な話だ。

また、近年のマスメディアは、リアルタイムで情報を提供することをよしとしている。そのためジャーナリスト、しかも特にテレビやラジオの取材記者たちは、情報やデータが必要になると政治家たちをせっついて、約束や見解、あるいは統計データを、内容がまだ十分吟味《ぎんみ》されていなくても出させようとする。「大臣はまだ考えがまとまっていない」という見出しの記事では、ジャーナリズム賞などとうてい取れないからだ。新型コロナウイルス感染症パンデミックの初期においては、英国内と海外の感染者数と死亡数が、一部のマスメディアで一日に何度も更新されて伝えられた。だが、デビッド・シュピーゲルハルターとアンソニー・マスターズは、共著『*Covid by Numbers*（数字で見る新型コロナウイルス感染症）』で、「一週間の各曜日の死亡者公表数は、予測可能なパターンに従っている。たとえば、日曜日に集計された死亡数は、水曜日よりはるかに少ない」と指摘している。[17] つまり、二四時間単位で比較しても、なんの役にも立たないのだ。だが、当時の世間はそれをわかっていただろうか。米国の新たな感染者の集計数では、各曜日でさらにはっきりとしたパターンが表れていた。たとえば、日曜日の集計数は、通常月曜日の約一〇分の一だった。明らかに、こうした統計データを額面どおりに受け取って、感情が毎日激しく上下する一週間を過ごすことには、なんの意味もないのだ。

さらに私たち国民も、ニュースの消費者やソーシャルメディアの利用者として、自分自身の振る舞いを冷静に見つめ直す必要がある。まず、「ファストニュース」を消費するというのは、その需要をつくりだしているということでもある。あるいは少なくとも、このペースでニュースを配信してもらってかまわないということを表明していることになる。そして、人は総じて統計データの扱いがうまくないのだから、自分もまたそうなのだということを、肝に銘じておかなければならない。現在では、統計データを正しく批判する目をもつためのツールを与えることを目的とした、すばらしい本がたくさんある。それらの内容は詰まるところ、「いまの自分の考えや感情を裏づける物事であるなら、それをもっとよく信じるというように、ある種の直感を大切にし、同時に物事の文脈をもっとしっかり見る」ということだ[18]。データの実際の出所がどこであるのかを知るのに加えて、統計学の基礎知識を身につけておくのも役に立つ。ただし当然ながら、自分一人でそうしたことを学ぶのは簡単なことではない。それに比べると、自信満々に自説を語る人に傾倒してしまうほうが、はるかに楽なのだ。

何か効果的な手はあるはずだ

いまここではっきりさせておきたいのは、刑務所という施設は効果的な手段だということだ。国民を殺人者、強盗、強姦犯から守ってくれるし、罪を犯そうとする人が実行前に考え直すのに役立っているのだから。

一九九三年に行われた保守党の党大会におけるマイケル・ハワード内務大臣のこの発言によって、会場は大いに盛り上がった。「犯罪に対する懸念は高まっている。この先、恐怖を抱きながら生きるのは国民ではなく、犯罪者たちであるべきだ」とハワードは話を続けた。そして、「犯罪と認定される行為の種類を新たに増やす」「特定の犯罪については、現在の規定の刑期を延長する」「犯罪者の保釈基準を厳格化する」という、新たな策を提示した。刑務所に送られる人の数がおそらく増えるということだったが、それは決して悪いことではない。それどころか、犯罪対策が成功した証しといえるのではないだろうか。しかも、人数増加を見越して、新たな刑務所が六カ所も建てられることになっているのだから。ハワードのこの演説は、熱狂的に受け止められた。その後、全国青年保守党員会の会長によるひと言――「『若い凶悪犯たち』は、収監されて枝の鞭《むち》で背中を打たれるべきだ」――も、大いに支持された。ちょうど同じころ、トニー・ブレアは、「労働党が政権を取れば、犯罪とその根本的な原因に厳格に対処する」という、人々の記憶に残る誓いを立てていた。

「刑務所は効果的な手段だ」。要は、厳格な対処には効果がある、ということだが、この話はここで終わりではない。例のハワードの演説のわずか三年前、おもにダグラス・ハード外務・英連邦大臣の指示で作成された内務省のある白書に、「刑務所は『悪人をさらに悪くするための、高くつく方法』であることは明らかだ」と記されていたのだ。[19] さらには、「そもそも刑務所に収監すること自体について、大半の受刑者を改心させるための効果的な手段だとは、いまや誰もみなしていない」という指摘まであった。どうやら、作成者たちはマイケル・ハワードとは面識がなかったようだ。

大方の意見が「刑務所はお金の無駄」というものから、「自信をもって効果的な手段と呼べるものの一つ」へとひっくり返るような新たな証拠が、その三年間で明らかになったのだろうか。ひと言でいうと「いいえ」だ。どちらの見方についても、それを裏づけるような確かな証拠はあまり示されていなかったようだ。また、研究者たちのあいだでは、どちらについても意見の一致はみられていなかったと思われる。BBC2の報道番組「ニュースナイト」で、「あなたは『刑務所は効果的な手段だ』とおっしゃいましたが、実際に大きな効果があった国はどこですか」と、ジェレミー・パックスマンに尋ねられたハワードは、「米国です」と答えた。人数だけの話をすれば、確かに米国の受刑者は英国よりはるかに多かった。一九九〇年代初めの英国の受刑者数は一〇万人につき一一二人だが、米国は一〇万人につき八〇〇人といったところだった。[20]だが、その数字が犯罪の減少につながっているのかと、のちに問われた内務省は、関連性を示す証拠を出せなかった。実際、米国の犯罪は増えていた。だが、ハワードの話にあきれたというトニー・ブレアによると、「内務大臣はあの番組での自分の答えにえらく満足していて、数日後に同じ話を繰り返した」とのことだった。[21]

この問題については、今日まで三〇年間にわたたって振り子が行ったり来たりした。「新しい労働党」政権は、防止策を講じるなどして「犯罪の根本的な原因に厳格に対処する」ための取り組みを行ったが、同政権下で受刑者数は再び一・五倍になった。[22]二〇一〇年発足の連立政権は、地域社会での犯罪対策について「社会正義」に則った取り組みを求める穏健路線で進めたが、それは「フーディーを着た若者たちを抱きしめてあげよう運動」と呼ばれてあざけられた【フーディーのフードで顔を隠して犯罪行為をする若者たちは、凶悪犯罪予備軍とみなされていた】。

温情路線で受刑者数の増加は止まり、公約として掲げられていた「社会復帰支援対策」に重点が置かれるようになったが、それは具体的には保護観察サービスの一部を民営化することだった。[23]「保護観察サービスの向上は再犯防止に効果がある」というのは、かなり確かな説ではあるが、「民間部門のほうがうまくやれる」かどうかは、それぞれの考え方によるだろう。

詰まるところ、犯罪を減少させる策については、「どれが効果的か」を示せる十分な証拠は揃っていない。問題の一つは、「効果的に行う」ための、明確に定まった詳細な計画がないという点だ。一般に、刑務所に収監することの目的は、「無力化」「処罰」「報復」「抑止」と「社会復帰」であるとされている。[24]これらの目的はすでに若干矛盾している。犯罪者には苦痛を感じて報いを受けてほしいと思うのは当然だが、あまりに厳格に対処しすぎたとしたら、出所後の彼らが「真っ当に生きる」見込みは果たしてあるのだろうか。

刑務所に収監する目的として、「罰する」「社会復帰させる」「再犯を抑止する」のどれに重きを置くかによって、収監の効果があったかどうかを判断するための指標は異なり、考えられる問題解決策も変わってくる。

定番の指標の一つは、警察犯罪認知件数だ。刑務所が効果的に機能しているなら、犯罪件数は減少するはずだ。この二つの関連性について内務省が二〇〇一年に分析を行ったところ、「犯罪を一％減少させるためには、受刑者数を一五％増やさなければならない」ことが判明した。[25]この物差しでは、刑務所は明らかに効果的な手段ではないようだ。ただ、警察犯罪認知件数のデータでは、犯罪が増加しているか減少しているかを必ずしも正確に捉えられないことは、すでに見てきたとおりだ。

その他の定番の調査方法としては、刑務所がそこに送られた人にとって実際に効果があるかどうかを見ていくこと、つまり、受刑者が出所後に再犯するかどうかということだ。関連する統計データをすべて額面どおりに受け取れば、刑務所から出所した人は、ほかの違反者に比べて再犯する可能性が高い。彼らの四五％が再犯した一方で、社会内刑罰を与えられた人【刑務所に送られずに、「無償労働」「居住指定」などの罰を与えられた人】の再犯率は三二％、警告を受けた人の場合は一四％だった。

ただし、刑期別に見ると、収監されていた期間が六カ月以下の人の再犯率が六四％であるのに対して、刑期が一〇年以上だった人の再犯率はわずか六％。つまり、刑期が長ければ長いほど、再犯の可能性が低かった。それでは、長い刑期は効果があるということなのだろうか。収監する期間をもっと長くすればいいのか。

当然ながら、実際にはこんな流れで結論を出すべきではない。刑務所に収監されるかどうかは、くじ引きで決まるわけではない。また、受刑者には、単に警告を受けるのではなく、あえて刑務所に送られた理由が多々ある。そうした理由も、彼らがのちに再び犯罪を行うかどうかに影響をもたらすはずだからだ。それに、刑期の長さも、無作為に割り当てられているわけではない。殺人罪で終身刑を宣告された人には、万引きで三カ月間の収監を言い渡された人とはまったく異なる背景がある。

スコットランド政府は近年、凶悪犯罪に対する「公衆衛生アプローチ」を提唱している。これは、凶悪な犯罪行為をある種の感染症とみなして、世代間や仲間同士での連鎖を断とうという取り組みだ。二〇〇八年、スコットランドの受刑者数の多さ（当時、人口一人当たりの受刑者数はヨーロッパで最も多かった）に対処するための委員会で、「『かなりの規模の一連の証拠』によると、刑務所から出所した人は、社会内刑罰を受けた人より再度有罪判決を受けて刑務所に再収監される可能性が高い」という報告があった。[26] この「かなりの規模の一連の証拠」とは何だったのだろうか。それは、スコットランド政府の統計データ内にある「宣告された刑の種類別再犯率」をただ比較したものと、カナダの司法省の一組織が公表した体系的な調査報告書のことを指したものだ。ちなみに、カナダの報告書で示されている根拠には、スコットランドの事例は一つも含まれていないようだ。[27] それでも、これらの証拠は、一部の集団内で証拠として通用しているたぐいのものよりずっと信頼性が高いと思われる。

ここで取り上げているのは、信頼性の高い見解を求められるという重圧にさらされているにもかかわらず、裏づけとなる根拠が薄く、「何が効果的な手段なのか」を見極めるのが非常に難しい事例だ。それは、「何か有効な手段があるはずだ」という思考に陥る罠でもあり、「裏づけとなる根拠に基づいた政策策定」という志の高い選挙活動の副産物でもある。

国際開発の領域でも、「何が効果的な手段なのか」という議論が頻繁に行われている。二〇一〇年代、英国の国際開発省は、国民総所得（GNI）の〇・七％に相当する予算を別枠で任されていた。たとえば、二〇一九年の予算は一五〇億ポンド（約二兆八八九億円）だった。[28] 海外の人々の生活向上のために英国の「納税者のお金」がこれほど多く使われることから、「何が効果的な手段なのか」を考えることが、この部門全体を挙げての大仕事となった。だが、調査報告書「When Does “What Works” Work?（「効果的な手段」とはいつ効果を発揮するものなのか?）」の作成者たちも指摘しているように、「ある事例で成功した策なら、ほかのすべての問題に対しても有効だろう」と楽観視しすぎると思わぬ代償を払うはめになる恐れがある。[29] たとえば、作物生産量を大幅に向上させるための支援は、ある地域には経済的な恩恵をもたらすかもしれないが、収穫した作物を輸送するための道路がほとんど整備されていない地域にとっては役に立たない。

二〇〇〇年代初め、貧しい国の人たちにただ現金を渡すという、新たな支援方法が提案された。この策は、たとえば袋入りの穀物を配布するより現金を渡すほうが本人たちの自律性が高まるし、しかも効率的だ、という発想に基づいていた。確かに、この考え方はおおむね正しいのだが、エクアドルでこうした現金給付プログラムが実施されたとき、世帯内での力関係が変化した反動の一種からなのか、現金を受け取った女性のなかで夫から家庭内暴力を受ける人が増えてしまった。[30] ある場合においてうまくいったことが、一般的にもそうなるとは限らない。

二〇一三年、英国の連立政権は、「『何が効果的な手段なのか』ネットワーク（WWN）」を立ち上げた。この取り組みでは、九カ所の「『何が効果的な手段なのか』センター（WWC）」が、さまざまな政策分野における「最良の実践例《ベスト・プラクティス》」がどんな根拠に基づいたものなのかを評価する役割を与えられていた。この取り組みのまとめ役であるデイヴィッド・ハルパーンは、通称「ナッジ・ユニット」の草分け的存在だった。また、行動科学が脚光を浴びる前からその分野のインフルエンサーであると自認していた。それはさておき、各種の事例がどんな根拠に基づいているのかを体系的に評価することは、どんな場合でも役立つ。とはいえ、この取り組みによって行われた評価で出された結論の傲慢《ごうまん》な手抜きっぷりが気にかかる。たとえば、『犯罪多発地域《ホットスポット》への重点的取り締まり』（地域を細かく分けて、犯罪が多発している地区を重点的に巡回する）は、犯罪の減少につながり、しかもほかの地域への犯罪の広がりも防ぐ」というのは、何が効果的かについての初期の発見のひとつだ。[31] ただし具体的な裏づけは示されておらず、どうやら警察大学校による「事例の根拠に対する迅速な評価」を参考にしたようだが、それには「ホットスポット巡回」に関する分析は三例しか掲載されていなかった。[32] 同様に、中等教育修了一般資格の判定結果の向上に関する「効果的ではなかった手法」についての分析は、「報奨金を与えると約束して、生徒にやる気を起こさせること」というものだったが、これはイングランドで行われたたった一度の試行に基づいたものだった。これがひどい試行だったという点には確かに同意するが、それでもこの一度きりの事例だけを挙げて、「効果的ではなかった手法」の分析を終わらせてしまうというやり方は、それ自体が「最良の実践例」といえるだろうか。

個人的な要素がきわめて大きく、意見の対立を非常に招きやすい問題において、裏づけとなる根拠が弱いことはとりわけ危険だ。一九九七年の選挙運動中、ジョン・メージャー首相は、「もし保護者たちが望むなら、すべての町にグラマースクール（おもに学力によって入学者が選抜される公立中等学校）を設立する」と約束した。[33] だが、彼らはそう望まず、トニー・ブレアに投票した。それでも、グラマースクールの問題は、いまなお争いの種となっている。二〇一六年に保守党政権が新たなグラマースクールの設立を許可しようとしている動きを察した、影の教育大臣アンジェラ・レイナーは、「それを阻止するために、全身全霊で戦う」と誓った。[34]

ただし、グラマースクールの賛成派、反対派のどちらの主張も、データを用いて証明するのは一筋縄ではいかない。たとえば、グラマースクールと総合制中等学校【入学試験は行われない】の中等教育修了一般資格の判定結果を比べても、どちらの教育が優れているかは一概にはいえない。なぜなら、そもそも前者は「最も優秀な生徒たち」が選ばれて入学しているからだ。どちらの教育が、生徒たちの社会移動の向上につながったかを判断するのも難しい。準備をより多く重ねてきた生徒が有利にならないような、生まれつきの能力だけを測れる入学試験など、世界じゅうのどこにも存在していないからだ。恵まれない境遇の子どもは、誰かが生活を支えてくれて試験に備えさせてくれるほうが、入学試験に受かる可能性が高くなるだろう。ただ、そういった支援があるのなら、どんな学校でも優れた成績を収めて、よりよい人生を送れるのではないだろうか。英国以外の国の大規模な調査によると、選抜式の教育制度では、基本的には選ばれる過程で、早い段階から子どもたちに自分の将来がどの程度になるかを見せることになるため、彼らが不平等さに甘んじてしまうことが判明している。[35]

すでに実施されている政策が効果的であることの裏づけとなる根拠は、政策の提案時にそれがいかに効果的かを訴えたときのものと比べて、かなり弱い場合が多い。「何が効果的な手段なのか」について、あまりに自分の考えを過信していると自滅してしまう恐れがある。とはいうものの、データがまったくないときは、いったいどうすればいいのだろうか。そんなときは、不確かさに対処する方法を見つけるしかない。

原因と結果

相関関係は因果関係を意味しない。

読者のみなさんは、この言葉を言い換えたさまざまな表現を知っているかもしれないし、それらの意味もすでによくわかっているかもしれない。だが、ここでひと息ついて、この言葉を細かく見てみよう。「相関関係」とは、二つの物事において、片方が取る値を見ればもう片方の値をだいたい予測できるというように、互いに関連している現象のことだ。相関関係は、相互関係、すなわち二つのあいだになんらかのつながりがあることを意味している。

相互関係とは、物事のあいだの「関連性」という意味でもある。だが、とても重要なのは、物事が関連しているからといって、必ずしも片方がもう一方の「原因」であるわけではないという点である。もちろん、そうである場合もあるが、相関関係のみではそこに「因果関係」があるかどうかや、その因果の方向性については断言できない。

明らかに関連性があるように見えても、まったくの偶然ということもある。そういった「疑似相関」の奇抜な例を、ただひたすら紹介するウェブサイトも存在する。たとえば、米国では、

「ベッドでシーツに絡まって死亡した人の数」の経時的な変化は、「一人当たりのチーズ消費量」の変化とほぼ完璧に一致しているという。[36] 奇妙なことに、確かにどちらも経時的に増加している。

ただし、そういった偶然の一致は稀だ。二つの現象がほぼ並行して変化しているときは、たいていの場合、両者には実際につながりが存在する。それでも、それはどちらかがそのパターンをつくりだしているという意味では必ずしもない。二〇二二年に発表された研究では、「英国北部地方の人は英国南部地方の人と比べて、難聴になる可能性が一・八五倍高い」と判明した。[37] もしかしたら、北部出身の伝説のバンド、オアシスを聴いていたことが原因だろうか。冗談はさておき、この論文の著者たちが指摘しているとおり、「北部地方」と「難聴」のつながりは、「製造業で働く」といった難聴の要因の多くが、南部より北部地方に多く見られるというものだ。地理的な要因自体は単なる関連づけだ。

二〇一七年、ロイズ銀行はある現象を発見し、それを「ウェイトローズ効果」と名づけた。その現象とは、高級スーパーマーケット「ウェイトローズ」が近所にできると、家の価格が約三万六〇〇〇ポンド（約五二〇万円）上昇するというものだ。「高級スーパーマーケットが自宅のすぐ近くにあったらいいと思うなら、家の購入額は高価格帯になる」と同銀行は説明している。[38] だが、「ウェイトローズの新規開店が住宅価格の上昇をもたらす」という説は、単なる憶測にすぎなかった。ウェイトローズ（高級スーパーマーケットだけあって、商品の価格も高価格帯中心だ）側が、すでに富裕層が多い地区を狙って出店したとも考えられるからだ。つまり、逆向きの因果関係もありうるということだ。さらには、通勤に便利という理由で富裕層のあいだで人気になったことが、その地区の住宅価格とウェイトローズの出店場所の両者に影響を及ぼすといった、第三の要因も考えられる。

以前、ある国会議員から英国下院図書館に、いっぷう変わった問い合わせがあった。「山羊《やぎ》座の人は一二月に亡くなる可能性が高いというのは、本当ですか?」。当番の統計職員が星座別の死亡数に関するデータを調べてみると、当の国会議員が思っているとおりとなる可能性が高そうだと認めざるをえなかった。

その理由についてここであれこれ考察したいのであれば、山羊座の人が不運にもその時期に亡くなる可能性が高い理由を、いくつか挙げるのは決して難しくない。たとえば、山羊座は何事に対しても責任感が強いため、絶え間なく続く仕事に加えて家族との約束も果たさなければならないクリスマスも重なる年末に、燃え尽きて亡くなってしまう可能性が高いのかもしれない。あるいは、物事を悲観視しがちな山羊座特有の性格によって、寒くて暗い年末がまた来るのかという思いにつぶされてしまうのかもしれない。

だが、そういった理由より、「誕生日効果」と呼ばれているものが寄与している可能性のほうが高い。人間の誕生日と死亡する日には相関関係があることが、さまざまな研究で示されている。具体的には、誕生日の前後一週間のあいだに死亡する可能性が高まるという。[39] その理由の一つとされているのは、誕生日を迎えるのが憂鬱《ゆううつ》になった高齢者や、誕生日までは「なんとかもちこたえた」が、その直後に耐え切れなくなってしまったという人々が、自殺する恐れが高まることだ。そのため、一二月二二日から一月一九日生まれの山羊座の人は、一二月に亡くなる可能性が最も高いといえるのかもしれない。ただし、同じ理屈を当てはめれば、私たちはみな、自分の星座と結びついている誕生月に亡くなる可能性が高いのだ。

そんなわけで、星座と死亡する日にはつながりがあるようだが（というより実際にある）、それらを結びつけているのは「誕生日」という第三の要因だ。それは「交絡因子」や「潜伏変数」と呼ばれている。

世間での星占いの人気を見ると、実際には無関係なもの同士のあいだにつながりをつくりだすことに、人がいかに長けているかがわかる。タイタニック号が沈没した原因は「水星の逆行」あるいは「稀な惑星直列」だったのだろうか。[*40] その可能性はほぼないだろう。それでも、「起きていることには理由、理屈、パターンがある」と信じることによって、人は安心できるのだ（そう信じることが、精神衛生上必要なときさえもある）。

政治家たちは、起こっていることを天文現象のせいにしたり、そのおかげだと思ったりすることはまずない（ただし、元米国大統領ロナルド・レーガンが星占いの影響を受けていたのは、ほぼ周知の事実だ）。政治家とは、悪いことが起こればライバルのせいにするし、いいことが起これば自分の手柄にするものだ。問題は、「片方がもう一方の原因であることを、どのタイミン

＊　タイタニック号が沈没する原因となった氷山は、過去数世紀で地球から最も近い位置にあった月が起こした通常よりも高い大潮によってできた可能性がある、という科学的な説もある。

グで確信できるのか」ということだ。

二〇二〇年四月の記者会見で、内務大臣のプリティ・パテルは、「自動車関連犯罪、強盗、万引きの件数は前年より減少している。これは警察の努力が実ったことの証しだ」と語った。[41]だが、万引きの件数が減ったのは、警察の努力が実ったからではない。当時は全国的なロックダウンの最中であり、ほとんどの店が閉まっていたからだ。この抜け落ちていた原因を見つけ出すのは誰にでも簡単にできたことだったので、大臣の発言の誤りは瞬時に暴かれた。

通常は、あるものに対して「因果関係による影響」があったかどうかを断言するほうが、ずっと難しい。統計学では、それを判断するための確立された規則や技法がある。だが、その説明の前に、まずはビールを一杯やりませんか？


ダブリンで最も人気のある観光地は、セント・ジェームズ・ゲート醸造所内にある「ギネス・ストアハウス」だ。有名な黒ビール「ギネス」の展示があるこの博物館は、まるで水族館のように薄暗く、ひんやりとしている。観光客たちは、「あの黒いもの」が誕生した場面を時代をさかのぼって間近で見ることができるし、ビールをグラスに上手に注ぐ特別な技も学べる。大半の観光客の目には留まらないかもしれないが、博物館内の壁には赤い小さな銘板が掲げられている。それは、一八九九年から一九三七年まで醸造所で勤め（醸造長にまでなった）、化学者でもあり実験統計学者でもあった、ウィリアム・シーリー・ゴセットという人物を記念したものだ。

ゴセットは大麦の栽培実験の過程で、「t検定」という手法を編み出した。それは、認められた変化や差が、「本物」か「ただの偶然」かを見極めるための検定法だ。さらに、同じく統計学者のロナルド・フィッシャーは、ゴセットの手法を「信頼区間」の発想へと発展させた。信頼区間とは、集団全体の平均（真の値）が含まれる緩衝《かんしょう》地帯のようなものであり、集団全体の平均が存在すると推定される範囲を示している。こうした原則は「統計的有意性」の考え方の基礎となっていて、統計的に有意な結果は正式なものと認められた。*

統計的に有意な差が認められるだけでは、その原因を特定したことにはならないが、それでも原因を推測できる場合もある。ただし問題は、ゴセットがビールの醸造実験を行っていた時代から今日までの何十年ものあいだに、社会科学は統計的有意性の考え方にますます頼るようになり、統計的に有意な結果のデータがほかの種類のデータより重視され、しかも、さほど綿密に検証されずに受け入れられるようになったという点だ。

よく知られているバイアスの一つに、「出版バイアス」がある。統計的に有意な結果を発見した研究の論文は、そうでない研究論文より学術誌に掲載されやすいというものだ。科学者の

＊　ちなみに、フィッシャーは統計学者であると同時に、優生学の著名な支持者でもあった。しかも、彼の時代の基準に照らしても人種差別主義者だった。フィッシャーが編み出した統計的手法に、彼の政治的な主観がなんらかのかたちで盛り込まれたのかどうかを判断するのは難しい。だが、フィッシャーの他分野での研究の大半は、彼の見解の影響をまともに受けている。統計データの作成には人の判断がかなり反映されているため、それらのデータが作成者の政治的な見解とは無関係だとみなすべきではない。

ジョン・ヨアニディスによる、「学術誌に掲載された研究結果の大半は誤りだ」という主張は、議論を呼ぶほど話題となった。[42] ヨアニディスの指摘によると、「生物医学の研究での統計的に有意な結果の大半は、学術誌を刊行する出版社の興味を引くために都合のいい結果ばかりを選び出したものであり、十中八九『偽陽性』」ということになる。また、近年の心理学の分野では、何年ものあいだ当然とみなされていた研究結果の大半が、再度実験を行ったときに結果を再現できないという、「再現性の危機」に陥っている。[43]

学術誌側が、長々と書かれたわりにはなんの興味深い結論もない論文より、画期的な発見を掲載したいと思うのは当然のことだ。とはいえ、研究者たちも名を成したいと思うがゆえに、実際より重要な発見をしたかのように見せかけた論文が、出版社に送られてくるほうがはるかに多い。

こうしたことから浮かび上がる問題点は、二つの物事の関連性が単なる偶然にもかかわらず、あたかも重要なものであるかのように見せるのは簡単だということだ。たとえば、「チーズを食べる量」と「シーツで死亡する」例のように。[44] 大きなデータセットを十分に長いあいだ掘り返せば、統計的に有意な結果を「採掘」できることは、すでに示されている。これは、星座についてもまさに行われてきたことだ。研究者たちは一〇〇〇万人分の巨大な医療データセットを分析して、高度なモデルを構築し、すべての正しい手順を踏んだ結果、「獅子《しし》座の人は消化管出血を起こす可能性が高い（P＝0・0447）」「射手《いて》座の人は上腕骨骨折を負う可能性が高い（P＝0・0123）」と結論づけた。[45] この二つの「P」の値は、それらの結果が統計的に有意であることを示している。この事例の結果については、常識的に考えれば却下できる。一方、もっともらしい説明をされて、結果をつい額面どおりに受け取ってしまいたくなるような事例もある。

また、統計的に有意な結果であればあまり詳しく検証されないという点を、もはや許される一線を越えていると思えるほど巧みに利用しようとする人もいる。新型コロナウイルス感染症パンデミックの初期、世界保健機関（WHO）は、抗マラリア薬「ヒドロキシクロロキン」の新型コロナウイルス感染症治療薬としての治験を突如中止した。その理由は、同薬と、死亡の可能性の増大とのあいだの仮定的なつながりが、ある学術研究で示されたからだった。ところが、当の研究は、でっち上げられたデータに基づいたものであり、しかもデータの入手先とされていた病院がこの研究についてまったく知らなかったことや、同薬を備蓄していなかったことものちに判明した[46]。この論文の研究結果を額面どおりに受け取った関係者たちが、その内容がきわめて重要だったことから、査読を大急ぎで進めてしまったというわけだ。また、抗寄生虫薬「イベルメクチン」でも、同様のことが起こっていた。同薬が新型コロナウイルス感染症治療薬として明らかに効果があるという臨床試験結果に基づいて、さまざまな場所で承認、推奨、処方された。ところが、新型コロナウイルス感染症治療薬としての同薬の主要な臨床試験二六件のうち、三分の一以上で重大な誤りがあったり、不正が行われた可能性があったりしたことが、のちに研究チームによって明らかになっている[47]。

二〇一九年、出版バイアスによって怪しいデータがつくりだされる問題を見かねたベルリン衛生研究所は、発表された論文に対する「ヌル結果」（有意な結果が何も見つからなかった）、または「反復」（すでに論文になっている実験を再度行う）についての論文一本につき一〇〇〇ユーロ（約一二万二〇〇〇円）を、執筆した研究者に給付するという取り組みを始めた。[48] また、二〇一七年には、欧州神経精神薬理学会が、神経科学に関するヌル結果の論文を発表した研究者に賞金一万ユーロ（約一二七万円）を贈っている。[49] さらに、オランダ政府は、社会科学や保健医療における公共政策に影響をもたらした研究結果が本当に有効なものであるかどうかを、二重、三重に確認するために、それらの研究を反復する研究者たちに、三〇〇万ユーロ（約三億八〇〇〇万円）の資金提供を行うことを近年決めている。[50] これらの金額の大きさを見れば、統計的に有意な新たな発見をするという栄光とは反対方向に進むよう、若手研究者たちがいかに強く奨励されているかがわかる。

単なる関連性のみならず、因果関係が存在していることを証明する方法はあるのだろうか？ そういう方法は実際にある。しかも、何が効果的なのかを確実に見極めることが、まさに生死に関わる重大問題となる研究分野でも存在している。

薬理学者は、新薬の有効性を確認したい場合、臨床試験（治験）を行う。そうした治験では、一つのグループには治験対象の薬（「被験薬」）、別のグループには「偽薬《プラセボ》」を与え、さらに別のグループには何も与えずに、各グループの状態を比較する。その際にきわめて重要なのは、治験結果に影響を及ぼしかねないグループ間の差をできるだけ小さくすることだ。その方法の一つは、治験を実験室内で行って条件を調整するやり方だ。もう一つは、治験参加者に関する情報をできるだけ多く記録しておき、認められた結果に影響するほかの原因を、それらの記録を用いて除外する方法だ。

被験薬を与えられたグループとそうでない二つのグループ間に存在する差を除外する最も簡単な方法は、理論的には、被験者たちを無作為に選ぶ方法である。無作為な抽出を行うことによって、グループ間のどんな差も、与えられた治療や介入の純粋な結果とみなせる。この手法は「無作為化比較試験（RCT）」と呼ばれている。

RCTは社会科学にも応用され、あらゆる種類の現象の研究に利用されている。二〇一九年のノーベル経済学賞は、「貧困を削減するには『何が効果的な手段なのか』」の研究においてRCTを利用する先駆者となった三名に授与された。アビジット・バナジー、エステール・デュフロ、マイケル・クレマーは、貧困を削減して世界じゅうで発展を促進する可能性を秘めた何百もの策についての、検証の奨励、計画策定、そして実施に携わってきた。だが、彼らの功績について本人たちに尋ねても、「私たちは経済の配管の調整を勧める『配管作業員』にすぎない」と答えるだろう[51]。彼らは、臨床での実験以外の結果は、確かな証拠とは呼べないと考えている。

とはいえ、彼らの取り組みを「役に立たない配管作業員ごっこ」と呼んで認めない人もいる。その一人で、二〇一五年に同じくノーベル経済学賞を受賞したアンガス・ディートン卿は、「そういった検証では、ある状況において『効果的な手段』かどうかについての有力な証拠を得られるかもしれないが、それを『どんな状況においても効果的な手段』だという証拠とみなせる理由はどこにもない」ということを、かなり激しい言葉で訴えている。[52] 確かに、貧困を改善して発展を促すためのどんな方法も、水漏れしているパイプの修理方法ほど単純かつ万国共通ではないはずだ。

また、社会科学の一部の分野では、「ＲＣＴは因果関係を特定するための唯一の手法」という考えが前提とされるようになったことによって、どんなに役立つ証拠でも、ほかの手法で得られたものは脇に追いやられる場合もある。一般に、量的データ（数値データ）は、ほぼ常に質的データ（数値以外のすべてのデータ）より優れているとみなされている。誤解を避けるために述べておくと、物理学や数学といった「ハードサイエンス」で使われる手法は、社会の現象を理解するために確かに役に立つ場合もある。だが、「ハードサイエンスの手法で得られる結論は、より正確かつ重要だ」という発想自体については、真剣に問うべきだ。

実生活に関する研究では、フォーカスグループ法【グループ対話形式で意見を集める調査法】や、一対一形式の聞き取り調査で得られるデータは、集団平均や変化率といったデータと同じぐらい、またはそれ以上に役に立つ。もちろん、フォーカスグループに集まってもらって、いきなり薬の効果を試すわけにはいかない。それでも、あるものが効果的かどうかという問いに関して、白黒のはっきりとした答えが出ないこの現実世界の政策問題を研究するうえでは、フォーカスグループ法はまさに求められている手法なのかもしれない。

質的データは、自由回答形式の質問に対して自然に流れ出る思いを説明した言語資料であり、数値データからだけでは得られない、きわめて詳細で豊かな見識を与えてくれる。少なくとも、統計データの添え物のように扱ったり、見落としたりすべきものではない。

だが、前にも述べたとおり、政治家たちにとっては、個々のさまざまな考えが記された何ページもの記録より、統計データやハードサイエンスの手法で得られた結論のほうが自分たちの要望にかなっている。それに、たとえ「グッドデータ」がなくても、禁断の果実のような「バッドデータ」があちこちに実っている。

うまくバランスを取る

政治においては強い決断力が求められるため、政治家たちは統計データが、武器庫が満杯になるほど大量の「真実の爆弾」【暴露することで相手を劣勢に追い込む真実】であることを望む。だが現実には、英国の統計データは、大量の「『床が濡《ぬ》れています。スリップ注意』と書かれた折り畳み式の置き型看板」のようなものだ。

統計データそのものを改善しない限り、私たちが取れる唯一の策は、統計データを利用する際に、その確かさと不確かさの適切なバランスをとるようにすることである。

二〇一六年六月二三日の夜。どの新聞社も翌朝の第一面の記事の準備をしていた。ただ、その日はいつもと同じ日ではなかった。英国ではこの日、「EU離脱の是非を問う国民投票」が行われたばかりだったのだ。朝刊の印刷が始まる時刻には結果がまだ判明しないため、編集者たちは一か八かの勝負に出なければならなかった。

『ザ・サン』紙は、「（離脱派の）ナイジェル・ファラージ、残留派に敗北」の見出しに賭けた。『メテロ』紙の見出しは「ファラージ、『すべてが終わった』との弁」というものだった。『ザ・スコッツマン』紙は「EUに関する最終投票は、残留派が僅差《きんさ》で勝利する見込み」に決め、『デイリー・テレグラフ』紙は「離脱派の国会議員、（残留派の）首相に忠誠を誓う」とした。一方、慎重な姿勢を取って「英国史上、最もぎりぎりの選択」という簡単な見出しを掲載したのは『タイムズ』紙だけだった。

投票前の予想では、残留派が勝つと思われていた。ユーガブ社の最終の世論調査でも五二％がそう答えていたし、同社社長のピーター・ケルナーも、「個人的には残留派が八・五ポイント程度の差をつけて、余裕で勝つと予想している」と語っていた。[53]『デイリー・テレグラフ』紙が投票日の二日前に行った「投票に関する世論調査」では、「残留派が五一％で勝利する」という結果が出ていた。しかも、賭けの倍率を見ても、「残留」はほぼ当然の結果とされていた。したがって、いちばんに公表されたニューカッスル・アポン・タイン地区の開票結果で、勝利した残留派の得票差が予想よりはるかに僅少《きんしょう》だったことが判明すると、「選挙や国民投票の大家」であるジョン・カーティスも、「多くの専門家たちは、このあと面目《めんぼく》を失うことになるかもしれません」とコメントせざるをえなくなった。

翌朝の四時には、離脱派の勝利が明らかになり、最終的には離脱派が投票総数の五二％を占めるという結果となった。意気消沈したピーター・ケルナーは、「どうやら英国にとっても、世論調査会社にとっても、悪いほうに向かっているようだ。そして（それらに比べたらたいして重要なことではないが）、私にとっては恥ずかしい結果になりそうだ」とツイートした[54]。

離脱派勝利の知らせを受けてポンドが急落すると、カーティスだけは「それは驚くべきことではない」と指摘した。さらに、「世論が明らかに離脱支持に変化していることが、ここ三、四週間の世論調査の結果にはっきりと表れていました。率直に言って、昨日、ポンドが一日じゅう、なぜあれほど安定していたのか、私にはまったくわかりません。一つ目の投票箱が開けられる前から、離脱派の勝利が確定していたのは明らかでしたから」と解説した[55]。

実際には、どちらが勝つかはまったくわからない状況だった。国民投票前の数週間にわたって行われた世論調査の結果は、不確かな要因があまりに多すぎた。問題は、世論調査会社も調査結果を報道する側も、その不確かさをきちんと示さなかったことにある。ユーガブ社の「国民投票当日の世論調査」の結果は、「残留五二％、離脱四八％」と、それが実際の投票結果であるかのような見出しで公表された。「僅差のため、これを最終結果と呼ぶには時期尚早《しょうそう》」とも記されてはいたが、それはあくまで見出しより小さな文字の本文内のみでだった[56]。

のちに当時の状況を再検討した各世論調査会社は、自分たちの調査結果を過信していたことを認めざるをえなかった。第一に、投票先に関する世論調査には、不確かな要因が常につきまとっている。というのも、こうした調査は、誰に投票するのかを回答者が正直に答えることと、その考えを変えないことが前提になっているからだ。だが、回答者の気が変わらない保証はどこにもない。それどころか、わざわざ投票しにいく保証だってないのだ。

さらに、こうした世論調査の推定値には、ある程度の不確かさの幅がある。統計学者のデビッド・シュピーゲルハルターも指摘しているように、世論調査では通常三％の許容誤差範囲がある。つまり、前述のユーガブ社の調査結果での「残留五二％」とは、真の値が「四九％から五五％まで」の数値になる可能性が高いという意味だ。[57]同じく、「離脱四八％」とは、真の値が「四五％から五一％」のどの数値になってもおかしくないということだ。これを見れば、「離脱派が勝つ可能性はない」と結論づけるのはとうてい無理だったことがわかる。しかも、この世論調査での残留派得票率の予測は、ほかと比べて最も高かったのだ。

シュピーゲルハルターが、「かなり怪しげなやり方であるのはわかっているものの、個人的に行っている」方法は、世論調査会社の自信過剰を考慮して、許容誤差を公表された範囲の倍にするというものだ。[58]世論調査会社は、「ハーディング」という罠に陥るときもある。それは基本的には自社のデータに抜けがある場合に行われるものであり、母集団を代表していてかつ正確と思われる他調査のデータでその穴を埋めるという方法だ。[59]このハーディング現象では、誤りや偶然の結果が何度も何度も再利用されて、やがてそれ自体が一般通念と化してしまう恐れがある。

世論調査会社が、なんの裏づけもないのに推定値や予測の精度を高く公表するという過ちをたまに犯してしまうのは、みなが同じ過ちを犯しているからだ。公の場での対話を実りあるものにするために、世の中に何か確かなものを提供しなければという大きな重圧を、世論調査会社は抱えている。

各世論調査会社は、「ＥＵ離脱の是非を問う国民投票」のときに学んだ教訓と、その後の二〇一七年総選挙の予測での成功と失敗が入り交じった経験を活かしたことによって、二〇一九年に総選挙の季節が再び巡ってきたときにはずっと慎重になっていた。ユーガブ社の最終推定値は、保守党の勝利を予測するもの（過半数を一三議席上回る）ではあったが、同社の公式見解は、「二〇一九年の今回の選挙においては「宙づり議会」【どの政党も単独過半数の議席を獲得していない状況】が生まれる可能性も除外できない。それと同時に、保守党が過半数をさらに大きく上回る可能性も除外できない」というものだった[60]。同社は今回の選挙では、推定値には幅があるという事実を忘れずに強調していた。

ユーガブ社は保守党の獲得議席数を、「三三九議席プラスマイナス二八議席」と予測した。これは許容誤差約八％だ。ここでの重要な点は、実際の結果がこの幅の下方（下限値は三一一議席）となった場合、保守党は過半数を獲得できないということだ[61]【英国下院の議席数は六五〇】。そして結局、保守党が三六五議席を獲得して勝利した。余裕の勝利であったのに加えて獲得議席数が予測の範囲内だったことにより、ケルナーをはじめとする同社の社員は、さぞかし命拾いしたと思ったことだろう。

だが、世間はまたしても驚くはめになった。というのも、前日の新聞には「かつてないほどの拮抗状態」や「選挙はきわどい情勢へ」といった見出しが躍っていたからだ[62]。公平にいえば、国民投票より総選挙の結果を予測するほうがずっと難しい。なぜなら、英国の選挙制度では、各選挙区での獲得票率が重要だからだ。だがその一方で、二〇一九年の総選挙は、「EU離脱の是非を問う国民投票」と比べると、勝敗の予測がつかないほどの接戦でもなかった。つまり、両者における差は、不確かさがいかにうまく伝えられたかに尽きるということだ。

ただし世論調査会社は、不確かさをうまく伝えられてもうまく伝えられなくても、叩かれる運命にある。マスメディア、世間、政治家は、世論調査会社に明快な答えを求め、それが手に入るやいなや、不確かさについての説明はきれいさっぱり忘れてしまう。すると、不運なことに面目を失う人が出て、世論調査会社が責めを負うはめになるのだ。

世論調査会社は、少なくとも母集団を代表する標本に基づいて予測を立てる。それに、標本による世論調査は、かなり簡単に精査できるデータを集められる比較的単純な方法でもある。複雑なモデリングの手法を用いて推測された統計データに対する過剰な自信は、はるかに危険だ。

＊

自分がロボットに取って代わられてしまうのではないかと、常に気にしている人はまずいないだろう。とはいえ、「オートメーション化【自動化、機械化ともいう】によって、英国の労働者一五〇万人が失業の脅威にさらされる」「二〇年後にもまだ存在している仕事は？」「世界の製造業での作業で、ロボットが二〇〇〇万の人間に取って代わる」といった新聞の見出しを目にすると、思わず不安になるのもまた事実だ[63]。

これらの見出しはすべて、英国国家統計局が二〇一九年三月に公表した統計データに基づいたものだ。それによると、イングランドの約一五〇〇万人分の職が、オートメーション化による「高リスク」に、そしてさらに一三〇〇万人分の職が「中リスク」にさらされているという。[64]

だが、「ある日突然、大半の人がロボットに仕事を奪われる」という驚くべき主張の裏には、多くの不確かな要因が存在していた。英国国家統計局が実際に推計したのは、かなり大きな括りで定められた全職種別の「オートメーション化される確率」だった。皮肉なことに、これらの確率計算の土台となった研究プロジェクトは、オックスフォード大学のカール・フレイとマイケル・オズボーンが、どんな職業が存在の危機にさらされているのかを「機械学習アルゴリズム」を用いて判定するというものだった。[65] つまり、オートメーション化のリスクをどのようにして計算するかを、機械自身が決めたというわけだ。じつに適役ではないか。

オックスフォード大学のこの研究では、すべての職業について確率を計算しているが、英国国家統計局はロボットが必ずしもすべての職業で人間に取って代わるわけではなく、特定の作業において取って代わると判断した。そこで、どんな特性をもつ仕事がオートメーション化の高いリスクと関連しているのかを突き止めるためのモデルを開発し、そうした特性をもつ仕事が多い産業で働いている人が何人いるのかを推計した。[66]

最終的な推定値は、本家の「コンピューター化の確率」とは「六次の隔《へだ》たり」よりも近い「四次の隔たり」程度となった（前述のとおり、この本家もいわばロボットで計算されたものである。しかも、このアルゴリズムには「米国の」職種別オンラインデータベースが使われた）。こうして次々に立てられた「仮説に基づいた仮説」がすべて正しくなければ、最終的な推定値も正しくならない。しかも、この手法の過程のさまざまな箇所で、異なる二つの標本調査の結果が使われていた。すでに見てきたとおり、標本調査のデータは細かく分類しようとすると、きわめて曖昧なものになってしまう恐れがある。

ただし、ここまでやっても、「一五〇万人分の職がオートメーション化の高いリスクにさらされている」というかなり具体的な数字が確かなものであるという保証はどこにもないのだ。だがそれでも、このような研究結果が額面どおりに受け取られるという事態に歯止めはかからない。たとえば、BBCは二〇一五年に、「ロボットはあなたの仕事を奪うだろうか？」と命名されたオートメーション化リスクの計算ツールを、フレイとオズボーンのデータのみに基づいて開発している。[67] ちなみに、「図書館職員」としての私がロボットに取って代わられるリスクは「九七％（ほぼ確実）」だそうだが、職種を「保険数理士《アクチュアリー》、経済学者、統計学者」に変更した場合、リスクは「一五％（まずない）」に下がる。こうした推計はちょっとした話題としてはおもしろいかもしれないが、「統計学的なおふざけ」程度のみに捉えるべきものだ。とはいうものの、これは国会や政府での真剣な取り組みにおいても使われてきた。[68]

二〇五〇年までに気候難民の数が二億人に到達すると聞いたら、読者のみなさんは不安に思われるだろうか。英国の国会では、この対策についての議論がすでに長々と続けられていて、「影の内閣」の移民大臣を務めるクリス・ブライアントも、「気候変動の対処に失敗したら、かつてないほどの大移住という脅威が現実のものになる」と警鐘《けいしょう》を鳴らした。[69]

しかし、いますぐにそこまで不安に思わなくてもいい理由もあるかもしれない。この「二億人」という推計は、ノーマン・マイヤーズ教授の大胆な研究結果に基づくものだが、同じく環境難民の研究を行っていたステファン・カッスルズによると、「世界地図のなかで、海面がたとえば五〇センチ上昇したときにどの地域が水没するかを調べ、この海面上昇の影響を受けるすべての人が移住しなければならないはずだと仮定して算出された数字」らしいからだ[70]。マイヤーズ本人も、自分が「既知の事実だけで大胆すぎる予測をした」と認めていたにもかかわらず、数字が独り歩きしてしまったというわけだ[71]。

それでも、マイヤーズのこの推計は、のちの値と比べればかわいいものだった。二〇二〇年九月、「気候危機によって、二〇五〇年までに一二億人が移住を余儀なくされる恐れがある」との報告が出された[72]。つまり、二〇五〇年には八人に一人が、気候難民になる恐れがあるということだ。ただし注意しなければならないのは、この新たな数字は、「環境的脅威」によって移住を余儀なくされる恐れがある人の総計だという点だ。そこには、「水と食糧の不足」「過剰人口」「洪水《こうずい》」「サイクロン」「干ばつ」「極端な高温や低温」なども含まれている。だが、この気候危機の定義には必ずしも「気候変動」だけが原因とは思われないものも含められていて（気候変動がなくても異常気象は起こりつづける）、それらと地球温暖化との直接的なつながりは薄いと思われる。

ただし、いずれにしても、そうして移住しなければならなくなった人々は、結局は自国内の、それまで住んでいた場所のすぐ近くに移るだけという可能性がきわめて高い。現実的には、命を守るために自国からの脱出を余儀なくされるのは、太平洋諸島のなかで海抜の低いキリバス、ツバル、ナウルの国民であり、その人口の総計は約一四万人だ。ニュージーランドは一〇年にもわたる法廷での闘争ののち、現在は一人のキリバス人を「気候難民」として渋々受け入れている。[73]

議論を巻き起こしたラインハートとロゴフの一件（第六章参照）は、「バッドデータ」に対して過剰な自信を抱いてしまった事例のなかでも、とりわけ衝撃的だった。もちろん、誰だってミスをすることはある。しかも、マイクロソフト社のエクセルを使った作業では特にそうだ。[74]ただ懸念されるのは、一部の学者の説はきわめて過剰な自信に満ちたものであるにもかかわらず、世間は彼らの話をほぼ真に受けてしまうという点だ。

この債務対GDP比率の研究はあまり洗練されたものではなかったが（誤りだった説をうまく取り繕《つくろ》ったものという意味において）、両者はこの論文を利用して緊縮政策を積極的に促した。二人は二〇一〇年の『フィナンシャル・タイムズ』紙への寄稿で、「昨日の金融危機はいとも簡単に姿を変え、明日の政府債務危機になる恐れがある」と指摘しているが、「昨日の金融危機」は確かに架空の概念ではなかった。[75]両者の指摘はさらに続く。「政治家たちが路線変更を受け入れる決断をするのが早ければ早いほど、この先の負債問題を完全にこじらせてしまうリスクが低くなる」。また、別の記事では、「平時の累積債務としては、すでに記録的な事態となっているなかで、その長期的リスクを無視するのは愚かなことだ」とも述べている。[76]

経済学は精密科学ではないゆえ、経済学者が考える「金融問題に対処するための『正しい手法』」は、統計モデルから読み取れる結果のみならず、自分自身の政治理念にも影響されている。そうした「個人の見解」を事実として示し、それらが紛れもなく「データ」によって明確に裏づけられていると訴えるのは、どう考えても誠実ではない。そのデータが単に二つの物事の関連性を示しているだけのものなら、なおさらだ。刑務所であろうと、グラマースクールであろうと、現金給付であろうと、用いた手段が「効果的だった」という確信に満ちた訴えを、裏で支えている最大のものは自分自身の信条だ。もし、確かな証拠があったとしても、それはあくまで二番手にすぎない。

こうした現状を変える方法はないのだろうか？　喜ばしいことに、「裏づけとなる根拠に基づいた政策策定」に向けた動きは年々活発になっている。ただし、裏づけとなる根拠が多少なりとも使われることと同じぐらい、あるいはそれ以上に重要なのは、その根拠自体の質だ。

学問の世界でも、みずから定めた基準を自分たちで管理・監督している状況について、対処しなければならない問題がたくさんある。命を救うかもしれないと思われている薬についての論文が、たとえそれがまさにでっち上げのデータに基づいたものであるにもかかわらず、査読をすり抜けたあげくに医療政策の情報源として利用されたとしたら、私たちにはどんな希望が残されているというのだろう？　学問の世界を外部から覗くと、なかにいる人が自分のキャリアに箔《はく》をつけるために互いの便宜《べんぎ》を図り合うという、ある種の陰謀集団のように見えてしかたがないこともある。世間が抱いているそういった疑惑を、そのままにしておくべきではない。

医学は、その厳密さゆえに、「何が効果的な手段なのか」を判断する際に懸念すべき点が少ないが、警察、教育、国際開発といった曖昧な要因が多い分野では、その問いに答えるときには今後も常に注意が必要だ。社会科学者、公務員、政治家が過剰な自信でもって結論を急ぐのには、明確な動機があるからだ。だが、そのようなやり方には抵抗しなければならない。

私たちのそうした抵抗を成功させる秘訣は、「不確かさ」を汚い言葉であるかのように扱うのを止めることだ。

おわりに

一九〇九年一月一日。ロンドンのイーストエンドで老齢年金を受け取る列の先頭に並んでいたのは、地元では「スプリング・オニオンズ」という名で知られた人物だった。アイルランドのロスコモンでは、「お年寄りの女性たちは遠く離れた地区から大勢でやってきて、給付金を受け取ると、喜びあふれる笑い声を立てながらまた馬車で去っていった」と『タイムズ』紙が伝えている。* ほかの地域でも、年金受給者たちが感謝の気持ちをにじませながら手当を受け取りにいく姿が、一日じゅう見られた。なかには、興奮のあまり前夜一睡もできなかったという人や、神とロイド・ジョージ財務大臣への感謝の言葉を述べつつ年金を受け取りながら、窓口の郵便局員に花束を渡す人もいたという。[1]

この日は、英国初の国民年金制度による年金給付が開始された日であり、十分な収入がない

＊ 当時は「グレートブリテンおよびアイルランド連合王国」だったことから、アイルランドも対象だった。

七〇歳以上の人は、みな受け取ることができた。大蔵省は、受給資格があってこれから申請するであろう人も含めた最終的な受給者数は、五〇万人程度と予測していた。

問題は、この推定値がさほど具体的な裏づけに基づいて出されたものではなかったという点だった。出生届が義務づけられたのは一八七五年のことだったため、当時は大半の人の出生記録は存在しなかった。それどころか、高齢者の多くは、自分の正確な年齢さえ知らなかったのだ。また、受給資格があるかどうかは資力調査に基づいて決められるため、早い段階で対象者を特定するのはさらに難しかった。年金の支払いが開始された時点で六〇万人近い申請があり、みな対象者になる見込みだったので、その時点で予測を二割上回った。[2] その後、さらに多くの人が申請する見込みであることが判明した。二年後、年金受給者の数は九〇万人を越えていた。この数字は当初の推定値の倍に近かった。[3]

当然ながら、受給者が予測を上回ったことは予算に影響を及ぼした。大蔵省は当初、初年度の給付費として、およそ一二〇万ポンドを割り当てていたが、実際の給付額はその倍近い二一〇万ポンドだった。[4] 一九一〇年には、年金給付費と制度運営費の総額は九七〇万ポンドまで上昇し、さらに一九一一年には一三〇〇万ポンド近くにまでなった。[5]

今日では、少なくとも国民の年齢についてのデータは存在している。だが、前世紀のこの一件は、マーガレット・ベケットが二〇〇四年に実施しようとして失敗した、農家への補助金支給の事例と非常によく似ている。どちらも不完全または不正確なデータ（後者の事例では土地所有者に関するデータ）に基づいていて、最終的には費用や運営の複雑さが当初の予測をはるかに上回った。

いつ、どこで、誰が担当しようと、「バッドデータ」の問題は、何度も繰り返し起こりつづける。その理由の一つは、物事が重要になって初めて、または問題になって初めて、私たちはそれについての「グッドデータ」を集めようとしがちだからだ。

大半の人の出生記録が存在していないという点で、一九〇〇年当時の英国とよく似ている国が現在もある。さらに、世界じゅうの五歳以下の子どもの四分の一に、出生記録がない可能性があるとも考えられている。[6] エチオピアでは、子どもの四分の三以上が出生証明書を持っていない。しかも、二〇五〇年には国民の約六人に一人が六〇歳以上になると予想されているにもかかわらず、社会年金制度がまだ確立されていない。[7] エチオピアが年金制度の改革を進める場合、一九〇九年当時の英国とまったく同じ難題に直面するだろう。歴史は繰り返すというように、以前の「バッドデータ」の教訓が時間と場所を越えて活かされる可能性は低い。

要は、数えるのは難しいということだ。データを集めて正しく使うのも難しいが、それでも、もっとうまくできるよう努力しつづけなければならない。このまま何もしないというのは、得はしないが損もしないということではない。それなりの代償を払うことになる。

「バッドデータ」は、重要な目標実現への進展を遅らせる。一九九八年の全国最低賃金の導入は、大きな不安に満ちていた。というのも、この制度は失業者を増やすという理由で、政党に関係なく、多くの政治家たちが何十年にもわたって反対しつづけてきたからだ。それまでの政府、しかも以前の労働党政権さえ、この制度を導入すれば「雇用が破壊」され、大量の失業者が出ると長年訴えてきた[8]【本制度を導入したのは、労働党のブレア政権だった】。唯一の問題は、これらの主張を裏づける確かな証拠が一つもなかったことだ。一九九五年に至ってもなお、大臣たちは「(全国最低賃金を導入している)スペインの若い世代の失業率を調べたところ三八%でした。したがって、これ以上の調査は必要ないと思われます」などと説明していたのだ。[9]「刑務所は効果的な手段か」「どんな教育制度が最も優れているか」、さらには犯罪や貧困の増減についての議論は、何十年にもわたって続いてきた。そして、優れたデータを入手するために投資しなければ、そうした議論はさらに何十年も続くことになる。それでもいつかは、住民登録簿とまではいかなくても、政府のおもなデータセット間での連携が実現し、人口についての明確な全体像が描けるようになるはずだ。他国ではそれがすでに実現していて、率直にいえば、彼らは英国の先を行っている。

もう一つの代償は、「バッドデータ」でなんとか我慢して間に合わせようとすることによって生じる費用だ。前にも取り上げたとおり、オランダの「国勢調査」は、一五人の職員が机に向かったままますべて終わらせることができて、しかも、かかった費用は一四〇万ユーロ(約一億五六〇〇万円)だった。一方、英国の二〇二一年の国勢調査では、イングランドおよびウェールズだけでも九億ポンド(約一三五九億円)かかった。また、データを受動的な方法だけで集めようとするのも費用がかかる。最近の例では、EU市民永住申請制度がそれに当たる。英国がEU離脱の準備をしていた二〇一九年の時点で、EU加盟国の国民とその家族が英国にどのくらいいるのかを予想すらできなかったため、この制度を通じて登録を呼びかけなければならなかった。内務省は、制度運営の費用は五億ポンド（約六九六億円）まではいかないだろうと見ていた。ところが、当初予想されていた登録者数が三〇〇万人だったのに対して、最終的には六〇〇万人以上が登録した。[10] この制度の実施における総費用は、当初の予想よりはるかに高くなるはずだ。さらに、忘れてはならないのは、「バッドデータ」に基づいたため、うまくいく可能性がまったくなかった政策に注ぎ込まれた費用がすべて無駄になるという代償だ。

だが、「バッドデータ」を使いつづけることによる最大の代償は、それらのデータが被害を及ぼしつづけることにある。データが不完全で、共通農業政策の補助金が支払われなかったことにより、みずからの命を絶った農家の人々。通報から現場到着までの目標所要時間を達成するために救急隊員が自転車でやってきたことから、病院への搬送が間に合わなかった人々。あるいは、誤って強制送還させられた人や、データ（またはデータがないこと）を不正行為の動かぬ証拠にされて、犯罪や詐欺の濡《ぬ》れ衣《ぎぬ》を着せられた人もいた。さらには、ある日突然、障害者や失業者の認定を取り消されて、支援の対象外になってしまった人もいたし、警察に犯罪被害を届けようとしたにもかかわらず、警察犯罪認知件数の削減目標が設定されていたために、取りあってもらえなかった人もいる。そして、データによって「不要」と判断されたために、生活のためになくてはならない地元の駅が廃止された人も。

こうした過ちの責任は、政府にも、政治家にも、私たち一人一人にもある。

数えたり測ったりするのは、確かに一筋縄ではいかない作業だ。数えるのがあまりに難しいものもあり、それらについてはこの先もおおよその推定しかできないと思ってしまう。でも、だからといって、数えようとしない理由などない。

ここまで、さまざまな「バッドデータ」の事例を見てきた読者のみなさんは、では「グッドデータ」とはいったいどんなものなのか、と思われているかもしれない。じつは、英国には「グッドデータ」はかなりたくさんある。毎月公表される病院関連の統計データや、裁判の進行状況に関する統計データ。後者は新型コロナウイルス感染症パンデミックのあいだも、裁判の進行が遅れて扱える件数が減ってしまうのではないかという懸念に対応するために毎週公表された。亡命申請に関する非常に詳しい統計データも四半期ごとに公表されていて、各申請者の国籍や、現在収容されている場所についても細かく掲載されている。交通省は道路交通事故についての天気別や路面状態別といった、驚くほど細かい統計データを公表している。

これらはみな、適切な技術を用いて十分な努力をすれば、観察と記録ができるものだ。では、概算しかできないものについても「グッドデータ」を得ることは可能なのだろうか。この場合、「グッド」とは「どんな近似値も完璧ではないことを認めて受け入れる」ことも意味している。

二〇一六年の「EU離脱の是非を問う国民投票」の予測で悲惨な結果となってしまった世論調査会社のユーガブ社は、戦術を変えなければならないと決意するに至った。そこで、二〇一七年の総選挙では、「マルチレベル回帰と層別化（MRP）」と呼ばれている手法を試してみることにした。この手法では、全国の五万人の回答者を対象に、投票日までに週に一度の世論調査を行い、「誰に投票する予定か」を尋ねるのみならず、これまでの投票傾向や政治的な見解といった、回答者自身についての情報もたくさん集める。[11] 次に、ユーガブ社はほかの各種データソースも用いて、各選挙区における異なる「種類」別の有権者数を推計した。この手法の大きな特徴は、この「種類」の細かさだ。それは「離脱派は誰に投票するのか」ではなく、「四〇歳の労働者階級の男性で、国民投票では『離脱』に投票し、過去の選挙では『労働党』に投票した人物は、誰に投票するのか」に基づいて分類されている。

これはきわめて緻密なモデルだったが、「EU離脱の是非を問う国民投票」の予測で、すっかり面目を失うほどの大外しをしたユーガブ社は、「宙づり議会になる」という最終予測をひっそりと公表した。この予測について、『ガーディアン』紙は「勇敢」と評し、『タイムズ』紙は、ほかの有名な世論調査会社が揃って「保守党が過半数を一〇〇議席以上上回る」と予測しているという分析と並べて、一面に載せるのにふさわしいと判断した。[12] ふたを開けてみれば、ユーガブ社の手法による予測は議席の九三%分について当たっており、他社と比べて唯一正解に近いと呼べるものだった。[13] 予測とは、細かい点までよく考えて、入念な注意を払ったものであればあるほど精度が高くなるものだ。そして、過去に不正確な結果を出してしまったあとに、いったん振り出しに戻ることでも精度はさらに向上する。

声を大にして言いたいのは、世界基準で見ても、英国には確かに「グッドデータ」があるといえる点だ。全国民の出生と死亡の記録が完璧にある国がさほど多くないなかで、英国では一五〇年も前から出生と死亡の記録がつけられてきた。また、何かを予測しようとする場合、英国人は高い創造性をたびたび発揮している。しかも、データを集めるという骨の折れる作業をこなすための努力を厭《いと》わず、世間は求められたデータを提供することに総じて協力的だ。英国でオンライン公開されているデータは、ヨーロッパの大半の国より多く、しかも、そのほとんどが質の高いものだ。さらにこの国では、学者、経済の専門家、公務員が、政治的圧力や検閲、汚職や腐敗といったものとは無縁の環境で仕事ができる。

だが、ここから先に進むにはどうすればいいのだろうか。まずは、本来そうすべきであるように、データときちんと向き合うことだ。データは沼からいきなり飛び出てくるものではないので、怖がる必要はない。ただし、自分とはあまり関係のない、放っておいてもいいもののように扱ってもいけない。

私は、サッカーの統計データの世界に魅了されている。それらを集めるためだけに費やされる時間と労力。選手の活躍を分析するための新たな技法や、測定基準を編み出す人の創意工夫。そして惜しみなく注がれるサッカーへの絶対的な愛情。そのどれもが感動的だ。「得点数」「出場時間」といった基本的な統計データはよく知られているが、現在では「得点やアシストの『期待値』」といった指標や、「特定の種類のパスにおける選手のパフォーマンス評価」といったものまである。しかも、ウェアラブル技術によって選手の動きや心拍数がモニター可能になったことから、無理しすぎている選手に対して、負傷しないよう、無茶をするなと忠告できるようになった。この技術は各選手とボールについて、それぞれ毎秒二五カ所ずつのデータポイントをつくりだせる。つまり、毎秒五七五個、一試合だけで三〇〇万個以上のデータポイントがつくられる計算になる。

もちろん、量がすべてではない。そのようにして得られた「ビッグデータ」の分析という、まったく別の作業も行われていて、サッカークラブは競争力をつけるために、データサイエンティストたちによる特別チームを組んで分析を進めている。サッカークラブ「マンチェスター・シティＦＣ」が分析部門のトップとして宇宙物理学者を招いた二〇二一年、なんとチームはプレミアリーグで優勝した。[14]

内部関係者によると、サッカー分析では、将来的には「人工知能（ＡＩ）を用いて選手の思考プロセスを分析し、彼らの意思決定を支援する」ことや、「グラウンドで試合中の選手たちとリアルタイムでやりとりできる技術を活用する」ことが可能になるそうだ。[15]それはつまり、サッカー選手たちを徐々にサイボーグ化してしまうということでもある。確かに、いつかそうなるかもしれない。あるいは、運動能力向上技術の利用が認められれば、私たちも試合に出られるようになるかもしれないし、そのころには、ありとあらゆる種類の人間と機械のハイブリッド選手が移籍市場にあふれていることだろう。

サッカーの統計データ分析の世界で起こっていることは、公共政策の分野で起きていることとまさに同じだ。データ収集能力は向上し、技術革新は目の前だが、私たちは興奮のあまり将来の技術的な可能性にばかり目をやってしまい、いまこの場にいる人間というものをすっかり見失っている。

チームには、特別な才能を与えられた選手もいれば、そうでない選手もいる。だが、選手の「得点率の期待値」がどれほど高くとも、あるいはチーム優勝の可能性がどれほど確実であったとしても、期待される結果がどうしても実現できないこともある。ビジョンを抱いて、それを実現するために前に進もうという気持ち。あるいは、一人の選手の自信喪失。そういったものをすべてひっくるめた「チームのメンタリティ」が、すべてを決めてしまうときだってある。それらを数値化できる日が来るとは、とうてい思えない。

こうした未知の要因や、「このチームは逆境を跳ね返せる」といった信念こそが、サッカーを見て楽しめるものにしているのだ。もし、試合の結末が予測できるものであれば、観客は集まらないはずだ。

ちなみに、分析やデータ収集に最も投資しているチームが、必ずしもいい成績を残せているわけでもない。前述のマンチェスター・シティでも、宇宙物理学者がチームをリーグ優勝に導いたわけではなく、彼が就任したときには、チームはすでにリーグのトップだった。

どんな統計データについても、人間の役割は無視できない。自分たちの周りの世界をどのように定義して測るかを決めるのは、私たち人間にほかならないのだから。

データの利用は、今後増えつづける一方だろう。その理由の一つは、テクノロジーが常に進化しつづけていることにある。かつてないほど大量のデータが、「スマート」機器やインターネットの利用を通じて生み出されているからだ。国民保健サービスの各種データの連携が以前よりはるかに向上していることから、何千万人分もの患者記録が研究や政策策定に利用できる可能性が出てきた。ただし、そのデータをどのように利用するかという問題は、非常に重要だ。

実際、国民保健サービスは二〇二一年に、患者記録データの「有効活用」を提案したが、プライバシー運動家たちの反対運動がマスメディアに大きく取り上げられたことによって、何百万もの人が自分のデータが使われるのを拒否した。そのため、国民保健サービスはそれ以上先にまったく進めなかった。だが、この件でプライバシーが本当に侵害されるのかどうかは疑わしい。この一件については、私だったら「小規模の詳細な調査と比べた場合、大量の患者データは、果たして多くの目的で役に立つだろうか」とまず問うただろう。

患者は必ずしも、かかりつけ医に正直に話さない（本人たちの話に基づいた、飲酒、喫煙、運動の量に関するデータセットを利用するなど想像できない）し、医師にかかからず薬を飲む人の場合、なんの記録にも残らないこともある。もし、データに抜けがあったりバイアスがかかっていたりするのなら、それが「ビッグ」であろうとなかろうと関係ない。「ビッグなバッドデータ」とは、「バッドデータ」が単に増幅されたものにすぎない。

ただ、もし国民がみずからの意思によってデータを提供しなかった場合、政府がほかのどんなデータ源に頼ろうとするのかを考えてみる価値はある。歴史家のA・J・P・テイラーは、「一九一四年の八月まで、法を遵守する、分別のあるイングランド人男性は、郵便局と警察以外の国家の存在にほとんど気づくことなく、日々の暮らしを送ることができた」という印象深い一文を記している。[16] 当時はパスポートもなく、引っ越したり仕事を変えたりしても、どこにも届け出る義務はなかった。だが、望もうが望むまいが、あのバラ色の世界にはもう戻れない。人は、こぼれ落ちたパンくずが描くのと同じような一筋のデータの跡を、生まれてから死ぬまで残していく。インターネットとソーシャルメディアの時代である今日では、その跡はますます大きくなっている。民間の多国籍企業のなかには、私たちについての大量のデータを保有しているところもあり、それは当の本人が許容できる量をはるかに超えているし、きわめて個人的な内容も含んでいる。もし、政府の透明かつ規制されたシステムを通じてのデータ収集を世間が拒否しようとするのなら、政府は何が起きているかを把握しなければならないときに、そうした民間のデータに頼ろうとするかもしれない。ただし、そうするには倫理的に難しい問題が多々ある。しかも、その手のデータはあまり役に立たない可能性もある。

人間が集めた、人間に関するデータが、基本的には人間と同じぐらい欠陥があるという事実は避けて通れない。では、「人間としての役割を認識する」というのは、どういうことなのだろうか。

二〇二一年。政府の人工知能室は、「英国を世界の人工知能（ＡＩ）超大国にするための一〇年計画」を発表した[17]。犯罪対策、移民対策、あるいは公共支出計画が、当初の目的を達成しているかどうかの確かなデータはまだまったく出てきていないが、ロボットが最優先だというのならしかたがない。それでも、この戦略の三本柱の一つが「ＡＩを効果的に監督する」に充てられていたのには、感銘を受けた。これこそが、ある過程における人間としての役割を認識するということだ。それは、監督するための判断を行うのは私たち人間自身であるという事実を、受け入れるということである。

一人一人の個人に、「バッドデータ」を常に探し出させようとするのは、現実的ではない。それぞれが統計学の基本的な知識を身につけ、備えることはできるが、専門性が高い領域については、それらを学んで深く理解している人に任せるべきだ。私たちにとって大事なのは、「ミニ専門家」になることではなく、常に好奇心を抱いて、わからないことには説明を求めることだ。政府、政治家、専門家、ジャーナリストといった、権力や高い専門知識を有する人々が彼らのもつ最高の答えを与えてくれるよう、彼らに問いを投げかけつづけられれば、私たちは自分の役目を十分果たしているといえる。

数字によって管理されるとしても、データによる独裁は防がれなければならない。データとは私たち人間の手の上にあるべきものだということを、きちんと認識しよう。

謝辞

本書は、英国下院図書館のリチャード・クラックネルの協力なしには実現できなかった。早い段階から本書の構想に賛同してくれたリチャードは、下院図書館内で理解が得られるよう働きかけてくれ、さらには草稿まで見てくれた。こうした大きな支えがなければ、本書は完成しなかったはずだ。リチャードに最大の感謝の気持ちを伝えたい。この本の事例や考察の多くは、彼が教えてくれたものや、彼との会話のなかで得られたものだ。また、執筆当時、下院図書館の職員だったペニー・ヤングにも、とても感謝している。彼女は本書の執筆を許可してくれ、しかも執筆に時間を割くことも認めてくれた。

加えて、本書は私のエージェントであるピーターズ・フレーザー+ダンロップ社のケイト・エバンスの、驚くべき洞察力や才能抜きには実現できなかったものでもある。この本に可能性を見出し、出版の世界でまったくの素人だった私を導いてくれ、しかもすばらしい出版社と契約を結んでくれたケイトには感謝しかない。

編集者のホリー・ハーレーにも、この場を借りてお礼申し上げる。彼女のアドバイスによって、本書の草稿は大幅に改良された。それに加えて、出版の最初から最後まで、絶え間ない熱意で私を指導してくれた。また、私の原稿を実際の本に仕上げてくれた、ブリッジストリートプレス社、アシェット社系列のリトルブラウン社のみなさんにも感謝している。そして、本書の美しく独創的な表紙【原書の表紙】は、ダンカン・スピリングによるものだ。

さらに、草稿を読んで数々の貴重な意見をくれた方々にも感謝している。みなさんのおかげで、構想段階での発想をよりいっそう研ぎ澄ませることができた。特に、本書の前身である「Too Hard to Count（数えるのが難しすぎる）」で、貴重なフィードバックをくれたジェニー・ブラウン、どうもありがとう。また、フリックはごく初期の原稿を辛抱強く読んでくれた。いつも私を支えてくれて、私の文章に細かくアドバイスをしてくれるこの親友には、感謝しっぱなしだ。さらに、医学倫理に関する専門知識を指南してくれたヴィタ・シンクレア、化学の問題について解説してくれた（同時に執筆の大変さにも共感してくれた）カミリア・ノード、移住データの問題を深く語ってくれたのに加え、人生についてさまざまなインスピレーションを与えてくれるマデリン・サンプション、そして本書の経済を扱った部分に関して貴重なフィードバックをくれたダニエル・ハラリにも深く感謝している。

英国下院図書館の社会統計データチーム、および一般統計データチームの同僚たちの活躍への感謝も忘れるわけにはいかない。私が執筆しているあいだは、みなで完璧に業務をカバーしてくれ、しかも彼らからは何年にもわたって見識や知識を授けてもらった。とりわけ元同僚のオリバー・ホーキンスからは、人口と移住の統計データに関して多くのことを教えてもらった。

エージェントを見つける方法や、本の企画をうまく売り込む方法についてアドバイスをくれたフレイザー・キングとセシリー・ゲイフォードにも、とても深く感謝している。

執筆のあいだとその後の作業中に、私がなんとか正気を保てたのは、友人たちのおかげだ。彼らに大きな感謝を伝えたい。ロックダウン中も、オンラインで飲みながらおしゃべりしたケン。パブで話し込んだり、いっしょに散歩したり、政治のあれこれを教えてくれたりしたジョージ。そして、ロンドン北部を拠点とするサッカークラブ「アーセナルＦＣ」の応援仲間とも、陽気なひとときを分かち合えた。

最後に、私の心の支えであるカイラ。いいときも悪いときも、あなたの愛、支え、辛抱強さが、私にとってどれほど大きな意味を持つのかを言い表せる言葉などない。でも、あなたには私のこの気持ちが通じているはずだ。

訳者あとがき

尼丁千津子

目の前に二〇〇ccのコップがあるとしよう。一〇〇ccのところに目盛りがついていて、ちょうどそこまで水が入っている。これを「まだ半分ある」と捉える人もいれば、「あと半分しかない」と思う人もいるだろう。

いま紹介したのは、人間の心理状況を分析するときに持ち出されることが多い、非常に有名な事例だ。だが、この本が問題にしているのは、そこから先の話である。さらに少し条件を加えて考えてみよう。

このコップはいつもは水が満杯なのに、たまたま今日だけ一〇〇ccだったとする。すると、昨日と今日の二日間だけ観察した人は「水の量が急激に減っている」とみなすかもしれない。あるいは今日と明日だけ観察する人は、水の量が元どおりになっている明日には、「水の量が急激に増えている」と結論づけてしまうかもしれない。さらに、目盛りが指しているところが実は一〇〇ccではないことだってありうる。それは目盛りのつけ間違いという単純な人的ミスによるものかもしれないし、何らかの理由で意図的に操作が加えられたためかもしれない。

このように「二〇〇ccのコップに一〇〇ccのところまで水が入っている」という単純な状態ですら、少し想像を膨らませただけでも、実にさまざまな捉え方が可能であることがわかる。データは切り取り方により、人々の意見を正反対の方向に導きかねないのだ。

あるいは、もしかしたら、「このコップの水の量を『あと半分しかない』ではなく、『まだ半分ある』とすべての国民に思わせるには、どうすればいいだろうか」と思案しはじめる権力者もいるかもしれない。

さらに言えば、「貧困」や「幸福度」といった直接測るのが難しいものを測るためにつくられる「物差し」には、その規準を作成した人間の意図がより一層色濃く反映される。どの時代の社会にあっても、物事を数えたり測ったりするうえで人々の見方や思惑が複雑に絡み合うのは、当然ながら避けられないことだ。

本書はそうした数値データにまつわる長年にわたる人々の試みや、思惑、混乱、対立を数々の事例から読み解きながら、それらを教訓として、データを有効的に収集・活用するための手法や心構えについて考察した*Bad Data: How Governments, Politicians and the Rest of Us Get Misled by Numbers*（Little, Brown, 2022）の全訳である。

著者ジョージナ・スタージは、英国議会の下院図書館に所属している上級統計学者だ。オックスフォード大学で英文学を修め、二〇一一年に卒業したのち、二〇一三年にマーストリヒト大学で公共政策および人間開発研究の修士課程を修了している。二〇二三年にロンドンビジネスクールで開催された講演プログラムＴＥＤｘではスピーカーとして登壇した、まさに新進気鋭の統計学者である。公共政策の計量的分析を専門としており、下院図書館では中立な立場で国会議員の要望に応えて調査を行い、情報を提供している。また、英国国家統計局の人口・移民統計に関する専門家諮問グループの一員でもある。

本書は彼女の初の著書だが、大学時代に英文学を学んでいた彼女らしい軽やかな筆致で、ユーモアにあふれたエピソードが次々と披露され、読者を知られざる政府統計の世界の舞台裏へと誘《いざな》ってくれる。

実際、数式やグラフ、表を使った数学的な話は一切出てこない。主役はあくまで人、そして人とデータとのかかわりだ。初歩的な統計用語の説明を加えながら、さまざまな事例を通じて著者が示そうとしたのは、現状が正確に反映されないような方法で物事を数えたり測ったりして得られた、あるいは数値自体は正確であっても誤って捉えられたり、意図的に捻じ曲げられてしまったりした「バッドデータ」（統計学的に理想的なデータに紛れ込んで分析を邪魔する粗悪なデータ）が、いかに社会の混乱を引き起こし、将来の予測の精度を低くしているかということだ。

本書では英国の都市、政治家、政策、警察から、学校や食べ物にいたるまで多岐にわたる事例が扱われているが、不思議なことに、それらを一つ一つ見ていくと既視感が湧いてくる。なぜかというと、日本でもまさに同じことが起きている、あるいは今のところ同じような話は聞かないが、実はこの国でも私たちが知らないところですでに起きているのではないかと思えるようなものばかりだからだ。ここで扱われている事例は、決して遠い国の他人事ではない。日本の政治の現場では、昨今、「根拠に基づいた政策決定」を目標とすることがお題目になっている。しかし、統計で示される数字だけをうのみにして政策を決めることの危うさは、本書を読み終えた読者の方にはおわかりいただけるだろう。また、人工知能の急速な発展期にある今、バッドデータがアルゴリズムに反映され、それによって導かれた誤った結論が、さらなる間違いを増幅していく可能性も危惧される。

数々の事例に基づいて著者が授《さず》けてくれた知見や助言は、この先ますます多くのデータにかかわることになるであろう私たちにとって、きっと役に立つはずだ。

最後に、本書の翻訳で大変お世話になった集英社学芸編集部の服部祐佳さんと石戸谷奎さん、翻訳会社リベルのみなさん、および関係各所のみなさんに厚くお礼申し上げる。

70. BBC, 'How many climate migrants will there be?', 2 September 2013.マイヤーズの説については次を参照のこと。Myers, N., 'Environmental refugees: An emergent security issue', 13th Economic Forum, Prague, May 2005.
71. 次の文献で取り上げられた私信より。Brown, O., *Migration and Climate Change*, United Nations, 2008.
72. Institute for Economics and Peace, 'Ecological threat register 2020: Understanding ecological threats, resilience, and peace', 1 September 2020.
73. Amnesty, 'UN landmark case for people displaced by climate change', 20 January 2020.
74. ラインハートとロゴフは、スプレッドシート上の数列分を計算しわすれるという、エクセルでの基本的な間違いを犯したと見られている。
75. Carmen Reinhart and Kenneth Rogoff, 'Why we should expect low growth amid debt', Financial Times, 28 January 2010.
76. Kenneth Rogoff, 'No need for a panicked fiscal surge', *Financial Times*, 20 July 2010.

おわりに

1. *The Times*, 'Old-age pensions. The first payments', 2 January 1909.
2. *The Times*, 'Old-age pensions. Official statistics', 21 January 1909.
3. HC Deb 1 August 1911, vol. 29, col. 343.
4. HM Treasury, Civil Services and Revenue Departments supplementary estimate 1908–9: An estimate of further sums required to be voted for the service of the year ending 31st March 1909, House of Commons Papers, no. 29, LV.837, p. 16.
5. HC Deb 19 May 1911, vol. 25, col. 2283–2368.
6. UNICEF, 'Birth registration for every child by 2030: Are we on track?', 2019.
7. Ibid.
8. 一例を次に挙げておく。HC Deb 18 October 1994, vol. 248, col. 125. 労働党のウィルソン政権で雇用・生産性大臣を務めたバーバラ・カースルは、男女同一賃金を支持していたにもかかわらず、全国最低賃金（NMW）にはほかの人々同様に反対だった。ちなみに男女同一賃金も、NMWと似たような理由で反対者が多かった。
9. HC Deb 4 April 1995, vol. 257, col. 1516.
10. Home Office, EU Settlement Scheme statistics.
11. YouGov, 'How the YouGov model for the 2017 general election works', 31 May 2017.
12. *Guardian*, 'YouGov's poll predicting a hung parliament is certainly brave', 31 May 2017.
13. YouGov, 'How YouGov's election model compares with the final result', 9 June 2017.
14. 厳密にいえば、同クラブの親会社であるシティ・フットボール・グループに採用された。Bloomberg, 'Man City's big winter signing is a former hedge fund brain', 31 January 2021.
15. BBC, 'Data experts are becoming football's best signings', 5 March 2021.
16. Taylor, A. J. P., *English History*, 1914–1945, Oxford University Press, 1992.（A・J・P・テイラー『イギリス現代史――1914–1945』一九八七年、みすず書房）
17. HM Government, National AI Strategy, September 2021, Cm 525.

45. Austin, P. C. et al., 'Testing multiple statistical hypotheses resulted in spurious associations: A study of astrological signs and health', *Journal of Clinical Epidemiology*, 59:9 (2006), pp. 964–9.
46. *Science*, 'A mysterious company's coronavirus papers in top medical journals may be unraveling', 2 June 2020.
47. BBC, 'Ivermectin: How false science created a Covid "miracle" drug', 6 October 2021.
48. Berlin Institute of Health, 'The QUEST 1,000 € NULL Results and replication study award'.
49. *Nature*, 'Rewarding negative results keeps science on track', 551, 414 (2017).
50. Ibid.
51. Duflo, E., 'The economist as plumber', *American Economic Review*, 107:5 (2017), pp. 1–26.
52. Deaton, A. and Cartwright, N., 'Reactions on randomized control trials', *Social Science and Medicine*, 210 (2018), pp. 86–90.
53. Peter Kellner, 'My final prediction is in: and it's Remain', *New Statesman*, 23 June 2016.
54. ピーター・ケルナーの次のツイッター【現「X」】投稿より。Peter Kellner (@PeterKellner1), 03:00, 24 June 2016.
55. 次のユーチューブ動画の06:45あたりを参照のこと。The EU Referendum – FULL Results – BBC.
56. YouGov, 'YouGov on the day poll: Remain 52%, Leave 48%, 23 June 2016.
57. Spiegelhalter, *The Art of Statistics*, p. 245.
58. Ibid., p. 247.
59. より正確には、ここでの「ハーディング」とは、無回答の箇所について、他調査の結果に依存した重みづけの更新がなされること。
60. YouGov, 'The key findings from our final MRP poll', 10 December 2019.
61. YouGov, 'How Britain voted in the 2019 general election', 17 December 2019.
62. *Evening Standard*, 12 December 2019; *Daily Telegraph*, 12 December 2019.
63. *Guardian*, 26 June 2017; *Guardian*, 25 March 2019.
64. ONS, The probability of automation in England: 2011 and 2017, 25 March 2019.
65. Frey, C. B. and Osborne, M. A., 'The future of employment: How susceptible are jobs to computerisation?', *Technological Forecasting and Social Change*, 114 (2017), pp. 254–80.
66. 英国国家統計局は、国際成人力調査（ＰＩＡＡＣ）のデータを利用してこの推計を行った。まず、仕事（作業）の特性と、フレイとオズボーンの研究で推計されたオートメーション化の確率の回帰分析を行った。次に、標本調査としてより規模が大きく、人々が就いている職業のより詳しいデータがわかる年次人口調査（ＡＰＳ）に注目した。ただしＡＰＳには、オートメーション化のリスクを算出するために不可欠なタスク変数が含まれていない。そのため、ＡＰＳとＰＩＡＡＣの両データセットに共通する変数を、特定しなければならなかった。次にそれらの変数と、PIAACデータセットの一人一人のオートメーション化の確率とで回帰分析を行い、それに基づいて各「特性」変数の係数を計算した。その結果をＡＰＳに当てはめて、人々が就いている仕事のオートメーション化のリスクを推計した。
67. BBC, 'Will a robot take your job?', 11 September 2015.
68. 一例を次に挙げておく。House of Commons Business, Energy and Industrial Strategy Committee, Automation and the future of work, 2019, HC 1093.
69. HC Deb 4 February 2020, vol. 671. 二〇一三年八月一二日に公共政策研究所（ＩＰＰＲ）で行われた、クリス・ブライアントの基調演説より。

21. HC Deb 23 Nov 1993, vol. 233, col. 344.
22. House of Commons Library, UK prison population statistics, 29 October 2021.
23. NAO, Transforming rehabilitation: Progress review, 2019.
24. House of Commons Library, Reducing reoffending: The 'what works' debate, 22 November 2012.
25. Home Office, Making punishment work: Report of a review of the sentencing framework of England and Wales 2001, 2001, p. 9.
26. Scottish Prisons Commission, Scotland's Choice, July 2008.
27. Scottish government, Reconvictions of offenders discharged from custody or given non-custodial sentences in 2003–04, Scotland, tables 6 and 8, Statistical Bulletin CrJ/2007/9; Gendreau, P., 'The effects of prison sentences on recidivism', Department of the Solicitor General, Canada, 1999.
28. Foreign, Commonwealth and Development Office, Statistics on international development: Final UK aid spend 2019, September 2020.
29. Kenny, C. et al., 'When does "What works" work? And what does that mean for UK aid R&D spend?', Centre for Global Development, 4 October 2019.
30. Hidrobo, M. and Fernald, L., 'Cash transfers and domestic violence', *Journal of Health Economics*, 32:1 (2013), pp. 304–19.
31. What Works Network, 'What works? Evidence for decision makers', Cabinet Office, 2014.
32. Colover, S. and Quinton, P., 'Neighbourhood policing: Impact and implementation: Summary findings from a rapid evidence assessment', 2018, College of Policing, 2018.
33. 一九九六年一〇月一一日に開催された、保守党党大会でのジョン・メージャーの発言。
34. Schools Week, 'Angela Rayner: Full text of Labour Conference 2016 speech', 27 September 2016.
35. OECD, *PISA 2012 Results: What Makes Schools Successful?*, vol. 4, 2013, Chapter 1.
36. https://www.tylervigen.com/spurious-correlations; Vigen, T., *Spurious Correlations*, Hachette, 2015.
37. Tsimpida, D., et al., 'Forty years on: a new national study of hearing in England and implications for global hearing health policy', *International Journal of Audiology* (2022), pp. 1–9; *Daily Telegraph*, 'Northerners more likely to develop hearing loss', 25 January 2022.
38. *Independent*, '"Waitrose effect" can "boost house prices by thousands of pounds"', 29 May 2017.
39. 例をいくつか挙げておく。Ajdacic-Gross et al., 'Death has a preference for birthdays – an analysis of death time series', *Annals of Epidemiology*, 22:8 (2012), pp. 603–6; Jessen, G. and Jensen, B. F., 'Postponed suicide death? Suicides around birthdays and major public holidays', *Suicide and Life-Threatening Behavior*, 29:3 (1999), pp. 272–83.
40. *National Geographic*, 'Titanic sunk by "Supermoon" and celestial alignment?', 6 March 2012.
41. 二〇二〇年四月二五日に行われた、首相官邸での記者会見における発言。
42. Ioannidis, J. P., 'Why most published research findings are false', *PLoS Medicine*, 2:8 (2015), e124.
43. 一例として次を参照のこと。Winerman, L., 'How much of the psychology literature is wrong?', *Monitor on Psychology*, 47:6 (2016), p. 14.
44. 前述の疑似相関例の一つ。

51. BBC, 'Facial recognition to "predict criminals sparks row over AI bias', 24 June 2020.
52. Action Fraud, Fraud and cyber crime national statistics 2019–20. 次も参照のこと。*The Times*, 'Action Fraud investigation: Victims misled and mocked as police fail to investigate', 15 August 2019.
53. *Guardian*, 'AI and drones turn an eye towards UK's energy infrastructure', 2 December 2018.

第七章

1. 一九八〇年一〇月に開催された、保守党党大会でのマーガレット・サッチャーの発言。
2. *Daily Telegraph*, 11 December 2018.
3. *Mirror*, 22 May 2017.
4. Politico, 17 August 2020; LBC, 17 August 2020.
5. HM Treasury, Budget 99, March 1999, HC 298, p. 60.
6. House of Commons Treasury Committee, The 2007 Budget, 23 April 2007, HC 389- II 2006-07 Ev 11.
7. *Rawnsley, The End of the Party*, pp. 532–41.
8. この一件については、労働党の全国執行委員会（ＮＥＣ）のメンバーであるアン・ブラックが次の番組に対して語ったとされている。BBC, 'FactCheck: The 10p tax saga', 24 April 2008.
9. King and Crewe, *The Blunders of our Governments*, p. 385.
10. Hardman, I., *Why We Get the Wrong Politicians*, Atlantic, 2018, p. 52; King and Crewe, *The Blunders of our Governments*, p. 389.
11. HC Deb 16 June 2021, vol. 697, col. 272.
12. *Independent*, 'Government indecision is the UK's greatest health threat', 20 December 2012.
13. YouGov, 'Is Boris Johnson decisive?' And 'Is Keir Starmer decisive?', bimonthly trackers starting from July 2019.
14. Crewe, E., *The House of Commons: An Anthropology of MPs at Work*, Bloomsbury, 2015, p. 153.
15. *Financial Times*, 'Statistical objectivity is a cloak spun from political yarn', 2 November 2015.
16. この題材に関するゴールドエイカーの著作は次のとおり。*Bad Science*（ベン・ゴールドエイカー『デタラメ健康科学――代替療法・製薬産業・メディアのウソ』二〇一一年、河出書房新社）; *Bad Pharma*（ベン・ゴールドエイカー『悪の製薬：製薬業界と新薬開発がわたしたちにしていること』二〇一五年、青土社）; *I Think You'll Find It's a Bit More Complicated Than That*.
17. Spiegelhalter, D. and Masters, A., *Covid by Numbers: Making Sense of the Pandemic with Data*, Pelican, 2021.
18. そういった本の例を次に挙げておく。Harford, T., *How to Make the World Add Up: Ten Rules for Thinking Differently About Numbers*, The Bridge Street Press, 2020; Spiegelhalter, *The Art of Statistics*; Rosling, H., *Factfulness: Ten Reasons We're Wrong About the World – and Why Things Are Better than You Think*, Sceptre, 2019.（ハンス・ロスリング、オーラ・ロスリング、アンナ・ロスリング・ロンランド『FACTFULNESS（ファクトフルネス）10の思い込みを乗り越え、データを基に世界を正しく見る習慣』二〇一九年、日経ＢＰ）
19. Home Office, *Crime, Justice and Protecting the Public*, 1990, Cm 965, p. 6.
20. House of Commons Library, UK prison population statistics, 29 October 2021.

24. 次の文献での定義。Fry, *Hello World*, p. 8.
25. iNews, 'Woman "exhausted" after year-long battle to secure sibling's visitor visa leaves her without her bridesmaids on her wedding day', 27 August 2019.
26. *Guardian*, 'Visitor visas refused: Nigerian family blocked from attending wedding', 6 July 2018.
27. JCWI, 'We won! Home Office to stop using racist visa algorithm', 4 August 2020.
28. Home Office, Guide to the police allocation formula, 26 March 2013.
29. House of Commons Home Affairs Committee, Reform of the police funding formula, December 2015, fourth report of session 2015–16, HC 476, para. 9.
30. King and Crewe, *The Blunders of our Governments*, p. 152.
31. Ibid., p. 153.
32. Ibid., p. 154.
33. Ofqual, Requirements for the calculation of results in summer 2020 GCE (AS/A level), GCSE, Extended Project and Advanced Extension Award Qualifications, 20 August 2020.
34. *Guardian*, 'Who won and who lost: When A-levels meet the algorithm', 13 August 2020.
35. BBC, 'A-levels and GCSEs: Boris Johnson blames "mutant algorithm" for exam fiasco', 26 August 2020.
36. *Daily Telegraph*, 'Exam regulator fears it could be scrapped as it warns ministers not to make it a "scapegoat"', 17 August 2020.
37. 二〇二一年二月二五日に行われた、首相官邸での記者会見におけるギャヴィン・ウィリアムソン教育大臣の発言。
38. この事例はおもに次の記事を参考にしたもの。*The Economist*, 'A benefits scandal sinks the Dutch government', 23 January 2021.
39. Fry, *Hello World*, p. 21.
40. BBC, 'Student visa system fraud exposed in BBC investigation', 10 February 2014.
41. NAO, Investigation into the response to cheating in English language tests, May 2019.
42. 一例を次に挙げておく。*Guardian*, 'English test scandal: "Eight years pretty much destroyed"', 23 April 2019.
43. Report of the APPG on TOEIC, 18 July 2019.
44. BBC, 'The English test that ruined thousands of lives', 9 February 2022.
45. House of Commons statement on immigration made by the Home Secretary, 23 July 2019 (HCWS1803).
46. HC Deb 9 February 2022, vol. 708, col. 965.
47. 'Trapped in the Matrix: Secrecy, stigma, and bias in the Met's Gangs Database', 2018.
48. Mayor of London press release, 'Mayor steps up overhaul of Met's Gang Violence Matrix', 3 February 2021.
49. アムネスティによる次の報告書には以下のように記載されている。「ラミー(国会議員のデイヴィッド・ラミー)は、黒人の少年や男性は『犯罪集団の一員』というレッテルを貼られやすく、白人であること以外は犯罪者記録がまったく同じ人物と比較した場合においてさえ、それは変わらないと指摘している。そして、両親とその養子である黒人と白人の子どもたちの例を挙げた。子どもたちがともに問題を起こして刑事裁判にかけられたとき、『≪犯罪集団の一員≫と誤ったレッテルを貼られたのは黒人の子どものほうで、しかもそのレッテルは長年貼られつづけたのです』とラミー議員は語った」。'Trapped in the Matrix', p. 20.
50. Fry, *Hello World*, p. 12.

53. Ibid.

第六章

1. これはオックスフォード英語辞典の定義を、私なりにアレンジしたものだ。
2. DWP, Housing Benefit: Under occupation of social housing impact assessment, 28 June 2012.
3. Tunstall, R., 'Testing DWP's assessment of the impact of the social rented sector size criterion on housing benefit costs and other factors', Centre for Housing Policy, University of York, October 2013.
4. Ibid.; House of Commons Library, Impact of the underoccupation deduction from Housing Benefit (social housing), 16 February 2016, p. 8.
5. 次の記事で引用された、クリス・フーネの発言。BBC, 'Prof says his "13,000 EU migrants" report "misinterpreted"', 7 March 2013.
6. 上の記事で引用された、ハウエル卿（ギルフォード選挙区）の発言。
7. Ibid (BBC, 'Prof says his "13,000 EU migrants" report "misinterpreted"', 7 March 2013).
8. King and Crewe, *The Blunders of our Governments*, p. 155.
9. Mahase, E., 'Covid-19: Was the decision to delay the UK's lockdown over fears of "behavioural fatigue" based on evidence?', *BMJ*, 2020; 370.
10. BBC, '"Nudge unit" sold off to charity and employees', 5 February 2014.
11. *Daily Mail*, 'As we lift the lid on the government's "nudge unit", Sam Dunn says it's time to stop these secret tests', 19 August 2015.
12. Apolitical, 'The UK's "nudge unit" is saving lives by steering citizens' choices', 12 October 2015.
13. デイヴィッド・ハルパーンの「繭で包むように保護」というこの表現は、次の記事で引用されている。BBC, 'Coronavirus: Care home residents could be "cocooned"', 11 March 2020.
14. Chang, H., *23 Things They Don't Tell You About Capitalism*, Penguin, 2011, p. 245.（ハジュン・チャン『世界経済を破綻させる23の嘘』二〇一〇年、徳間書店）
15. Guardian, 'Queen finally finds out why no one saw the financial crisis coming', 13 December 2012.
16. ロバート・ルーカスの発言は次の文献で引用されている。Chang, H., *Economics: The User's Guide*, Penguin, 2014, p. 19.（ハジュン・チャン『ケンブリッジ式　経済学ユーザーズガイド：経済学の95%はただの常識にすぎない』二〇一五年、東洋経済新報社）。「今後は『景気がよくなったかと思えば急激に落ち込む』といったことは起こらない」は、ゴードン・ブラウン財務大臣による、二〇〇六年予算編成方針演説より。
17. Chang, *23 Things They Don't Tell You About Capitalism*, p. 247.
18. Ibid., p. 248.
19. *New Yorker*, 'The Reinhart and Rogoff controversy: A summing up', 26 April 2013.
20. BBC, 'Reinhart, Rogoff... and Herndon: The student who caught out the profs', 20 April 2013. ハーンドンの研究結果については、次を参照のこと。Herndon, T., Ash, M. and Pollin, R., 'Does high public debt consistently stifle economic growth? A critique of Reinhart and Rogoff', *Cambridge Journal of Economics*, 38:2 (2014), pp. 257–79.
21. House of Commons Library, Social background of MPs 1979–2019, 27 March 2020.
22. Ibid.
23. Financial Times, 'Britain has had enough of experts, says Gove', 3 June 2016.

24. *The Times*, 'Revealed: Plan to hunt Nessie using dolphins', 15 January 2006.
25. BBC, 'Gordon Brown claimed £732 pen cartridges on expenses', 11 June 2015.
26. *Mirror*, 'Shocking figures show nearly 300 toddlers stopped and searched by police', 15 March 2015.
27. Colquhoun, A., 'The cost of Freedom of Information', University College London, 2010.
28. 次の資料に基づいた二〇一九年の数字。Cabinet Office, Freedom of Information statistics: annual 2019, 29 April 2020.
29. Manifesto Club, PSPOs – The 'Busybodies' Charter' in 2018, 19 April 2019.
30. Who Owns England?
31. Powell-Smith, A., 'The holes in the map: England's unregistered land', on Who Owns England?
32. NHS Digital, New statistics on England's social care workforce published, 27 February 2020.
33. 一例として、次の文献の第三章を参照のこと。Institute for Government, Accountability in modern government: What are the issues? A discussion paper, April 2018.
34. House of Commons Library, Brexit: Votes by constituency, 6 February 2017.
35. Prime Minister's Office, PM speech on immigration, 21 May 2015.
36. BBC, 'Why is there a crisis in Calais?', 3 October 2015.
37. Woodbridge, J., Sizing the unauthorised (illegal) migrant population in the United Kingdom in 2001, Home Office Online Report 29/05, 2005.
38. Gordon, I. et al., Economic impact on the London and UK economy of an earned regularisation of irregular migrants to the UK, GLA Economics, GLA, 2009.
39. これらの数字は、二〇一九年度の人口推定値に基づいている。
40. この議論については次を参照のこと。Migration Observatory, Irregular migration in the UK, 11 September 2020.
41. Jonathan Portes, 'Illegal migrants: Can't even get themselves arrested?', *Huffington Post*, 12 November 2012.
42. これらの事例については、次の報告書の'Ms A'と'Vernon'の例を参照のこと。Home Office, Windrush Lessons Learned Review by Wendy Williams, 19 July 2018.
43. Ibid., p. 32.
44. *Guardian*, 'Whistleblowers contradict No 10 over destroyed Windrush landing cards', 18 April 2018.
45. ロンドン南部、西部、東部の順に、次を参照のこと。FOI 57252 (Obe-rst, T. to Home Office, response 28 January 2020); FOI 56325 (Oberst, T. to Home Office, response 27 November 2019); (White, J. to Home Office, response 7 January 2021).
46. NHS Digital, Hospital Admitted Patient Care Activity, 2019–20, External causes.
47. Ministry of Justice, Criminal legal aid statistics England and Wales completions by provider and area data, in Legal Aid Statistics, January–March edn.
48. Ofcom, Connected Nations data by postcode.
49. HM Land Registry, 'Registering land for more than 150 years', HM Land Registry blog, 30 May 2019.
50. NAO, Immigration enforcement, 17 June 2020, HC 110.
51. このモビリティデータの過去データは、次のウェブサイトから入手できる。https://www.google.com/covid19/mobility/
52. Fry, *Hello World*, p. 37.

56. イングランド銀行のインフレ計算ツールより。当時の年間平均インフレ率は四・四％だった。
57. Thompson et al., *Olympic Britain*, p. 44.
58. UNICEF, 'Despite significant increase in birth registration, a quarter of the world's children remain "invisible"', 10 December 2019.
59. BBC, 'Measuring Africa's data gap: The cost of not counting the dead', 22 February 2021.
60. McDonald, L., 'Theory and evidence of rising crime in the nineteenth century', *British Journal of Sociology*, 33:3 (1982), pp. 404–20.

第五章

1. Schools Week, 'Illegal schools have "drills" to avoid scrutiny, says Ofsted director', 8 November 2019.
2. Office of the Schools Adjudicator, Annual Report September 2018 to August 2019, January 2020, p. 35.
3. 上の報告書の過去の年度のものを参照のこと。
4. Department for Education, Children not in school: Proposed legislation government consultation, 2 April 2019.
5. このデータについては体系的に収集されていない。次の例を参照のこと。HC UIN 949, on 'Prisoners: Parents', answered 23 October 2019.
6. この件については、次の報告書で取り上げられている。House of Commons Justice Select Committee's report on Women offenders, 2013; Joint Committee on Human Rights' report on The right to family life: Children whose mothers are in prison, 2019.
7. Joint Committee on Human Rights, The right to family life, p. 12.
8. Crest Advisory, Children of prisoners: fixing a broken system, February 2019.
9. House of Commons Justice Select Committee, Mental health in prison, 29 September 2021, fifth report of session 2021–22, HC 72.
10. Animal and Plant Health Agency, Dogs per square kilometre, 27 June 2016.
11. たとえば、（動物に関連した活動の認可に関する）二〇一八年動物福祉法（イングランド）の修正条項として二〇二〇年に施行された「ルーシー法」では、子犬や子猫は認可を受けたブリーダーから直接購入しなければならないと定められている。
12. Defra Press Office, 'New housing measures to prevent spread of avian influenza', 7 December 2020.
13. *Daily Mail*, 'One million families go cock-a-hoop for hens: Chickens are now five times more popular as pets than hamsters', 20 March 2020.
14. ONS, 'What's happening with international student migration?', 24 August 2017.
15. LSE, Review of government evaluations: A report for the NAO, 2013.
16. 上の報告書の一六三ページで引用されているNSNRより。
17. HC UIN 64236, on 'Elections: Proof of identity', answered on 29 June 2020.
18. The Electoral Commission, May 2019 voter identification pilot schemes, n.d.
19. ONS, Provisional long-term international migration estimates, 27 August 2020.
20. 「最悪の過ち」部分の発言は、次の文献より。Rawnsley, *The End of the Party*, p. 337.
21. BBC, 'Patient waited 62 hours for ambulance', 23 August 2018.
22. *Mirror*, 'Night in a prison cell costs more than a night at the Ritz hotel', 20 April 2015.
23. *Private Eye*, 'Selling England (and Wales) by the pound', n.d.

25. Full Fact, 'Did child poverty go up under Labour?', 7 July 2010.
26. 二〇〇四年をゼロ年として算出している。
27. HC Deb 17 June 2020, vol. 677, col. 796 and 24 June 2020, vol. 677. col. 1305.
28. DWP, Households below average income: 1994/95 to 2018/19, table 4b, 26 March 2020.
29. Ibid.
30. Social Metrics Commission, Measuring Poverty 2019, 29 July 2019.
31. BBC, 'On this day: 26 January 1982 UK unemployment tops three million'.
32. この推計は失業者支援グループによるもの。次の文献でも言及されている。Evans, E. J., *Thatcher and Thatcherism: The Making of the Contemporary World*, Routledge, 2013, p. 31.
33. ONS, Labour market trends, November 1995, pp. 397–400.
34. Ibid.
35. Ibid.
36. 一九八〇年代末、雇用省がＵＮＡＤＳ（不連続性と季節性を調整後の失業者数）、続いてＳＡＵＣＣ（季節性を調整し、現在作成されているデータと一貫性が保たれた失業者数）を作成した。
37. Evans, *Thatcher and Thatcherism*, p. 57.
38. Ibid., p. 59.
39. Ibid.
40. 政府は一九九九年の白書 'Building Trust in Statistics'（統計データに対する信頼の構築）で、「国家統計データ」の指定をはじめとする、さまざまな品質保証手段についての計画を示している。
41. Bean, C., Independent review of UK economic statistics: Final report, HM Government, 2016, pp. 38–9.
42. *Independent*, 'More than 40% of reported rapes in the EU take place in England and Wales', 23 November 2017.
43. BBC, 'UK among hardest hit nations by pandemic, says OECD', 1 December 2020.
44. 政府支出には、国自身が行っていなくても、投入された公的資金で行われた経済活動も含まれている。
45. Kent-Smith, R., 'Public services: Measuring the part they play in the economy through the pandemic' on the ONS blog, 25 August 2020.
46. Office for Budget Responsibility, Economic and fiscal outlook – November 2020, p. 62; *The Times*, 'Britain's economy is healthier than it looks', 1 January 2021.
47. Briscoe, S., 'National Statistics exaggerate the UK's crisis', 18 December 2020, Britain in Numbers blog.
48. Stiglitz, J., *The Price of Inequality*, Penguin, 2013, p. 232.（ジョセフ・Ｅ・スティグリッツ『世界の99％を貧困にする経済』二〇一二年、徳間書店）
49. OECD, quarterly GDP data, accessed 3 March 2021. これらの数字は二〇二〇年の第二、第三、第四四半期のＧＤＰの平均成長率を、前年同期と比較したもの。
50. *The Times*, 'Britain's economy is healthier than it looks', 1 January 2021.
51. Briscoe, 'National Statistics exaggerate the UK's crisis'.
52. 国連本部での潘基文のこのスピーチは、次のブログでも引用されている。UN, 'Sustainable Development Goals kick off with start of new year', 30 December 2015, on the UN blog.
53. 国連の「持続可能な開発目標指標」より。
54. Gapminder Foundation, Dollar Street.
55. Thompson et al., Olympic Britain, p. 43.

The social impact of gambling.

第四章

1. BBC, 'London violence: Five attacks leave three dead in 24 hours', 15 June 2019.
2. *Guardian*, 'Knife offences hit record high in 2019 in England and Wales', 23 April 2019; Independent, 'Knife crime hits all-time high after more than 43,000 offences across England and Wales last year', 18 July 2019.
3. NHS Digital, Hospital Admitted Patient Care Activity, 'External causes' table. Various years.
4. BBC, 'UK knife crime: The first 100 fatal stabbings of 2019', 17 May 2019.
5. 英国下院図書館のリチャード・クラックネルから直接聞いた話より。
6. *Express & Star*, 'Unemployment continues to rise in West Midlands despite UK drop', 17 December 2019.
7. DWP, Alternative claimant count November 2020 and December 2019, accessed via Stat-Xplore.
8. Frank Field and Nicholas Soames, 'Act now ... or say goodbye to the Britain we know', *Daily Mail*, 7 September 2012.
9. Kershaw, J. and Røyrvik, E., 'The "People of the British Isles" project and Viking settlement in England', *Antiquity*, 90:354 (2016), pp. 1670–80.
10. ONS, Changes in the economy since the 1970s, 2 September 2019 edn.
11. Criado Perez, *Invisible Women*, pp. 240–41.
12. Ibid., p. 241.
13. Pilling, D., *The Growth Delusion: Wealth, Poverty and the Wellbeing of Nations*, Bloomsbury, 2019, p.4.（デイヴィッド・ピリング『幻想の経済成長』二〇一九年、早川書房）
14. The 'System of environmental-economic accounting', https://seea.un.org/
15. 英国国家統計局が公表している。
16. HM Government, Serious violence strategy, April 2018.
17. ONS, Crime in England and Wales, year ending September 2020, Appendix table A4. Excluding fraud from the total count.
18. 二〇一八～二〇一九年度と二〇一三～二〇一四年度の比較。ただし「詐欺」を除いた数字。
19. ONS, Crime in England and Wales, year ending September 2021, Appendix table A4.
20. 二〇〇三年性犯罪法。ただし、それより前の一九九一年の次の判例でも、婚姻関係において性的暴行が起こりうるとされている。R. v R. [1991] UKHL 12, 23 October 1991.
21. *Guardian*, 'Hate crimes double in five years in England and Wales', 15 October 2019; Independent, 'Hate crime in England and Wales hits new record as racially motivated offences rocket by 4,000', 13 October 2020.
22. ONS, Crime in England and Wales: Appendix tables, year ending September 2020, tables A1 and A4; Home Office, A summary of recorded crime data from 1898 to 2001/02, last updated 21 April 2016.
23. 一九九九年九月二八日に開催された労働党大会でのトニー・ブレアの発言。
24. 次のデータを参照のこと。ここでゼロ年を一九九九年にしたのは、英国全体で比較できるデータの始まりがこの年だったからだ。DWP, Households below average income: 1994/95 to 2012/13.

2003.
38. YouGov/*Daily Telegraph*, 'Survey results', 28–30 November 2006.
39. Ibid.
40. John Denham, MP in HC Deb 28 June 2005, col. 1204.
41. NAO, Transforming rehabilitation: Progress review, 2019.
42. Newton, A. et al., Economic and social costs of reoffending. Analytical report, Ministry of Justice, 2019.
43. Heeks, M. et al., The economic and social costs of crime, Home Office research report 99, July 2018 (2nd edn).
44. Department of Health, No health without mental health: A cross-government mental health outcomes strategy for people of all ages (Supporting document – The economic case for improving efficiency and quality in mental health), n.d.
45. Department of Energy and Climate Change, Smart meters early learning evidence synthesis, 2015.
46. Hafner, M. et al., 'Why sleep matters – the economic costs of insufficient sleep: A cross-country comparative analysis', RAND Corporation, 2016.
47. Hall, W. and Pesenti, J., Growing the artificial intelligence industry in the UK, Department for Digital, Culture, Media & Sport and Department for Business, Energy & Industrial Strategy, 2017. Part of the Industrial Strategy UK and the Commonwealth.
48. Women's Budget Group, Costing and funding free universal childcare of high quality, 2017.
49. Miller, V., Leaving the EU, House of Commons Library, 2013, p. 22.
50. UK Statistics Authority, UK Statistics Authority statement on the use of official statistics on contributions to the European Union, 27 May 2016.
51. Full Fact, 'The Foreign Secretary and the UK Statistics Authority: £350 million explained', 21 September 2017.
52. Full Fact, 'EU facts behind the claims: Economic costs and benefits', 13 April 2016.
53. Ibid. ジョナサン・ポルテスの発言より。
54. Lord Ashcroft Polls, 'How the United Kingdom voted on Thursday . . . and why', Friday 24 June 2016.
55. Pion Economics, Gambling deregulation impact study, October 2003, commissioned by the Cross- Industry Group on gambling deregulation.
56. Henley Centre, Economic and social impact study of the proposed Gambling Bill, February 2004, commissioned by BACTA.
57. Ernst & Young: 'A winning hand: The modernisation of UK gambling', commissioned by Business in Sport and Leisure, 2003.
58. *Evening Standard*, 'Labour retreat over super-casinos', 25 October 2004; BBC, 'Climbdown saves super casino plan', 5 April 2005.
59. YouGov/*Daily Telegraph*, Gambling Bill (sample size: 2,136; fieldwork: 26–8 October 2004).
60. Gambling Commission, Industry statistics, November 2020.
61. YouGov/*Daily Telegraph* survey results (sample size: 2,293; fieldwork: 26–9 January 2007).
62. Rawnsley, A., *The End of the Party: The Rise and Fall of New Labour*, Penguin, 2010, p. 470.
63. House of Commons Select Committee on Culture, Media and Sport, The government's proposals for gambling: Nothing to lose?, 2002, seventh report of session 2001–2, Part III:

12. YouGov, 'How well do ABC1 and C2DE correspond with our own class identity?', 25 November 2019.

13. Ibid.

14. Bundervoet, T., 'Poor but happy?', World Bank Blogs, 28 March 2013.

15. *Guardian*, 'Happy-go-lucky: Ribble Valley officially named UK's happiest place', 23 October 2019.

16. Eurostat, 'Suicide death rate by age group (TPS00202)', accessed via Eurostat Databank 17 April 2021.

17. Eurostat, 'Recorded offences by offence category – police data (CRIM_OFF_CAT)', accessed via Eurostat Databank 17 April 2021.

18. Ministry of Housing, Communities and Local Government, English indices of deprivation 2019. 厳密にはザ・サヴォイは、「最も剝奪されている小地域」の上位三割に入っている隣接区との境界線付近に位置している。

19. Letter to the *Guardian* from 1965, 'Pensions for disabled people', accessed via the Disability History Project.

20. Disability History Project, 'An article about Megan Du Boisson from *The Catholic Herald* – 7th March 1969', 23 May 2013.

21. Ibid.

22. House of Commons Select Committee on Social Security, Fourth report: Disability Living Allowance, 1998.

23. DWP, Disability Living Allowance reform: Executive summary, 1 December 2010.

24. DWP, Benefit expenditure and caseload tables 2020, 2021.

25. DWP, PIP: Award rates, clearance/outstanding times, customer journey statistics, and award reviews and changes of circumstance, to October 2020, table 5E.

26. BBC, 'Air pollution death ruling: What comes next?', 17 December 2020.

27. 大気汚染が原因と考えられる死亡率(イングランド公衆衛生庁統計データ)と、二〇一九年のイングランドにおける三〇歳以上の全死因死亡率(英国国家統計局のデータウェブサイトＮｏｍｉｓより)に基づいた数値。次を参照のこと。Public Health England, Public health profiles, accessed 18 April 2021.

28. Public Health England, Estimating local mortality burdens associated with particulate air pollution, 2014.

29. Home Office, Identity cards: The next steps, November 2003; House of Commons Home Affairs Select Committee, Identity Cards, 30 July 2004, HC 130- I.

30. King and Crewe, *The Blunders of our Governments*, p. 225.

31. Ibid.

32. House of Commons Home Affairs Select Committee, Identity cards, 1996, HC 172- I, xxxix.

33. King and Crewe, *The Blunders of our Governments*, p. 226.

34. Home Office, Entitlement cards and identity fraud: A consultation paper, 2002, Cm 5557, p. 141.

35. YouGov, 'Survey results: Identity cards', prepared for the *Daily Telegraph*, 2–4 September 2003.

36. YouGov/*Daily Telegraph*, 'Survey results', 21–22 February 2006.

37. YouGov, 'Survey results: Identity cards', prepared for the *Daily Telegraph*, 2–4 September

Programme, 2020 Human Development Perspectives, 'Tackling social norms: A game changer for gender inequalities', United Nations, 2020.

43. GlobalSportsSalaries.com

44. News Shopper, 'Mistake led to Millwall leading charts for gender pay gap', 6 April 2018.

45. これは二〇一八年に公表されたデータを分析した、『ガーディアン』の次の記事での結論「このデータからわかるのは、男女賃金格差を縮めるために考えられる第一歩は、英国企業での最も報酬が高い役職における格差をなくすことだ」とほぼ同じだ。*Guardian*, 'Gender pay gap: What we learned and how to fix it', 5 April 2018.

46. YouGov, 'Most Brits have the wrong idea of what the gender pay gap is', 14 September 2018.

47. Criado Perez, C., *Invisible Women: Exposing Data Bias in a World Designed for Men*, Vintage, 2018, pp. 44–5.（キャロライン・クリアド＝ペレス『存在しない女たち：男性優位の世界にひそむ見せかけのファクトを暴く』二〇二〇年、河出書房新社）

48. Bastagli, F. and Harman, L., 'The role of index-based triggers in social protection shock response', Overseas Development Institution, 2015.

49. *Guardian*, 'Lord Sumption tells stage 4 cancer patient her life is "less valuable"', 17 January 2021.

50. Whitehead, S. J. and Ali, S., 'Health outcomes in economic evaluation: The QALY and utilities', *British Medical Bulletin*, 96:1 (December 2010), pp. 5–21.

51. Ogden, J., 'QALYs and their role in the NICE decision-making process', *Prescriber*, 28:4 (2017), pp. 41–3.

52. Department for Digital, Culture, Media and Sport, A connected society. A strategy for tackling loneliness – laying the foundations for change, 2018.

53. ONS, Measuring loneliness: Guidance for use of the national indicators on surveys, 5 December 2018.

第三章

1. Department for Work and Pensions (DWP), Households below average income: An analysis of the income distribution 1994/95 to 2018/19, 2020.

2. Rowntree, S. B., *Poverty: A Study of Town Life*, 1901, The Policy Press, 2000, p. 51 (House 31 in class B).

3. Ibid., p. 37 (House 38 in class A) and p. 50 (House 26 in class B).

4. BOOTH/B/350, p. 189 and p. 191.

5. BBC, 'Dollar benchmark: The rise of the $1-a-day statistic', 9 March 2012.

6. Thompson et al., *Olympic Britain*, p. 48.

7. World Bank, 'Societal Poverty: A global measure of relative poverty', 11 September 2019.

8. Ministry of Housing, Communities & Local Government, English indices of deprivation 2019, 2020.

9. DWP, Households below average income: An analysis of the income distribution 1994/95 to 2018/19, 26 March 2020.

10. Transparency International, Corruption Perceptions Index.

11. Trades Union Congress, '1 in 5 workers are skipping meals to make ends meet, finds TUC poll', 27 September 2019.

21. House of Commons Public Administration Select Committee, 'Caught red-handed: Why we can't count on Police Recorded Crime statistics', thirteenth report of session 2013–14, 2016.
22. Povey, K., 'On the record: Thematic inspection report on police crime recording, the Police National Computer and Phoenix Intelligence system data quality, HM Inspectorate of Constabulary, 2000.
23. Patrick, R. '"Reading tea leaves": An assessment of the reliability of Police Recorded Crime statistics', *The Police Journal*, 84:1 (2011), pp. 47–67.
24. House of Commons Public Administration Select Committee, Caught red-handed: Why we can't count on Police Recorded Crime statistics, 2016, para 79.
25. Ibid. HM Inspectorate of Constabulary, 'Crime-recording: Making the victim count', the final report of an inspection of crime data integrity in police forces in England and Wales, 2014 も参照のこと。
26. Home Office, National crime and policing measures, accessed via Suffolk PCC.
27. Harford, T., *Messy: How to Be Creative and Resilient in a Tidy-Minded World*, Little, Brown, 2016, p. 161.（ティム・ハーフォード『ひらめきを生み出すカオスの法則』二〇一七年、TAC出版）
28. Ibid., p. 172.
29. Vann, M. G., 'Of rats, rice, and race: The great Hanoi rat massacre, an episode in French colonial history', *French Colonial History*, 4:1 (2003), pp. 191–203.
30. Gallup, *The Gallup International Opinion Polls, Great Britain 1937–1975*, Random House, 1976, vol. 1, p. 32.
31. この推計は失業者支援グループによるもの。また、次の文献でも触れられている。Evans, J., *Thatcher and Thatcherism*, Routledge, 2013 (3rd edn), p. 31.
32. Beatty, C., Fothergill, S. and Gore, T., 'The real level of unemployment 2017', Centre for Regional Economic and Social Research, Sheffield Hallam University, 2017.
33. HM Treasury, Budget 2008. Stability and opportunity: building a strong, sustainable future, HM Treasury, 2008.
34. Tooze, A., *Crashed: How a Decade of Financial Crises Changed the World*, Allen Lane, 2018.（アダム・トゥーズ『暴落：金融危機は世界をどう変えたのか』（上下巻）二〇二〇年、みすず書房）
35. Ministry of Transport, *Reorganisation of the Nationalised Transport Undertakings*, HMSO, 1960.
36. Beeching, R., *The Reshaping of British Railways*, British Railways Board, 1963.
37. Loft, C., *Last Trains: Dr Beeching and the Death of Rural England*, Biteback Publishing, 2013.
38. Lord Stonham, 'The economics and social aspects of the Beeching Plan', speech in the House of Lords, 2 May 1963.
39. Hondelink, E. R., review of Dr Beeching's Report 'The Reshaping of British Railways', Great Central Association, 1965.
40. Gibbons, S., Heblich, S. and Pinchbeck, T., 'The spatial impacts of a massive rail disinvestment program: The Beeching Axe', Centre for Economic Performance Discussion Paper No. 1563, London School of Economics, 2018.
41. Hawken, A. and Munck, G. L., 'Cross-national indices with gender-differentiated data: What do they measure? How valid are they?', *Social Indicators Research*, 111:3 (2013), pp. 801–38.
42. Equal Measures 2030, 'Explore the 2019 Index Data', n.d.; United Nations Development

ムリー〉〉」なものにすることだ。UNウィメンは、成長努力の成果を測る指標をつくるための指針を公表している。https://www.endvawnow.org/en/articles/336-indicators.html

2. Department for Education, Class size and education in England evidence report, n.d., research report DFE-RR169.
3. Mitchell, K. R. et al., 'Why do men report more opposite-sex sexual partners than women? Analysis of the gender discrepancy in a British National Probability Survey', *Journal of Sex Research*, 56:1 (2018), pp. 1–8.
4. National Survey of Sexual Attitudes and Lifestyles (Natsal-3).
5. Knibbe, R. A. and Bloomfield K., 'Alcohol consumption estimates in surveys in Europe: Comparability and sensitivity for gender differences', *Substance Abuse*, 22:1 (2001), pp. 23–38.
6. Gilligan, C. et al., 'Inaccuracies in survey reporting of alcohol consumption', *BMC Public Health*, 19:1 (2019), pp. 1–11.
7. Lichtman, S. W. et al., 'Discrepancy between self-reported and actual caloric intake and exercise in obese subjects', *New England Journal of Medicine*, 327:27 (1992), pp. 1893–8.
8. 食事量を実際よりも少なく目算してしまう傾向は、次の文献をはじめ、ほかの研究でも多く見られている。Hebert, J. R. et al., 'Differences between estimated caloric requirements and self-reported caloric intake in the women's health initiative', *Annals of Epidemiology*, 13:9 (2003), pp. 629–37.
9. これらの研究結果は、英国国家統計局データサイエンスキャンパスが実施した「(ＥＣＬＩＰＳＥ)」プロジェクトのもの。要約は次の文献を参照のこと。Bailey, R., 'Evaluating calorie intake', Data Science Campus, 15 February 2018.
10. UCL News, 'Alcohol consumption higher than reported in England', 27 February 2013.
11. Public Health England, National Diet and Nutrition Survey: Assessment of salt intake from urinary sodium in adults (aged 19 to 64 years) in England, 2018 to 2019, 2020.
12. ONS, Census 2021 paper questionnaires.
13. The Times, 'Why isn't "Black English" a census option, asks David Lammy', 3 August 2021.
14. Laux, R., '50 years of collecting ethnicity data', 7 March 2019, History of Government blog, Gov.uk.
15. 自己申告による情報が入手できない一部の事件では、何系の民族かを警察官が判断したデータが現在でも使われている。例として次を参照のこと。Home Office, Exploration of an alternative approach to calculating stop and search rates in the Metropolitan Police Force Area – Experimental Statistics, 18 November 2021.
16. 次の例を参照のこと。Department for Education, Permanent and fixed-period exclusions in England: 2018 to 2019; Ministry of Justice, Criminal justice statistics quarterly December 2019, Outcomes by Offence Data Tool.
17. Humanists UK, '2021 Census to continue to use leading religion question', 20 July 2020.
18. この研究についての解説は、次の文献を参照のこと。*Hello World* by Hannah Fry, Norton, 2018, p. 61.(ハンナ・フライ『アルゴリズムの時代　機械が決定する世界をどう生きるか』二〇二一年、文藝春秋)。研究の詳細については次を参照のこと。Dhami, M. K. and Ayton, P., 'Bailing and jailing the fast and frugal way', *Journal of Behavioral Decision Making*, 14:2 (2001), pp. 141–68.
19. *Guardian*, 'Prime minister's speech on criminal justice reform', 23 June 2006.
20. ブレアが初めてこの言葉を使ったのは、一九九三年一月一〇日にＢＢＣラジオ４で放送された番組*The World This Weekend*でのインタビューにおいてだった。

2020.
30. Ministry of Housing, Communities and Local Government, Table 100: number of dwellings by tenure and district, England, 22 July 2021.
31. Kahneman, D., *Thinking, Fast and Slow*, Penguin, 2011.（ダニエル・カーネマン『ファスト＆スロー――あなたの意思はどのように決まるか？』（上下巻）二〇一二年、早川書房）
32. 最低限必要な標本サイズを、どれくらいの誤差が許容できるのかを考慮に入れて計算できる簡単な公式がある。自動で計算してくれるオンラインツールもある。次を参照のこと。https://www.calculator.net/sample-size-calculator.html
33. ONS, Population of the UK by country of birth and nationality, January 2019 to December 2019.
34. 二九二地区のうち八一地区。
35. 一例として次を参照のこと。HM Government, Victims Strategy, 2018, Cm 9700.
36. ONS, Crime in England and Wales: Annual trend and demographic tables, table D10, July 2020 release.
37. Ibid.【同上】, table D11.
38. ONS, Crime in England and Wales: Annual trend and demographic tables, table D1, July 2021 release.
39. The Traveller Movement, 'The last acceptable form of racism? The pervasive discrimination and prejudice experienced by Gypsy, Roma and Traveller communities', 2017.
40. Home Office, Hate crime, England and Wales, 2019 to 2020, 2020.
41. Ibid., table 2.1.
42. ただし、当時の社名はイギリス世論研究所だった。
43. HC Deb 1 August 1940, vol. 363, col. 1514.
44. Ibid., col. 1534.
45. Thompson, G. et al., *Olympic Britain: Social and Economic Change since the 1908 and 1948 London Games*, House of Commons Library, 2012, p. 51.
46. Dumond-Beers, L., 'Whose opinion?: Changing attitudes towards opinion polling in British politics, 1937–1964', *Twentieth Century British History*, 17:2 (2006), pp. 177–205.
47. YouGov, 'How would you personally spell the sound that cats make?', 2019.
48. Ipsos MORI, Important issues facing Britain, accessed 9 April 2021.
49. Thompson et al., *Olympic Britain*, p. 51.
50. NatCen, 'Support for the death penalty falls below 50% for first time', British Social Attitudes Survey, 2014.
51. Ibbetson, C., 'Should there be harsher punishments for criminals?' YouGov.co.uk, 1 October 2019.
52. 二〇二〇年一一月六日から一〇日にユーガブ社が行った、スコットランドにおける投票意識についての標本調査結果より。
53. Ipsos MORI, Scottish Political Monitor, October 2020 Holyrood elections polling, 2–9 October 2020.

第二章

1. 目標、とりわけ個人の目標を設定するうえでよく使われている別の方法は、「ＳＭＡＲＴ（Specific〈具体的〉、Measurable〈測定可能〉、Achievable〈達成可能〉、Realistic〈現実的〉、Timely〈タイ

8. YouGov, 'What's more Marmite than Marmite?' 25 October 2019.
9. BBC *Question Time*, 17 January 2013.
10. 二〇一三年三月二五日にイプスウィッチでデイヴィッド・キャメロン首相が行った、移民についての演説より。
11. Commonwealth Relations Board, Overseas Migration Board Statistics for 1964, Cmnd 2861, XIII, p. 277.
12. Eurostat, Population in Europe 2005: first results, issue number 16/2006.
13. Dustmann, C. et al., The impact of EU enlargement on migration flows, 2013, Home Office Online Report 25/03.
14. 国境検閲所が常設されていない、北アイルランドとアイルランドの国境では、国際旅客調査は行われていない。そのため、英国国家統計局はこの国境を越えて移住した人数の推定値を出すために、アイルランド中央統計局と北アイルランド統計調査庁のデータを使って不足分を補っている。
15. Quality of long-term international migration estimates from 2001 to 2011, ONS, 2014, p. 1.
16. NAO, The UK border: Issues and challenges for government's management of the border in light of the UK's planned departure from the European Union, 2017.
17. BBC, 'Clegg warns against EU migration "guesstimates"', 20 February 2013.
18. House of Commons Public Administration Select Committee, Migration statistics, seventh report of session 2013–14, vol. 1.
19. House of Commons Public Administration and Constitutional Affairs Committee, Committee oral evidence: EU migration statistics, 2016, Q75.
20. Ipsos MORI, *Economist*/Ipsos MORI March 2016 issues index, 5 April 2016.
21. The UK in a changing Europe: 'CSI Brexit 4: People's stated reasons for voting Leave or Remain', 2018.
22. もっと厳密には、この数字は二〇一五年一月から一二月までのものだ。次を参照のこと。ONS, Migration Statistics Quarterly Report: May 2016.
23. BBC, 'Net migration to UK rises to 333,000 – second highest on record', 26 May 2016; *Daily Telegraph*, 'EU Referendum: Record number of migrants arrive in UK without jobs, as Boris Johnson accuses David Cameron of "deeply damaging" faith in democracy', 26 May 2016.
24. 英国の空港旅客数（トランジット旅客を除く）は、一九六一年には一〇五万一六九六人だった。二〇一九年には、三億一七万三〇〇〇人にまで増加した。イギリス民間航空局（ＣＡＡ）の一九七三年度と二〇一九年度の年次報告書より。
25. これもＣＡＡのデータより。国際航空旅客流動量とは、航空機を利用して入国または出国する旅客数のこと。同じ期間内に入国も出国も行った旅客は、二人分として数えられる。
26. House of Commons Public Administration Select Committee, Migration statistics: Written evidence, p. 71.
27. Centraal Bureau voor de Statistiek (2014), Dutch Census 2011: Analysis and methodology.
28. ONS, Census strategic development review. Alternatives to a Census: Review of international approaches, 2003.
29. ここで掲載した数値は、すべて次の文献から引用している。使用した「経験的」信頼区間は、表'Measures of uncertainty with proportional'のもの。表'Measures of uncertainty–all confidence intervals'の「最近隣」法による信頼区間では、信頼区間はさらに大きくなる。ONS, Measures of statistical uncertainty in ONS local authority mid-year population estimates: 2011 to 2019,

註

はじめに

1. HC Deb 12 February 2004, vol. 417, col. 1585.
2. *The Westmoreland Gazette*, 'Over the Gate: Time for an ombudsman', 4 March 2005.
3. King, A. and Crewe, I. *The Blunders of our Governments*, Oneworld, 2014, p. 174.
4. National Audit Office (NAO), Report by the Comptroller and Auditor General: 'A second progress update on the administration of the Single Payment Scheme by the Rural Payments Agency', 15 October 2009, p. 29; NAO, Report of the Comptroller and Auditor General on the Rural Payments Agency 2010–2011 financial statements, 20 July 2011, para 5.
5. King and Crewe, *The Blunders of our Governments*, pp. 178–9.
6. HM Treasury, Statistics: A Matter of Trust. A Consultation Document, February 1998.
7. 'The holes in the map: England's unregistered land', website Who owns England?, 11 January 2019.
8. ONS, 'Summary theme figures and rankings – 390,000 Jedi there are', ONS Census Summaries blog, 13 February 2003.
9. ONS, 'What's happening with international student migration?', 24 August 2017. 詳細は次を参照のこと。*Guardian*, 'Theresa May softens stance on migration and foreign students', 2 February 2018.
10. BBC, 'Yegna, Ethiopia's "Spice Girls", lose UK funding', 7 January 2017.
11. *The Times*, 'Chief constables seek Home Office review of crime recording as "ludicrous" rules distort figures', 23 August 2021.
12. ONS, Analysis of death registrations not involving coronavirus (COVID-19), England and Wales: 28 December 2019 to 1 May 2020, 5 June 2020.
13. 二〇二一年二月時点の情報。
14. BBC, 'Measuring Africa's data gap: The cost of not counting the dead', 22 February 2021.
15. The Economist, 'The pandemic's true death toll'. 同ウェブサイトにアクセスした二〇二二年一月三一日の時点における『エコノミスト』が推測した上限値は二三八〇万人で、これは公式の数字の集計値である五七〇万人の四·二倍だ。
16. ONS, The probability of automation in England: 2011 and 2017, 25 March 2019.

第一章

1. Hampstead, OpenDomesday.org by Anna Powell-Smith.
2. これは州の行政上の下位区分である「郡」「百戸村」レベルで行われた。
3. Allen, R. G. D. and George, R. F., 'Obituary for Professor Sir Arthur Lyon Bowley: November 6th, 1869–January 21st, 1957', *Journal of the Royal Statistical Society*, series A (general), 120:2 (1957), pp. 236–41.
4. Bowley, Arthur L., *Elements of Statistics*, P. S. King and Son, 1901, p. 7.
5. OED, 'survey, n.', *OED Online*, Oxford University Press, web. 8 March 2021.
6. このたとえはジョージ·ギャラップによるもの。次を参照のこと。Spiegelhalter, D., *The Art of Statistics*, Pelican, 2019, p. 81.
7. YouGov, 'Brand profile: Marmite. Based on 1,341 interviews between October 2020 and December 2020'.

ジョージナ・スタージ
統計学者（英国議会・下院図書館所属）。専門は公共政策の計量的分析。英国国家統計局の人口・移民統計に関する専門家諮問グループの一員。国会議員のために調査を行い、統計の利用法や背景情報を解説する上級統計学者。オックスフォード大学移民観測所の顧問も務める。2011年、オックスフォード大学卒業（英文学）。2013年、マーストリヒト大学修士課程修了（公共政策及び人間開発）。

尼丁千津子 あまちょう・ちづこ
英語翻訳者。神戸大学理学部数学科卒業。主な訳書に『人工知能時代に生き残る会社は、ここが違う!』『「ユーザーフレンドリー」全史』『馬のこころ』『マッキンゼー CEOエクセレンス』『限られた時間を超える方法』など。

ヤバい統計《とうけい》
政府《せいふ》、政治家《せいじか》、世論《よろん》は なぜ数字《すうじ》に騙《だま》されるのか

2024年1月31日　第1刷発行

著者　ジョージナ・スタージ
訳者　尼丁《あまちよう》千《ち》津《づ》子《こ》
発行者　樋口尚也
発行所　株式会社 集英社
〒101-8050 東京都千代田区一ツ橋2-5-10
電話 編集部 03-3230-6137
読者係 03-3230-6080
販売部 03-3230-6393（書店専用）
印刷所　大日本印刷株式会社
製本所　株式会社ブックアート
マークデザイン+ブックデザイン　鈴木成一デザイン室
カバーデザイン　アルビレオ　photo:Leila Alekto Photo / Shutterstock.com
翻訳協力　株式会社リベル

Shueisha Series Common

Printed in Japan　ISBN978-4-08-737003-4　C0033
定価はカバーに表示してあります。